Germann Jossé

Projektmanagement
- aber locker!

CC-Verlag

Weitere empfehlenswerte Titel dieser Reihe:
(Nähere Titelinformationen vgl. im Anhang)

Germann Jossé:
Buchführung – aber locker
Ein neuartiges Konzept für den schnellen und fundierten Einstieg

Germann Jossé:
Bilanzen – aber locker
Bilanzwissen schnell und professionell erlernt

Stefani Träupmann/ Petra M. Rüstow:
Erfolg durch Geschäftsbriefe
Zahlreiche Muster für bessere Briefe und einen besseren Briefstil

Wolfgang und Frank Manekeller:
Werbebriefe gut gestalten
inhaltlich • sprachlich • äußerlich

ISBN 3-923930-25-9
1. Auflage
Druck: WB-Druck, Rieden
© Copyright 2000 by CC-VERLAG GmbH, Hamburg
Alle Rechte vorbehalten/ All rights reserved

Gern schicken wir Ihnen unser Verlagsverzeichnis:
CC-Verlag GmbH, Postfach 60 04 03, 22204 Hamburg
Fax: 040-6317306 • E-Mail: info@cc-verlag.de
Internet: http://www.cc-verlag.de

Vorwort

Ihre Situation:
Ihr Chef sagt „Wir müssen an dieses Projekt 'ran – machen Sie mal!" und **Sie haben so etwas noch nie gemacht?** Sie haben noch keine Ahnung, wie man ein Projekt anpackt, wie man es organisiert und plant?
Sie brauchen **Hintergrundwissen, Vorgehensraster, einprägsame Checklisten und anschauliche Beispielfälle**, um effizient ein Projekt zu gestalten?
Dann sind Sie hier genau richtig: Dieses Buch zeigt Ihnen **Schritt für Schritt**, wie Sie vorgehen und worauf Sie achten müssen. Sie erfahren alles, um Ihr Projekt vom Start weg richtig zu designen und erfolgreich zu beenden.

Unser Angebot:
Auf erfrischende Art lesen Sie hier alles über:
* Was ist Projektmanagement?
* Welche Projektphasen gibt es und was müssen Sie dabei beachten?
* Wie organisieren Sie ein Projekt?
* Wie plant man ein Projekt?
* Welche Methoden und Techniken setzen Sie ein?
* Wie funktioniert das Projektcontrolling?
* Beispielfälle zu jedem Aspekt

☞ Ein Tipp gleich vorweg: Blättern Sie doch mal kurz auf die Seite VI; dort bekommen Sie einen Vorgeschmack, was Sie in diesem Buch so erwartet und worum es eigentlich geht...

Und jetzt? Lesen Sie sich ein und legen Sie los!

Bleibt noch eins: **Viel Erfolg!**

Im Herbst 2000　　　　　　　　　　　　　　　　*Germann Jossé*

Dankeschön!

Es ist schwer, all jene zu nennen, die mich begleitet und unterstützt haben und mir wichtige Partner waren. Genauso vielfältig
wie das Thema „Projektmanagement" selbst ist die Zahl derer, die
ein Stück Weges mit mir gegangen sind. Trotzdem will ich einige
Menschen herausgreifen:
Herrn Prof. Dr. U. Krystek, der mein Interesse weckte und mir
(noch lange unerreichtes) Vorbild ist. Die Herren Dr. P. Schieber
und Dr. I. Behrendt – der eine zeigte mir, wie Reorganisations-
projekte ablaufen, der andere öffnete mir die Tür, dies in die Praxis
umzusetzen. Herrn Prof. Dr. S. Englert und seiner Gattin, die es
mir ermöglichten, mein Wissen an der FH Ludwigshafen weiter-
zugeben.
Den Leuten bei ConTeam – allen voran Frau S. Techner – für die
fruchtbare Zusammenarbeit bei gemeinsamen Event-Projekten.
Frau Dipl.-Betriebswirtin K. Veit, die mich mit Recherchen und
Vorarbeiten wesentlich unterstützte.
Meinem Verleger, Herrn C. Coelius, mit dem die gemeinsame und
erfolgreiche Arbeit jedesmal aufs Neue Spaß macht.
Und nicht zuletzt: meinen Eltern, die mir durch die Jahre wichtigen Rückhalt gaben.

Ihnen allen sei an dieser Stelle mein herzlichster Dank gesagt.

G.J.

Inhaltsverzeichnis

Verzeichnis der Abbildungen & Tabellen, Formulare & Checklisten

Abkürzungsverzeichnis

Abt.	Abteilung	MM	Mann-/Personenmonate
AG	Aktiengesellschaft	MPM	Metra Potential Method
AP	Arbeitspaket	MS	Meilenstein
AR	Aufsichtsrat	MT	Mann-/Personentage
bspw.	beispielsweise	MW	Mann-/Personenwochen
CI	Corporate Identity	o.J.	ohne Jahr(esangabe)
CNB	Collective Notebook	o.O.	ohne Ort(sangabe)
CPM	Critical Path Method	P-	Projekt-
DGP	Deutsche Gesellschaft für Projektmanagement e.V., Nürnberg	PERT	Programme Evaluation and Review Technique
DIN	Deutsches Institut für Normung e.V.	PG	Projektgruppe
		PL	Projektleiter
EKN	Ereignisknotennetzplan	PM	Projektmanagement; Projektmanager
et al.	und andere		
FAZ	frühester Anfangszeitpunkt	PO	Projektorganisation
		PT	Projektteam
FEZ	frühester Endzeitpunkt	PTM	Projektteammitarbeiter
FuE	Forschung und Entwicklung	RKW	Rationalisierungs-Kuratorium der deutschen Wirtschaft e.V., Eschborn
FZ	frühester Zeitpunkt	SAZ	spätester Anfangszeitpunkt
GmbH	Gesellschaft mit beschränkter Haftung		
i.d.R.	in der Regel	SEZ	spätester Endzeitpunkt
i.e.S.	im engeren Sinne	SZ	spätester Zeitpunkt
i.w.S.	im weiteren Sinne	T€	Tausend Euro
IPMA	International Project Management Association	TN	Teilnehmer
		VKN	Vorgangsknotennetzplan
IT	Informationstechnologie	VPN	Vorgangspfeilnetzplan
KNA	Kosten-Nutzen-Analyse	vs.	versus (gegen)
KW	Kalenderwoche	zfo	Zeitschrift Führung + Organisation
LA	Lenkungsausschuß		
m.a.W.	mit anderen Worten		
MJ	Mann-/Personenjahre		

A   Motivation

Projekte unterscheiden sich von Routineaufgaben durch ihre **Einmaligkeit**, ihre **zeitliche Befristung** und (oftmals) ihre **Neuartigkeit**. Außerdem sollen damit **klar umrissene Ziele** erreicht werden.
Selbst das Deutsche Institut für Normung e.V. widmet Projekten eine eigene Norm, die DIN 69901, nachdem darunter Vorhaben zu verstehen sind, die u.a. durch Einmaligkeit, Zielvorgabe, zeitliche, finanzielle und personelle Begrenzungen und eine projektspezifische Organisation gekennzeichnet sind.

Also alles was ganz Neues? Weit gefehlt! **Projekte sind so alt wie die Menschheit**; ein paar Beispiele gefällig?
Stellen Sie sich Jäger der Steinzeit vor, die im Herbst auf die Jagd gehen. Ziel: Nahrungsversorgung des Stammes, die bis über den Winter reicht. Zeitliche Begrenzung: bis Wintereinbruch. Personelle Begrenzung: die ausgewählten (bzw. vorhandenen) Männer. Organisation: zunächst die Vorbereitung der Waffen (z.B. Schnitzen ausreichender Pfeile, Ersetzen von Pfeilspitzen) und die Überlegung, wo und was gejagt werden soll. Dann muß die Transportfrage geklärt werden (sozusagen die Logistik), evtl. werden die Stammesgötter um Beistand angefleht. Auch die eigentliche Durchführung der Jagd muß geplant werden – wenn dies nicht schon durch die Rangordnung festgelegt ist: wer baut wo Fallen, wer treibt die Tiere, wer erlegt sie und womit...
Sie sehen: Da mußte im Vorfeld einiges bedacht, geplant und organisiert werden, bevor auch nur der erste Schritt ins Jagdrevier gesetzt wurde.
Nicht zu vergessen das Projektcontrolling, also z.B. das Ändern der Route, wenn Späher einen feindlichen Stamm sichten oder im Nachhinein die Überlegung, ob das gewählte Revier geeignet war, ob und warum die Jagd ggf. nicht erfolgreich war usw.

Oder nehmen wir die ägyptischen Pyramiden oder die Tempel der Maya und Azteken: Auch solche Großbauvorhaben waren Projekte, die mit der Fertigstellung der Bauwerke beendet waren. Hier sehen Sie im übrigen, daß ein Projekt durchaus in Teilprojekte

aufgesplittet werden kann: So wäre z.b. die Beschaffung des Bau-
materials ein eigenes Teilprojekt für sich (mit dem Ziel, rechtzeitig
die Steine in gewünschter Menge und Qualität am benötigten Ort
bereitzustellen). Andere Teilprojekte wären: Die Bereitstellung der
Arbeitskräfte, deren Unterkünfte und Versorgung sicherzustellen,
die Baupläne zu erstellen, ggf. die Umleitung eines Flusses usw.

Aber auch aus neuerer Zeit gibt es jede Menge prägnanter Beispiele für Projekte:
Sie erinnern sich an den großen Bankraub in England – ein Projekt
mit klarer Zielvorgabe, hohem Planungs- und Logistikaufwand.
Oder denken Sie an die Flucht aus der DDR im Heißluftballon –
ebenfalls ein Projekt.
Nehmen wir Ihren nächsten Urlaub – speziell, wenn Sie keine
Pauschalreise planen: Da müssen Visa besorgt, Impfungen aufge-
frischt, die Route geplant, Hotels ausgewählt werden, der Wagen
wird durchgecheckt und sinnvoll bepackt..., bevor Sie auch nur ein
Gramm Erholung tanken.
Die Sportbegeisterten mögen an die Tour de France denken oder
sich den enormen Planungsaufwand der Fußball-WM 2006 in
Deutschland vor Augen führen – beides natürlich riesige Projekte!

Und jetzt schauen wir uns mal an, wie es in **Unternehmen** aussieht:
Dort sind **Projekte mittlerweile Arbeitsalltag** geworden: hier ein
Projekt zur Einführung eines neuen Produktes, dort eines zur Durchführung des 50-jährigen Betriebsjubiläums und wieder ein anderes
Projekt soll die Kundenzufriedenheit ermitteln oder den Börsengang Ihrer Unternehmung vorbereiten. Um solche Projekte geht es
in diesem Buch: Weniger um technische Projekte (z.B. im Anlagenbau oder bei der Einführung von neuen IT-Lösungen), sondern
vor allem um **Dienstleistungen**, die die Projektgruppe für eine
Abteilung, die ganze Unternehmung oder für einen *externen* Auftraggeber erbringt.

❑   **Für wen ist das Buch?**

Als **Praktiker** arbeiten Sie in einer Unternehmung und haben
vielleicht schon mal an einem Projekt mitgearbeitet? Ja? Oder Sie

sollen ein neues **Projekt leiten**? Sie haben Ihr eigenes **Gewerbe**
und planen etwas Neues? Oder Sie sind **Student** und benötigen
Hintergrundwissen?

Das vorliegende Buch ist so konzipiert, daß es jeder, **vom Anfän-
ger bis zum Profi**, sinnvoll nutzen kann: es dient als *Leitfaden für
eigene Projekte*, es bietet eine Fülle von *Abbildungen, Checklisten
und Formularen*, zeigt *Vorgehensweisen und Techniken* und gibt
Antworten auf offene Fragen.

❑   **Wie benutzen Sie das Buch?**

Klar, Sie können das Buch von vorne bis hinten durchschmökern.
Oder Sie schlagen einzelne Themen im *Inhaltsverzeichnis* oder im
Glossar nach. Oder Sie suchen gezielt Checklisten? Schauen Sie in
derem *Verzeichnis* nach. Oder Sie wollen noch mal nachlesen, wie
der Morphologische Kasten funktioniert oder die Netzplantechnik
dargestellt wird? Ganz einfach: das *Stichwortverzeichnis* führt Sie
an die richtige Stelle.

❑   **Diese Symbole finden Sie im ganzen Buch:**

F und A
Die stehen natürlich für „**Frage**" und „**Antwort**". Lesen Sie
die durch – vielleicht erhalten Sie hier Antwort auf Fragen, die
Sie sich schon oft gestellt haben.

☞ Achten Sie auf diese Hand! Sie zeigt Ihnen, daß Sie einen klei-
nen Tipp bekommen.

→ Ein solcher Pfeil zeigt Ihnen einen Querverweis – meist zu
einem vertiefenden Kapitel oder einem Stichwort.

Genug geplaudert! Suchen Sie sich ein bequemes Plätzchen (z.B.
das Sofa, den Liegestuhl oder die Badewanne) und schmökern Sie!
Kann's losgehen? Dann ab die Post!

B   Einführung

Zum langsam Warmwerden klären wir vorneweg ein paar wichtige Begriffe und schauen mal, was es überhaupt für Projekte gibt.

1   Einleitung: Wieso Projekte?

Die klassische Linienorganisation[1] einer Unternehmung ist auf standardisierte, sich wiederholende Routineaufgaben und Prozesse ausgerichtet – und ist dafür ideal geeignet.
Daneben laufen auch **einmalige, innovative Prozesse** ab. Für diese ist die Linienorganisation zu starr, zu unflexibel und ihre Kommunikationswege zu zeitraubend.[2]

Solche Aufgaben sind stets mit einem Problemlösungsprozeß verbunden, der bei zunehmender Komplexität der Aufgabe nur interdisziplinär lösbar ist, und zwar: [48]

- im Team ausgewählter Spezialisten,
- die eng und gleichberechtigt miteinander kommunizieren und
- auf ein gemeinsames Ziel hinarbeiten.

Solche Aufgaben werden daher in Form von Projekten bearbeitet und benötigen ein **spezielles Führungskonzept** – das Projektmanagement.

---

[1] Damit ist der (im Organigramm visualisierte) Aufbau der Unternehmung gemeint: Ein Mitarbeiter hat einen Gruppenleiter als Vorgesetzten, jede Gruppe einen Abteilungsleiter, jede Abteilung einen Bereichsleiter und jeder Bereich schließlich die Unternehmungsleitung (Vorstand, Geschäftsführung) obendrüber. Die Kommunikation geht meist die Linie rauf und runter, z.B. Reports und Vorlagen nach oben, Anweisungen die Linie entlang nach unten; vgl. S. 81.

[2] Die Steinzeitjagd aus Kap. A ist Ihnen noch in Erinnerung? Dann überdenken Sie diese Aspekte: Derjenige, der die Pfeile schnitzt, muß direkt mit demjenigen reden, der die Pfeilspitzen herstellt, und beide wiederum mit dem Jäger, der den fertigen Pfeil benutzen soll – es macht wenig Sinn, wenn da zunächst der Familienälteste eingeschaltet wird und der wiederum den Sippenältesten um Erlaubnis bittet (O.k., das Beispiel hinkt etwas, weil es damals noch kaum Spezialisierung gab...).

2 Klärung wichtiger Begriffe
2.1 Projekt

Nach DIN 69901 ist ein Projekt ein in dieser Form **einmaliges Vorhaben**, das durch die folgenden Aspekte charakterisiert wird:

- ein vorgegebenes Ziel
- zeitliche, finanzielle oder andere Begrenzungen
- die Abgrenzung gegenüber anderen Vorhaben
- eine projektspezifische Organisation [8]

Machen wir dazu gleich einmal ein Beispiel; im Falle der 100-Jahr-Feier Ihrer Unternehmung wären das diese Aspekte:

Projekt	• 100-Jahr-Feier der XY-GmbH am 5. Mai
Ziel	• Festakt, der die GmbH in der Öffentlichkeit präsentiert (Imagepflege) und die Motivation und Identifikation der Mitarbeiter fördert
zeitliche Begrenzung	• bis 5. Mai
finanzielle Begrenzung	• 150.000 € als Limitvorgabe
sonstige Begrenzungen	• Geheimhaltung über Programmdetails • Einladung nicht aller, aber der wichtigsten Geschäftspartner (Großkunden, Hauptlieferanten, Banken)
Abgrenzung gegenüber anderen Vorhaben	• Abgrenzung gegenüber dem Jubiläumspreisausschreiben für Kunden • Abgrenzung gegenüber der eine Woche vorher stattfindenden Gesellschafterversammlung
projektspezifische Organisation	• im Hause gibt es keine Abteilung für Hundertjahrfeiern; also müssen für das Projekt verschiedene Kräfte zeitweilig zusammenarbeiten, z.B. aus dem Personalbereich und dem Marketing

Tab. 1: Projektdeterminanten, Beispiel „100-Jahr-Feier"

Sie sehen: ein typisches Projekt mit all seinen Merkmalen.

Natürlich gibt es noch andere Definitionen, doch sie alle ähneln sich. Wir halten fest, daß ein Projekt die folgenden Charakteristika aufweist: [21]; [37]

- Vorhaben mit definiertem Anfang und Abschluß
- zeitliche Befristung
- Komplexität (so daß oft in Teilprojekte aufgegliedert wird)
- Einmaligkeit
- Neuartigkeit
- i.d.R. hohes Risiko
- interdisziplinärer Querschnittscharakter
- verbunden mit vorübergehender organisatorischer Veränderung und zeitweiliger Neuverteilung von Aufgabenbereichen

F *Moment mal! Die ersten drei Punkte sind mir klar. Aber wieso ist jedes Projekt einmalig und neuartig? Wenn wir z.B. Brücken bauen oder jemand ein neues Produkt einführt, so macht das derjenige doch immer wieder!*

A Das kann schon sein, was aber zählt, ist, daß die Bedingungen jedesmal unterschiedlich sind, und damit das Vorhaben *in seiner Gesamtheit* etwas Einmaliges und Neuartiges darstellt. Nehmen wir doch den Brückenbau: Die Form und die Baumaterialien der Brücke mögen sich unterscheiden, die Zeitvorgaben sind anders, einmal stehen die Pfeiler auf Fels, ein andermal auf weicherem Boden... Oder die Neuprodukteinführung: Da mögen sich die Kundengruppen unterscheiden, die Werbemaßnahmen, einmal hat der Hersteller noch keinen Namen in der Branche, beim anderen Mal schon usw.

Nun ein Wort zum Thema „Projektrisiken": Da Projekte, wie gesagt, oft komplex und dazu einmalig und neuartig sind, wissen Sie i.d.R. nie genau, wohin die Reise geht (vgl. das Apollo Programm der NASA). Gleiches gilt z.B. für ein Projekt „Vertriebsnetz in China aufbauen" oder „EXPO 2000". Aber auch kleinere Projekte sind nicht ohne Risiko – worauf Sie da achten müssen, lesen Sie später (→ Kap. D 4.2.6)

F *Und die letzten beiden Punkte?*
A Sie haben's schon an der 100-Jahr-Feier gesehen – da wurden Leute aus den Bereichen Personal und Marketing benötigt, evtl. arbeitet jemand aus der Kostenrechnung mit und kalkuliert die am grünen Tisch geplante Feier, dann wird der Betriebselektriker mit einbezogen, damit die spezielle Beleuchtung und der Sound in Ordnung gehen, dann arbeitet jemand aus der Kantine mit... Gerade weil es um etwas Neuartiges und Komplexes geht, müssen unterschiedliche Leute am Projekt mitarbeiten, um die verschiedenen Facetten zu berücksichtigen.

Und was die organisatorische Veränderung betrifft: Nun, zunächst einmal gibt es – neben den üblichen, dauerhaft eingerichteten Abteilungen – nun noch die Projektgruppe (oder wie man sie auch nennen mag), und das zusätzlich, vielleicht mit eigenem Besprechungsraum, eigener Kostenstelle[1] usw.
Damit gehen möglicherweise Kompetenzänderungen einher: z.B. mag der Projektleiter ansonsten (also im Betriebsalltag) Sachbearbeiter sein und jetzt führt er die anderen Projektmitarbeiter, u.a. vielleicht gar seinen sonstigen Vorgesetzten!

F *Das ist für ihn dann gar nicht so einfach – kann 'ne richtige Zwickmühle sein...*
A Genau. Deshalb sollten Projektleiter auch bestimmte Voraussetzungen mitbringen – doch dazu später mehr.

Ihnen ist jetzt sicher klar, was Projekte sind. Mit der obigen Charakterisierung sind sie das klare Gegenstück zu Routineaufgaben; letztere werden regelmäßig, vielleicht sogar täglich, von eigens dafür eingerichteten Stellen oder Abteilungen erledigt, und das für einen unbefristeten Zeitraum.

---

[1] D.h., daß alle Kosten, die durch das Projekt anfallen, nicht irgendwelchen Abteilungen zugeschlagen werden, sondern immer unter der Angabe „für Projekt XY". Nur so können auch die angefallenen Kosten erfaßt und beurteilt werden. Dazu später mehr.

2.2 Management

Im Englischen heißt ‚to manage' einfach nur ‚mit etwas klarkommen', ‚etwas bewältigen' („ich schaffe das!") oder auch ‚etwas leiten, verwalten, in Ordnung halten und regeln'. Ähnlich klärt der DUDEN: demnach heißt ‚managen' soviel wie ‚leiten, zustande bringen, geschickt bewerkstelligen und organisieren'.[7]; [9] Damit ein Manager mit den vielfältigen Anforderungen klarkommt, muß er seine Unternehmung oder seinen Aufgabenbereich leiten, Regelungen schaffen und in Ordnung halten – und das in vielerlei Hinsicht.

Der Begriff ‚Management' leitet sich davon ab und wird im Deutschen i.d.R. mit ‚Führung' oder ‚Unternehmensführung' übersetzt. Es geht also um planvolles Führen von Menschen und die sinnvolle Nutzung von Sachmitteln, um gemeinsam Ziele zu erreichen.[1]
Allerdings ist ‚Management' durchaus mehrdeutig: Zum einen versteht man darunter eine *Institution* („wir haben ein Management"), zum anderen eine *Funktion* („wir machen Management") – im ersten Fall also die organisationelle Verankerung, im zweiten die Führungsaufgabe. Selbst mit der Übersetzung durch ‚Führung' oder ‚Leitung' wird diese doppelte Bedeutung nicht aufgelöst.

Für unsere Zwecke ist das auch nicht nötig: ‚Management' schließt beides ein und soll nachfolgend als Führungskonzept verstanden werden.
In diesem Sinne fügen wir jetzt beide Begriffe zusammen:

---

[1] Oder wissenschaftlicher ausgedrückt: Management ist die Leitung von soziotechnischen Systemen (Verbund von Menschen und Sachmitteln) mit Hilfe professioneller Methoden. Die Leitung ist einerseits *sachbezogen*, d.h., daß die aus den obersten Unternehmungszielen abgeleiteten Aufgaben erfolgreich bewältigt werden sollen. Andererseits existiert eine *personenbezogene* Dimension, also der richtige Umgang der beteiligten Menschen und deren Koordination. [42]

2.3 Projektmanagement

Projektmanagement (PM) ist damit ein **spezielles Führungskonzept**, das dazu dient, die spezifischen Aufgaben und Elemente eines Projektes zu koordinieren, um die *Projektergebnisse* gezielt, in der erforderlichen *Qualität* und *termingerecht* herbeizuführen. [30] Zentraler Punkt dabei ist die *kooperative Zusammenarbeit* der unterschiedlichen Aufgabenträger des Projektteams.

Auch hier eine Definition nach DIN, wonach unter PM die *Gesamtheit von Führungsaufgaben, -organisation, -techniken und -mittel* für die Abwicklung von Projekten verstanden wird. Dazu bedarf es einer fachübergreifenden Koordination von Planungs-, Entscheidungs-, Realisierungs-, Überwachungs- und Steuerungsprozessen. [52]

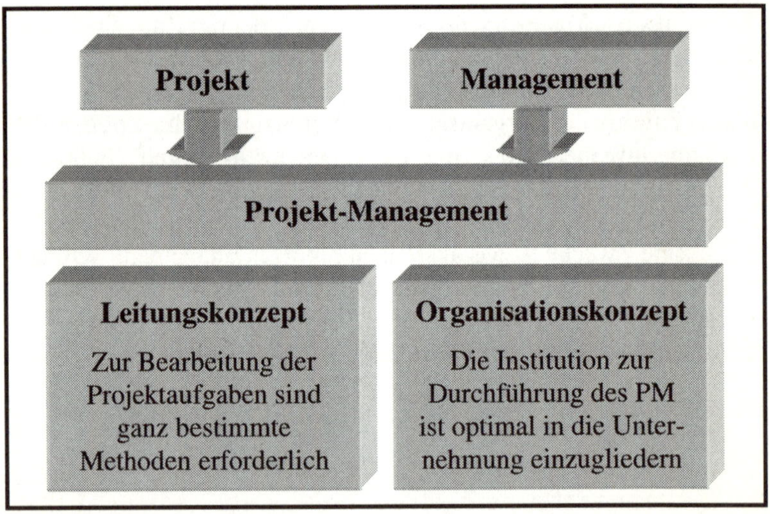

Abb. 1: Leitungs- und Organisationskonzept des PM [20]

PM bedarf also einerseits spezieller Methoden und Fähigkeiten der Führung, andererseits organisationeller Überlegungen. Dazu müssen folgende **Teilaufgaben** bewältigt werden: [16]

- Wie wird das Projekt organisiert, wie wird es gesteuert und wie werden psychologische Einflüsse gestaltet?
- Auf der Sachebene: wie werden Inhalte und Ziele des Projektes gesteuert?
- Auf der Methodenebene: wie wird vorgegangen, welche Prozesse finden statt?
- Wie werden – auf der Personenebene – die Interaktionen und Beziehungen gestaltet und gesteuert?
- Festlegen eines gemeinsamen Verständnisses, der organisatorischen Bausteine sowie Klären der Entscheidungsbefugnisse bzgl. der Zielsetzung, Weisungen und Entscheidungen
- Vorgehensrahmen klären und Methoden und Instrumente bereithalten

Die letzten beiden Punkte betreffen die *konzeptionelle* Ebene, die anderen die *ausführende* Ebene eines Projektes.
Die einzelnen Punkte werden Sie nach und nach kennenlernen. Zunächst jedoch schauen wir, welche Arten von Projekten es so gibt...

3   Projektarten

Prinzipiell gibt es so viele Projektarten wie es Projekte gibt. [17] Das ergibt sich schon aus der Einmaligkeit der zu lösenden Aufgaben. Andererseits ähneln sich natürlich manche Projekte von der Richtung her; **nach dem Inhalt** können wir deshalb unterscheiden in: [52]; [6]

- *Investitionsobjekte*, z.B. neue Montagehalle bauen
- *Kundenauftragsprojekte*, z.B. Lieferung von 200 LKW an einen Großkunden
- *Forschungs- und Entwicklungsprojekte*, z.B. Forschung für ein neues Medikament; Entwicklung eines Produkts zur Serienreife
- *Fertigungsprojekte*, z.B. im Anlagenbau
- *Bauprojekte*, z.B. Tunnel oder Brücke
- *IT-Projekte*, z.B. Internetauftritt
- *Vertriebsprojekte*, z.B. Großauftrag für einen Kunden

- *Betreuungsprojekte*, z.B. befristeter Wartungsvertrag
- *Organisations- oder Managementprojekte*, z.B. Reorganisation, Rationalisierung usw.
- *Dienstleistungsprojekte*,[1] z.B. Betriebsjubiläum, Incentiveprogramm für Händler, Produkteinführung, Wechselausstellung in Museen, Messen, Hilfskonvoi in Katastrophengebiet

Sicherlich ist diese Aufzählung nicht vollständig – und nicht ganz überschneidungsfrei. Beispiel: Eine Unternehmung beabsichtigt, sich an anderen Unternehmen zu beteiligen, um z.B. Know-how einzukaufen oder seinen Absatz zu sichern. Sie merken: wieder eine zeitlich befristete Aufgabe, die i.d.R. als Projekt gelöst wird.[2]

Noch ein Wort zu den **Dienstleistungen**: Diese sind – genauso wie Sachgüter (Produkte) – das Ergebnis betrieblicher Tätigkeit, nur sind sie – z.B. eine Beratung – immateriell, damit nicht lagerfähig; und deshalb fallen Ihre Erstellung und ihr Konsum (weitgehend) zusammen.[3] Ein weiteres Unterscheidungsmerkmal ist, daß der Kunde stark in die Erstellung eingebunden ist – der muß sagen, wie er die Dienstleistung möchte. Diese kann bestehen aus:

- Beratung, Betreuung, Schulung u.ä.
- Problemlösung, Übernahme/Organisation von (Teil-)Aufgaben
- Service, Wartung, Instandsetzung u.v.a.m.

Dies gilt unabhängig davon, ob die Dienstleistung durch die eigene Unternehmung oder jemand anderen erbracht wird.

---

[1] Dienstleistungsprojekte, die in diesem Buch vornehmlich betrachtet werden, werden in der Literatur gerne zugunsten der anderen genannten Projektarten vernachlässigt bzw. nicht besonders hervorgehoben. Die nachfolgend beschriebenen Vorgehensweisen gelten grundsätzlich für *alle* Projektarten.

[2] Gelegentlich gibt es statt dessen auch eine „feste" (Stabs-)Stelle, die sich „Unternehmensbeteiligungen" oder „Mergers & Akquisitions", kurz „M&A", nennt.

[3] Während z.B. eine Reise konsumiert wird, wird sie auch produziert. Vgl. Corsten, H.: Betriebswirtschaftliche Grundlagen der Dienstleistungsunternehmungen, 2. Aufl., München/Wien 1990, S. 173

Zusätzlich können Projekte nach ihrem **Grad der Einmaligkeit und Komplexität** differenziert werden:[1]

- *Standardprojekte* (z.b. Planung und Durchführung der jährlichen Hauptversammlung)
- *Wiederholungsprojekte* (z.b. Verkauf von 100 PKW an eine Leasingunternehmung)
- *Potentialprojekte* (z.b. Bau der neuen Montagehalle)
- *Pionierprojekte* (z.b. Apollo Programm der NASA, gentechnologische Forschungsprojekte)

Beide Kategorien von Projektarten können im Verbund miteinander gesehen werden – wie die nachstehenden Grafik zeigt:

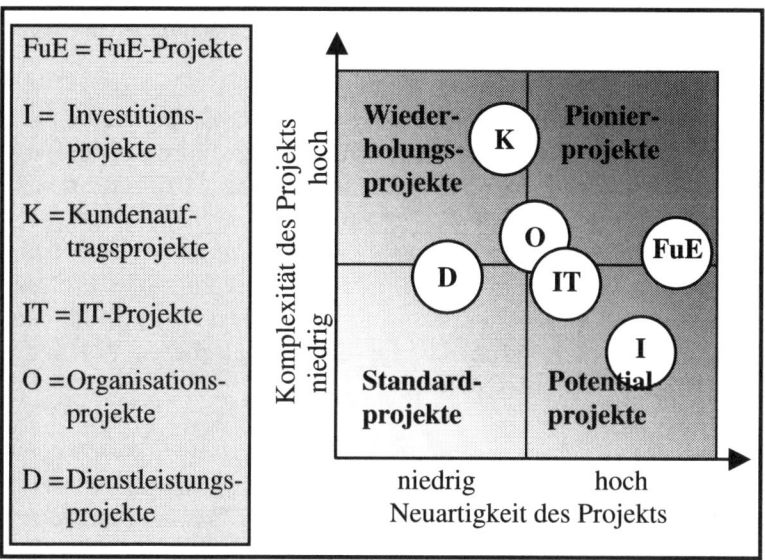

Abb. 2: Komplexität und Neuartigkeit einzelner Projektarten[2]

Projekte können auch **nach dem Auftraggeber** unterschieden werden: so gibt es... [3]

---

[1] Einmaligkeit impliziert auch Neuartigkeit.
[2] In Anlehnung an [48]; [24]

- *externe*, aber auch
- *interne* Projekte.

Bei ersteren liegt ein Kundenauftrag vor, nämlich über eine Leistung für einen fremden Auftraggeber, der den Projektanstoß gibt und die Zielformulierung vorgibt. Beispiele dafür wären die Einführung neuer EDV-Systeme in einer Textilfabrik durch eine eigens beauftragte IT-Unternehmung oder die Beauftragung von Logistikunternehmen durch den DFB, die Transporte von Schiedsrichtern, Spielern, Trainern usw. während der Fußball-WM zu organisieren.

Hingegen sind interne Projekte unternehmenseigene Vorhaben, d.h., daß auch Projektanstoß und Zielformulierung betriebsintern erfolgen. Beispiele: die eigene Betriebsfeier, das mit eigenen Mitarbeitern (+ ggf. externen Beratern) durchgeführte Reorganisationsprojekt oder i.d.R. Beteiligungs- sowie Forschungs- und Entwicklungsprojekte.

Zwischen externen und internen Projekten ist *von der Vorgehensweise her* kein Unterschied festzustellen (außer in der Vorphase[1] bis zum Projektstart), so daß nachfolgend beide Versionen zugrunde gelegt werden können.

Nach neuerer Sicht[2] spricht auch dafür, daß in *beiden* Fällen für einen Kunden gearbeitet wird: Bei externen Projekten für den externen (also klassischen) Kunden, bei internen Projekten für den sog. „internen" Kunden, d.h. für die auftraggebende Abteilung bzw. die Unternehmungsleitung.

F Ich glaube, das mit den internen und externen Projekten habe ich kapiert: Wenn VW die Grundsteinlegungsfeier für eine neue Produktionsstätte selbst organisiert, dann handelt es sich um ein internes Projekt, wird aber eine Eventagentur damit beauftragt, so ist es für diese ein externes Projekt, weil VW der fremde Auftraggeber für die Agentur ist – richtig?

A Genauso ist es. Und so oder so – es handelt sich dabei in jedem Fall um ein Dienstleistungsprojekt.

---

[1] Vgl. hierzu Kap. D 1.

[2] Vgl. Witzig, T./ Breisig, T.: Umsetzung aktueller Konzepte des Qualitätsmanagements, in: ZfB 6/1994, S. 752 f.

F *Und wenn ich einen Teil des Projektes selbst abwickle und einen anderen Teil fremd vergebe – wozu zählt das Projekt dann?*

A Gute Frage. Antwort: Dann liegt ein internes Projekt, von dem Teile (als externe Teilprojekte) an andere vergeben werden.[1] Beispiel 1: Die Fußball-WM ist für den DFB ein internes Projekt, von dem viele Detailaufgaben an andere Unternehmen vergeben werden; für die sind das dann externe Projekte. 2. Oder nehmen Sie die EXPO 2000: Auch hier wurden viele Detailprojekte extern abgewickelt. 3. Ein Süßwarenhersteller plant die Einführung eines neuen „Fitness-Riegels" = internes Projekt. Im Rahmen des Gesamtprojekts werden bestimmte Teilaufgaben fremdvergeben, so daß z.B. das Entwickeln und Produzieren eines Fernsehspots für die beauftragte MediaFilm GmbH oder die Entwicklung und Durchführung mehrerer „Kinderolympiaden" durch eine Eventagentur für diese jeweils externe Projekte sind.

Eine weitere Differenzierung erfolgt **nach der Reichweite** bzw. Dimension des Projektes; demnach gibt es: [16]

- *internationale Projekte*, z.B. Joint-Venture; Entwicklung der ,Star Alliance' der Lufthansa mit anderen Fluggesellschaften
- *nationale Projekte*, z.B. Umstellung der Vertriebslogistik Süddeutschland
- *Konzernprojekte*, z.B. Einführung einer konzernweit einheitlichen Kostenrechnung
- *unternehmensweite Projekte*, z.B. Installation eines Intranet
- *Betriebs- oder Filialprojekte*, z.B. Bau einer Montagestraße
- *Bereichsprojekte*, z.B. Verlegung oder Neuorganisation des Bereiches „Beschaffung"
- *Abteilungsprojekte*, z.B. Umstellung der Buchhaltung auf den Euro

---

[1] Natürlich existiert auch der Fall, daß ein Teil eines externen Projekts für jemand Dritten wiederum ein externes Projekt ist: Ein Autohersteller beauftragt eine Mediaagentur mit einer Imagekampagne (= externes Projekt), diese gibt den Teilauftrag „Film" an eine entsprechende Unternehmung weiter (für diese auch ein externes Projekt).

Sie sehen, diese Unterscheidung ist aufgebaut wie die russischen Babuschkapuppen – das letzte Beispiel betrifft nur eine Abteilung, davor ist ein ganzer Bereich betroffen (z.B. Rechnungswesen), dann ein Betrieb (als Teil einer Unternehmung, z.B. ein Werk oder eine Filiale) usw. – bis hin zu internationalen Projekten.

Gelegentlich wird auch nach der **Projektgröße**[1] differenziert, z.B. dem **zeitlichen** Umfang[2] (also der Projektdauer [51]; [16]), wobei die Einteilung hier relativ willkürlich erfolgt.
Oder die Projekte werden nach der **Branche** unterschieden: [52]

- Industrie (z.B. Projekte im Maschinenbau, Chemie, Bauwesen)
- Dienstleistungsunternehmen (z.B. Marketingagentur)
- Neue Technologien (z.B. Internetauftritt)
- Behörden (z.B. Projekt „Kundennähe/Bürgerservice")
- Institutionen (z.B. „Feier zum Tag des Kindes")

So, das mag reichen, um Ihnen die Verschiedenartigkeit von Projekten aufzuzeigen. Letztlich bleiben diese Bezeichnungen bloße Etikette – worauf es ankommt ist, *daß sie mittels Projektmanagement geplant und durchgeführt werden.*

Zum Abschluß dieser Thematik erhalten Sie jetzt eine bunte Übersicht unterschiedlichster **Beispielprojekte**:

- Bau einer ICE-Strecke, eines Hochhauses usw., aber auch Neubau/Umbau eines Betriebsgebäudes (z.B. neue Lagerhalle)

---

[1] Kriterium der Projektgröße können – neben der Zeit – auch Mannjahre oder das Kostenvolumen sein oder – nach Wichtigkeit – eine Unterscheidung in A-, B- und C-Projekte; [16] A-Projekte bedingen aufgrund ihrer Bedeutung die unbedingte Beteiligung der obersten Unternehmungsführung.
Vgl. hierzu auch den Aspekt der Komplexität auf S. 9.

[2] Nehmen Sie das Beispiel von S. 10 (Projekt Grundsteinlegung): dabei handelt es sich um ein Projekt mit eher kurzer Zeitdimension. Andererseits dauern die Projekte „Fußball-WM" und „EXPO 2000" oder gar „Pyramidenbau" (→ S. X f.) deutlich länger, wobei die Zeit nicht zwangsläufig etwas über die Komplexität aussagt; von daher kann die Differenzierung von Projekten nach der zeitlichen Dimension vernachlässigt werden.

- Wahlkampf
- Sportveranstaltung (Leichtathletik-EM, Tennisturnier)
- erstmaliger Internet-Auftritt
- Umgestaltung der betrieblichen Organisation(-sstruktur)
- Verschmelzung mit oder Übernahme einer anderen Unternehmung (denken Sie bspw. an Mannesmann-Vodafone oder die Fusionsbestrebungen deutscher Großbanken)
- Umwandlung der GmbH in eine AG
- Börsengang einer AG
- Einführung eines Qualitätsmanagements, neuer Kundenzufriedenheitsprogramme oder neuer Anreizsysteme fürs Personal
- Imagekampagne (bspw. nach dem sog. „Elchtest")
- Umbau eines BMW für den neuesten James Bond-Film
- Konzerttournee
- Marktforschungsstudie
- Markteinführung eines neuen Produktes
- Rekrutierungskampagne für 200 neue IT-Spezialisten

Sie erkennen sicher den einmaligen und neuartigen Charakter der obigen Projekte. Allerdings ist dies nicht immer so deutlich sichtbar: Speziell bei den 4 letztgenannten Beispielen handelt es sich zwar ebenfalls um Projekte, die aber teilweise von *regulären* (d.h. auf Dauer ausgelegten) Abteilungen bearbeitet werden (z.B. die Konzerttournee, durchgeführt von einem Konzertveranstalter). Wie aber die Rekrutierungskampagne oder die Neuprodukteinführung zeigen, wird im Rahmen dieser Projekte die Mitarbeit anderer Personen oder Abteilungen benötigt – im Falle der Neuprodukteinführung bspw. aus den Bereichen Marketing, Marktforschung, Produktion (evtl. werden zusätzliche Maschinen benötigt), Personal (zusätzliche Arbeitskräfte), die betriebsinterne Druckerei usw. Es liegt also der für Projekte typische *(interdisziplinäre) Querschnittscharakter* vor.

Nachdem Sie nun eine erste Ahnung von Projekten haben, nehmen wir Projektmanagement unter die Lupe...

C Was ist Projektmanagement?

1 Ein Ausflug in die Geschichte des Projektmanagement

Projekte gibt es seit Menschen in Gruppen Aufgaben gemeinsam bewältigen (→ Kap. A). Seit dem 20. Jhrh. befassen sich eine Vielzahl von Wissenschaftlern, Praktikern und Unternehmensberatern mit der Führung von Menschen.[1] Als Resultat steht heute ‚Management' als fundiertes **Führungskonzept**. [52]

Die Anfänge vom heutigen Projektmanagement entspringen – wie so oft in der Betriebswirtschaftslehre – dem militärischen Bereich: 1941 startete in den USA das Manhattan Project mit dem Ziel, die 1. Atombombe zu entwickeln. In den 60er Jahren war es das Apollo Project der NASA mit dem Ziel der bemannten Raumfahrt und der Landung auf dem Mond. In beiden Fällen galt es, unter starkem Zeitdruck Aktivitäten zu koordinieren, um die gesteckten Ziele schnell zu erreichen. [20]

Projektmanagement wurde als geeignet erkannt, wenn es um *komplexe Vorhaben* mit Spezialisten aus *verschiedenen Fachrichtungen* und *unterschiedlichen organisatorischen Einheiten* ging. Zur raschen Ausbreitung trug (in den USA) bei, daß bei Regierungsaufträgen der Einsatz von Projektmanagement zur Bedingung gemacht wurde. [52]

Im Soge dieser Entwicklung sorgten Managementschulen für eine rasche Ausbreitung von PM [52]. Heute bemühen sich Fachverbände um die Verbreitung und Weiterentwicklung von PM.[2]

Die Entwicklung von PM sei am Beispiel großer FuE-Projekte im militärischen und technischen Bereich dargestellt:

---

[1] Beispielhaft seien hier die Bedürfnispyramide von Maslow oder die verschiedenen Management-by-Konzepte genannt, wie z.B. Management by Delegation oder Management by Objectives (im 1. Fall werden Aufgaben an Mitarbeiter übertragen, im 2. Fall lediglich Ziele vorgegeben, so daß der eigene Gestaltungsfreiraum vergrößert wird).

[2] In Deutschland z.B. das RKW und vor allem die Deutsche Gesellschaft für Projektmanagement e.V. (DGP) mit Sitz in Nürnberg; deren Dachverband, die International Project Management Association (IPMA) besteht vor allem aus europäischen PM-Vereinigungen.

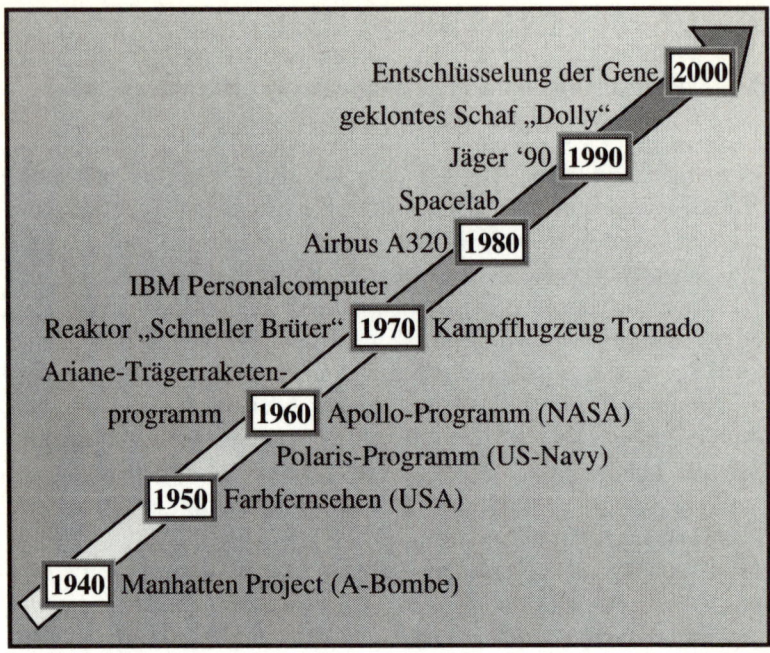

Abb. 3: Entwicklung des Projektmanagement am Beispiel wichtiger FuE-Projekte (in Anlehnung an [20])

Mittlerweile wird PM nicht nur bei Großprojekten eingesetzt, sondern auch für eine Vielzahl kleinerer Projekte, ja, es gibt sogar Unternehmen, für die Projektmanagement zum Tagesgeschäft gehört – denken Sie nur an Unternehmensberatungen, Event- und Konzertagenturen oder andere Unternehmungen, bei denen jedes Produkt in dieser Art oft einzigartig ist, wie z.B. im Hoch- und Tiefbau oder im Schiffsbau.

2   Warum Projektmanagement?

In Kap. A haben Sie bereits ein paar Beispiele gelesen, die zeigen, wie komplex Projekte sein können. An dieser Stelle nun ein weiteres Beispielprojekt, das ebenfalls die Notwendigkeit von Projektmanagement verdeutlicht:

Eine Unternehmung beschließt, seine Produktion auszuweiten, wozu eine zusätzliche Montagehalle benötigt wird. Bei diesem (kleineren) Projekt ist eine enge, zügige und effiziente Zusammenarbeit aller Beteiligten nötig, um das Gebäude in der geplanten Funktionalität, kostengünstig und termingerecht fertigzustellen – stellen Sie sich vor, wenn der Produktionsbetrieb nicht fristgemäß starten könnte, was gleich Kosten in Millionenhöhe bedeuten und die Pläne der Unternehmung (Marketingplan, Erlösplan) durcheinander brächte. Oder die Montagehalle entspräche nicht den gewünschten Anforderungen! Da müßten nachträglich Mauerdurchbrüche vorgenommen, Installationen nachgebessert werden usw.

Deshalb wird eine gut funktionierende *Organisation* genauso benötigt wie *Methoden zur Kooperation und Koordination*. Dies gilt umso mehr, wenn an einem Projekt viele Experten verschiedenster Fachrichtungen zusammenarbeiten, die aus den diversen Organisationseinheiten (Abteilungen und Stellen) abgestellt sind. Ebenso bedarf es einer sorgfältigen Koordination, wenn gar andere Unternehmen beteiligt sind – im Beispiel Baufirmen[1], div. Handwerksbetriebe, Maschinenbauunternehmen (die Maschinen bedingen z.T. die Planung für die Montagehalle) und andere Zulieferer. Im Dienstleistungsbereich sei auf das Beispiel der 100-Jahr-Feier verwiesen[2] – hier werden möglicherweise folgende Fremdfirmen hinzugezogen (und koordiniert!):

*   ein Cateringunternehmen für Essen und Getränke
*   ein Lasershow-Spezialist
*   eine Beschallungsfirma
*   ein Unternehmen für Bühnenaufbau
*   eine Musikband und div. Künstler wie z.B. Clown, Zauberer, Feuerschlucker oder Akrobaten
*   Autoren und eine Druckerei für den Jubiläumsband
*   ein Filmteam für den Jubiläumsfilm u.v.a.m.

---

[1] Betriebswirtschaftlich korrekt müßte es ‚Unternehmung‘ oder ‚Betrieb‘ heißen. Nur deren *Name* wird als ‚Firma‘ bezeichnet. Aber gelegentlich folgen wir dem Volksmund, der ‚Firma‘ synonym mit ‚Unternehmung‘ benutzt.

[2] Siehe Seite 2 ff.

*F O.k., das klingt ja alles ganz vernünftig. Gibt es eigentlich aber
    auch allgemeine Gründe, die für Projektmanagement sprechen
    und nicht für eine Abwicklung* ohne *Projektmanagement, also
    durch die klassischen Abteilungen?*
A Sie wollen also ein paar Fakten? Die bekommen Sie:

Ein erstes Argument für PM, das durch seine Zahlen besticht:
Bei ca. 5% anfänglichen Mehrkosten wird mit PM letztlich ein
Zeit- und Kostenvorteil von je ca. 20% gegenüber einer Durchfüh-
rung *ohne* PM erzielt: [17]

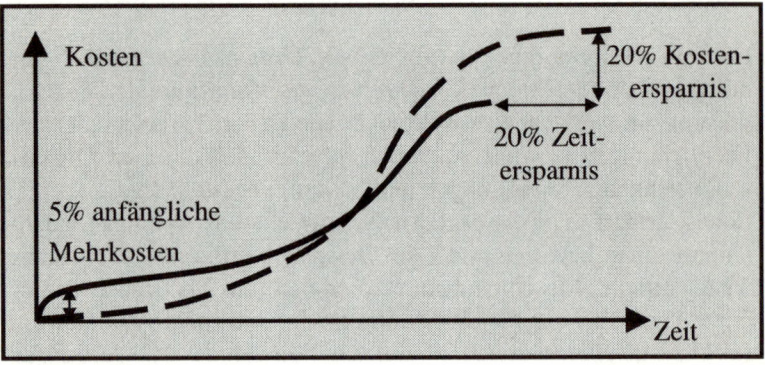

Abb. 4   Kosten- und Zeitersparnis durch Projektmanagement

Diese Erfahrungswerte sprechen schon mal eine deutliche Sprache,
oder?

Darüber hinaus gibt es eine Vielzahl weiterer **Vorteile von PM**;
dazu gehören: [16]; [17]

- Verbesserung der fachbereichsübergreifenden, interdisziplinären Zusammenarbeit, d.h. eine effizientere Nutzung der Ressourcen und der Energien durch hohe Motivation und geringere
  Reibungsverluste im Informationsaustausch

- konsequente Ausrichtung der in der Unternehmung verstreuten
  Ressourcen auf die Projekt- und damit die Unternehmensziele

- Synergien durch gemeinsame Know-how-Nutzung

- Nutzung der Kreativität von Mitarbeitern und Führungskräften

- Ganzheitliche Problemlösung an Stelle von Ausschnittsdenken oder Spartenegoismus[1]
- Entwicklung von Selbstorganisation, Selbstkontrolle und Eigenverantwortlichkeit, die auch in den Linienalltag übernommen werden
- Vergrößerung der Freiräume für „hungrige" Mitarbeiter, die mehr können als sie im Betriebsalltag dürfen
- PM als Plattform von Personalauswahl und -entwicklung zukünftiger Führungskräfte
- Verbesserung der Effizienz, Transparenz und Koordination aller Vorhaben – bei mehreren Projekten durch Multi-PM[2]
- Klare Kontrollmöglichkeit der Projektziele hinsichtlich Ergebnis, Termine, Kosten und Produktivität

... und als ursprünglicher Kerngedanke natürlich:

- die leichtere Handhabbarkeit komplexer Aufgaben

3 Wesen des Projektmanagement

Projektmanagement soll Probleme in der Unternehmung lösen (z.B. Projekt „Rationalisierung"), Verbesserungen und Innovationen realisieren (z.B. Projekte „Kundenzufriedenheit" und „Neuproduktentwicklung") und andere komplexe Aufgaben bewältigen helfen (z.B. Projekt „Fusion"). Die dazu notwendige Arbeitsweise im Rahmen von PM zeichnet sich aus durch: [17]

- Ziel- und Ergebnisorientierung
- Auftragsdenken („Kundenorientierung"!)

---

[1] Bei Erledigung von Teilaufgaben durch die Linien wird häufig nur der eigene Anteil an einer Gesamtaufgabe gesehen – es fehlt der Gesamtüberblick über das zu lösende Problem. Genauso kann es zum Sparten- oder Bereichsegoismus kommen, in dem die eigenen Ziele in den Vordergrund gestellt werden. Um beides zu vermeiden, bedarf es u.a. eines hohen Kommunikationsgrades. Die interdisziplinäre Projektarbeit im Team begegnet diesem Problem.

[2] = Verbund ständiger (auch wechselnder) Projekte.

- Ganzheitlichkeit
- flache Hierarchien
- Teamarbeit

Die einzelnen Aspekte seinen kurz erläutert:

- **Ziel- und Ergebnisorientierung** bedeutet, daß sich die Projektteams bzw. -mitarbeiter selbst die Wege suchen, wie sie das Projektziel erreichen. Nichts (außer dem Ziel) ist vorgegeben. Eigeninitiative und Selbständigkeit, Flexibilität und Mut zu Neuem sind gefragt. Die Ziele dienen nur der Orientierung und der Motivation der Projektbeteiligten; gleichzeitig wird so ein kreativer Raum für alternative Lösungswege und Innovationen geschaffen.

- **Auftragsdenken** ist von der Führungsphilosophie des „Management by Objectives" (Führung durch Zielvereinbarung) geprägt. Anders als der klassische Linienmitarbeiter wird der Projektmitarbeiter zum selbst verantwortlichen Auftragnehmer. Er entscheidet selbst, *wie* er die zu lösenden Aufgaben angeht. Durch die von Beginn starke Beteiligung an Projektdefinition und -gestaltung sowie die hohe Eigenverantwortlichkeit wird eine stärkere Identifikation mit dem Projekt erreicht und die Motivation erhöht.

- **Ganzheitlichkeit** meint die integrierte Betrachtung und Behandlung einer Aufgabe, also die Zusammenfassung arbeitsteiliger Aufgaben zu einem Ganzen. Es geht nicht darum, daß jeder abgeschottet im stillen Kämmerlein seine Aufgabe erledigt, sondern *im Team* am gemeinsamen Ziel mitarbeitet. Jedem Beteiligten ist das Projekt in seiner Gänze bekannt, durch regelmäßige Meetings und stetigen Informationsaustausch kennt er den jeweils aktuellen Stand des Projektes. Motto: „Das Ganze ist mehr als die Summe deiner Teile."

- **Flache Hierarchien** – also nur im geringen Maße übergeordnete Leitungsinstanzen und ausgeprägte Kommunikation auf der gleichen Ebene – fördern die Motivation und eine rasche Koordination. Merkmale: kurze Informations- und Entscheidungswege.

- **Teamarbeit**[1] schließlich ist das A und O von Projektmanagement: Eine Gruppe von Mitarbeitern arbeitet *gemeinsam* an der Erreichung eines *gemeinsamen* Zieles. Die gemeinsame Aufgabe und der intensive Kontakt innerhalb des Teams lassen ein „Wir-Gefühl" entstehen.

F Irgendwie ähneln sich diese Punkte alle...

A Das stimmt – sie sind alle miteinander verwoben. Flache Hierarchien benötigen eine hohe Selbständigkeit, Eigenverantwortlichkeit und Teamarbeit. Oder umgekehrt: diese funktionieren nicht ohne flache Hierarchien. Oder nehmen wir den Gedanken der Ganzheitlichkeit: Diese fördert die Motivation und ermöglicht so eine Ziel- und Ergebnisorientierung usw.

Projektmanagement muß daher in puncto Organisation und Koordination Voraussetzungen schaffen, damit die genannten Aspekte umgesetzt werden können. Ebenso ist eine Schulung der Projektmitarbeiter nötig – ihre Fähigkeit zur Teamarbeit muß ebenso entwickelt werden wie sie Kenntnisse über Kreativitätstechniken und andere Methoden brauchen.

Damit das alles zum Erfolg führt, muß als Rahmenbedingung eine spezielle Atmosphäre geschaffen werden – als weiterer Dimension von PM bedarf es einer „Philosophie" oder **Projektkultur**[2], also einer Denkweise und Haltung zur Förderung von Engagement, Motivation und Teamarbeit. Wird diese von allen Projektbeteiligten getragen, so führt sie u.a. zur: [52]

- Verbesserung der zielorientierten Kooperation
- Verbesserung von Informationsfluß und Informationsaustausch
- Förderung der Projektmitarbeiter bzgl. ihrer fachlichen und sozialen Qualifikation
- Steigerung ihrer Kreativität und Innovationskraft
- Reduzierung von Projektrisiken

---

[1] Vgl. Kap. D 3.3
[2] Vgl. S. 24.

- Erhöhung der Effizienz und Effektivität[1]

Das war natürlich jetzt erst eine kurze Einstimmung in das Wesen von PM – da muß u.a. organisiert und koordiniert werden, eine Projektkultur geschaffen werden u.v.a.m. Damit ist PM nicht mehr nur ein Ganzes, sondern kann in einzelne Bestandteile aufgesplittet werden. Das schauen wir uns jetzt an...

4   Bausteine von PM

Als kurzen Abriß[2] stellen wir Ihnen nun die wesentlichen Bausteine von Projektmanagement vor: Ausgehend von den Projektzielen (und der Entscheidung, die gestellte Aufgabe in Projektform zu lösen) müssen zunächst aufbau- und ablauforganisatorische Strukturen entworfen werden, dann startet die eigentliche Projektplanung, die Führung im Projekt sowie – zeitgleich (!) – das Projektcontrolling.[3] Parallel entwickelt sich eine Projektkultur, die auf die in früheren Projekten sowie die in der Unternehmung bestehende Unternehmungskultur aufbaut. Insgesamt ergibt sich dieses Bild:[4]

---

[1] ‚Effektivität' bedeutet, die richtigen *Dinge* zu tun, während ‚Effizienz' beinhaltet, die Dinge *richtig* zu tun.
Im übrigen besteht eine gewisse Gegensätzlichkeit zwischen Flexibilität und Effizienz: so erhöht z.B. die Fähigkeit zu einer Vielzahl von Outputvariationen die Flexibilität, mindert aber gleichzeitig die Effizienz. [15] PM ist geradezu prädestiniert, diese Gegensätzlichkeit abzubauen, d.h. bei gleichbleibend hoher Effizienz durch die interdisziplinäre Projektarbeit auch einen hohen Grad an Flexibilität zu entwickeln.

[2] Die einzelnen Aspekte werden in Kap. D ausführlich betrachtet.

[3] ‚Projektcontrolling' bedeutet *nicht*, daß *irgendwann später* das Projekt überprüft, „kontrolliert" wird – wenn auch verschiedentlich Controlling genau so verstanden wird. Einzig sinnvoll ist, daß (Projekt-) Controlling *von Anfang an* als begleitender Prozeß stattfindet, z.B. um von vornherein Maßstäbe festzulegen, wie (auch später) das Projektvorgehen überprüft werden kann oder um *während* des Projekts Abweichungen zum geplanten Vorgehen feststellen und Gegenmaßnahmen ergreifen zu können.

[4] In Anlehnung an [52].

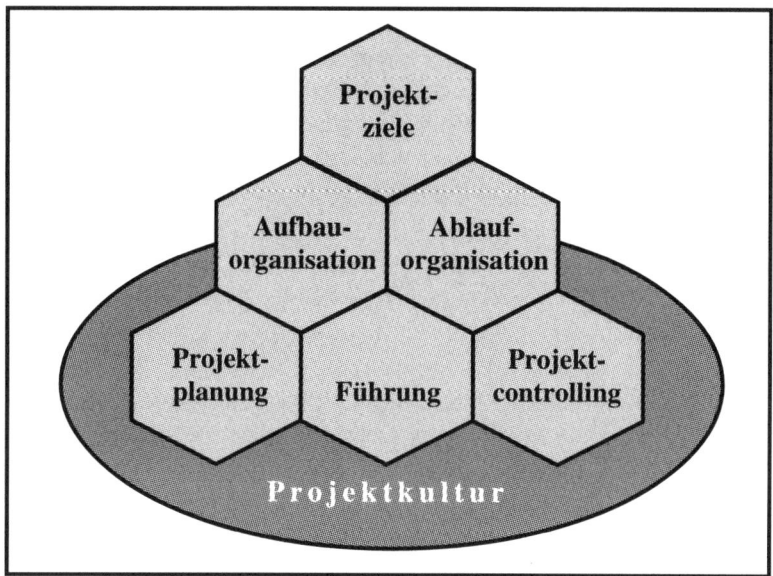

Abb. 5: Bausteine des Projektmanagement

Die einzelnen Bausteine im Kurzüberblick: [52]

- Die **Projektziele** sind die Ausgangsbasis für alle weiteren Aktivitäten. Sie müssen klar, eindeutig, verwirklichbar und von den Beteiligten akzeptiert sein.[1] Aus den Zielen werden Zwischenziele abgeleitet, die u.a. der Überprüfung des Projektfortschritts dienen.

- Die **Aufbauorganisation**[2] ist ebenfalls eine Aufgabe des PM: es geht um den Aufbau zeitlich befristeter und für das jeweilige Projekt passender Strukturen, also um die einzelnen Projektgruppen, Projektleiter usw. und deren Befugnisse.

- Die **Ablauforganisation** ist ebenfalls Teil der Projektorganisation; hier werden Kommunikationsprozesse, Arbeitsweisen, die Projektdokumentation usw. festgelegt.

---

[1] Näheres dazu in Kap. D 1.2
[2] Mehr zu Aufbau- und Ablauforganisation finden Sie in Kap. D. 3.

- Die **Projektplanung** hat die wichtige Funktion, die einzelnen Teilleistungen aufeinander abzustimmen und realistische Vorgaben bzgl. Kapazitäten, Kosten, Zeit und Leistungsinhalten zu erstellen. Insofern ist die Projektplanung *Leitfaden* und *Koordinator* für den Ablauf des Projekts. → Kap. D 4

- Auf dieser Grundlage setzt das **Projektcontrolling** an: Seine Aufgabe ist die *stetige Überwachung* des Projekts und dessen *Steuerung*, speziell bei Abweichungen der Randbedingungen, (Zwischen-)Ziele und (Teil-)Ergebnisse. → Kap. D 5

- Die **Führung** koordiniert all diese Aktivitäten. Die Förderung von Teamarbeit und kooperativer Führung zielt auf Motivation, Engagement und Zusammenarbeit aller Beteiligten. Außerdem „promotet" sie das Projekt innerhalb der Unternehmung und hält den Projektmitarbeitern „den Rücken frei". → Kap. 3.3

- **Projektkultur** ist eine wesentliche Rahmenbedingung: die spezielle Arbeitsweise im Projekt bedarf eines offenen, partnerschaftlichen, begeisterten, innovativ-kreativen und selbstverantwortlichen Klimas. Es wird begünstigt durch die volle Unterstützung der Unternehmungsleitung (Führung), die interdisziplinäre und hierarchieüberwindende Arbeitsweise sowie Vorerfahrung und gezielte Trainings.

F *Dann ist Projektkultur dasselbe wie Betriebsklima?*

A Nein, Betriebsklima ist eine Facette davon. Projektkultur umfaßt mehr: dazu gehören Umgangsformen (z.B. Duzen?), Riten und Gebräuche (z.B. sich an einem bestimmten Kantinentisch treffen; Kreativseminare auf einer Berghütte abhalten; Vorliebe für englische Ausdrücke), Symbole (Projektbutton) usw.

5   Einführung von Projektmanagement

So locker mal eben ein Projekt angehen, wird ohne Vorkenntnisse nicht gehen – sonst hätten Sie auch nicht dieses Buch gekauft. Bevor ein Projekt starten kann, müssen Kenntnisse erworben, Bedingungen geschaffen werden (denken Sie z.B. an die Mitarbeiter, die

Sie für ein Projekt aus den Linien abziehen) und muß die Unternehmungsleitung das Projekt unterstützen.
Dabei sollten Projekte kein Einzelfall bleiben, sondern **PM sollte grundsätzlich in der Unternehmung eingeführt werden** – das ist dann ein eigenes Projekt für sich!

Dieser Prozeß der PM-Einführung erfolgt in 5 Schritten:

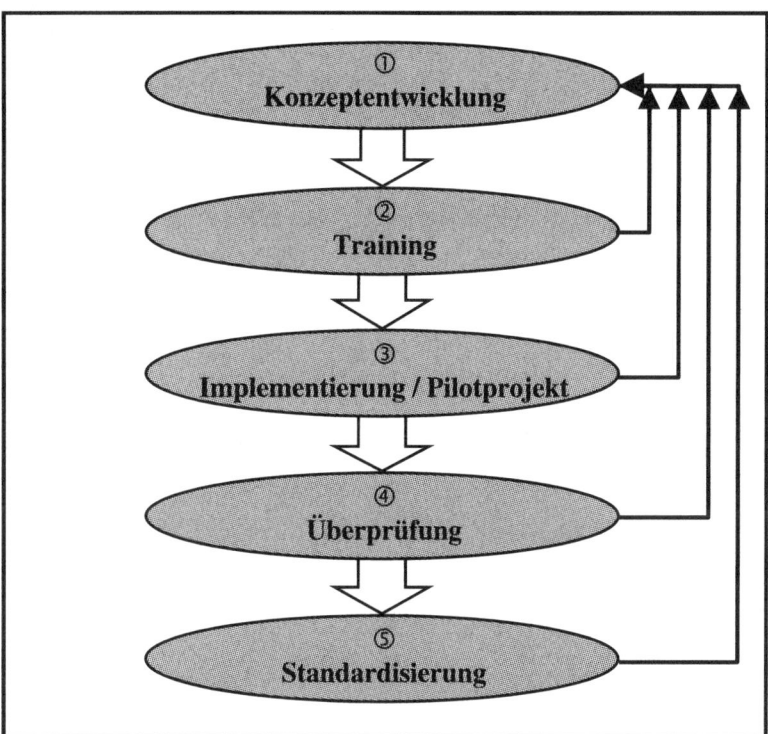

Abb. 6: Implementierungsphasen von PM (nach [16])

Dabei gilt, daß bei Bedarf von jeder Projektphase wieder auf die 1. Phase zurückgesprungen werden kann, wenn sich ein Nachbesserungsbedarf herausstellt (wird durch die Pfeile dargestellt):

Inhalte und zu klärende Fragen der einzelnen Phasen erhalten Sie in nachstehender **Checkliste**: [16]

① Konzept-entwick-lung	**Ziel: Klärung grundsätzlicher Vorgehens-weisen im PM** • Wofür wollen wir PM einsetzen? • Welche Vorerfahrung bringen wir mit? • Welche Ziele sollen mit PM erreicht werden? • Wie wollen wir an einem Projekt arbeiten? • Welche Phasen, Schritte und Methoden sollen bei unseren Projekten als Standard gelten? • Wie sollen unsere Projekte gestartet werden? • Wie sollen die Projekte beendet werden? • Welche Projektorganisation wählen wir? • Wer sind die Akteure in einem Projekt? • Wie gehen wir mit Änderungen um? usw.
② Training	**Ziel: Klärung von Bedarf, Bedingungen und der Art der Trainings** • Was wollen wir mit den Trainings (Workshops, Seminare, Präsentationen) erreichen? • Welche Bedingungen gelten dafür (Raum, Zeit, Zweck, Personenzahl, Vorwissen)? • Welches sind die Zielgruppen? • Welcher didaktische Fahrplan wird gefahren? usw.
③ Imple-mentie-rung eines Pilot-projekts	**Ziel: Klärung der Tauglichkeit von Konzept und Training** • Ermöglicht das entwickelte Konzept in der Projektpraxis die gewünschte Arbeitsweise? • Werden die für Projektarbeit benötigten Rahmenbedingungen gewährleistet? • Leistet das Training das benötigte Vorwissen für den Start und die Durchführung des Projekts? • Wo sind Schwachstellen des Konzepts sowie der Trainings? Inwieweit müssen Konzept und Training abgeändert werden? • Werden die geplanten Ergebnisse bzgl. der Parameter Kosten, Zeit und Qualität erreicht, über- oder unterschritten? • Welche Bedingungen sind außerdem zu berücksichtigen? usw.

④ Über-prüfung	**Ziel: Reflexion und Feinanpassung von Konzept und Training** • Welche Unstimmigkeiten des Konzepts müssen wie geändert werden? • Welche Details müssen ins Konzept und/oder Training aufgenommen werden? • Kann das Konzept auf andere Projekte übertragen werden? usw.
⑤ Standardisierung	**Ziel: flächendeckende Einführung von PM** • Wer benötigt welche Trainings? • Wie wird PM organisationell verankert? • Welche PM-Kultur wollen wir schaffen? • Wie wird regelmäßiges Projektcontrolling[1] errichtet und durchgeführt? usw.

Checkliste 1: Kontrollfragen für die Implementierung von PM

Auf die meisten dieser Fragen stoßen Sie übrigens auch bei der Planung und Abwicklung von Projekten.

Wir halten fest: PM sollte als grundsätzliches Konzept eingeführt werden – als Überbau und Voraussetzung erfolgreicher Projektarbeit (und schon sind wir beim nächsten Thema).

6   Was ist das Besondere an Projektarbeit?

Während sich Projekt*management* im wesentlichen mit der Schaffung von Rahmenbedingungen, von organisatorischen Strukturen, der Koordination von Personen und (Teil-)Aufgaben und der Planung und Steuerung von Projekten befaßt, ist Projekt*arbeit* sozusagen eine Ebene tiefer angesiedelt: Hierbei geht es um die eigentliche Bearbeitung der Aufgaben, also der Problemlösung im engeren Sinne. Dazu gehört die Abgrenzung von Problemen, das Entwerfen alternativer Lösungen, deren Beurteilung und Auswahl –

---

[1] Hierbei kann sich der Bedarf für eine grundlegende Änderung des bisherigen Prozederes ergeben. In diesem Fall wird ein erneuter, kompletter Implementierungsprozeß ausgelöst.

also die Auseinandersetzung mit der inhaltlichen Konkretisierung und allen fachlichen und technischen Aspekte der Lösung. [13]

Besonderes **Merkmal** ist das *überdurchschnittliche Engagement* der am Projekt Beteiligten, die *Bündelung von Know-how* und das *zielorientierte Arbeiten im Team.*[1]

In diesem Zusammenhang wird gelegentlich gemahnt, daß Unternehmen die Anzahl von Projekten begrenzen sollten, damit Projektarbeit ihren *Einzelfallcharakter* (also den Hauch des Besonderen, das hochmotivierte gemeinsame Arbeiten) nicht verliert. [17] Dies gilt vor allem dann, wenn große Gegensätze zwischen Projekt- und „normaler" Linienarbeit bestehen und Projektarbeit eine Möglichkeit für die Mitarbeit darstellt, sich besonders zu profilieren und für künftige (Führungs-)Aufgaben zu empfehlen.
Andererseits kann dies nicht verallgemeinert werden – so gibt es durchaus Unternehmen und spezielle Branchen, wo Projektarbeit sozusagen „Arbeitsalltag" ist und trotzdem diese Form des Arbeitens die Mitarbeiter immer wieder stark motiviert und die Freiräume der Projektarbeit geradezu als Belohnung empfunden werden – man denke bspw. an Unternehmensberatungen, Mediaagenturen, Eventspezialisten, Incentivereisen-Veranstalter und dgl.

So, lieber Leser, nun haben Sie genug der einleitenden Worte gehört (bzw. gelesen) und brennen schon darauf, zu erfahren, *wie ein Projekt jetzt genau abläuft.* Das erfahren Sie im nächsten Kap. D. Machen Sie erst 'mal ein Päuschen, bevor wir die einzelnen Phasen eines Projekts unter die Lupe nehmen.

---

[1] Darüber lesen Sie mehr in Kap. D 3.3

D   Ablauf von Projekten

1   Gründung eines Projekts – von der Idee zum Projektstart

Auslöser eines Projekts ist immer eine Idee, die verwirklicht werden soll, ein auftauchendes Problem oder eine Anfrage (ggf. extern). Damit daraus ein echtes Projekt entsteht, muß es zunächst von den zuständigen Stellen als relevant an- bzw. erkannt und für eine nähere Durchleuchtung freigegeben werden, um die für einen qualifizierten Auftrag erforderlichen Informationen zu sammeln und aufzubereiten. Erst mit dem genehmigten Projektantrag liegt ein Projektauftrag vor. Damit ist das Projekt gegründet und die Planungsphase eingeleitet. [47]

Das klingt wohl etwas sehr bürokratisch – und in der Tat: gerade bei Groß-, Anlagenbau-, Bau- und IT-Projekten wird es i.d.R. so gehandhabt. Allerdings kommen in der Praxis auch Situationen vor, wo ein Projekt auf einer Sitzung beschlossen und ein Mitarbeiter dann mit einem „Mach' mal!" ohne weiteren Papierkram (es gibt ja das Sitzungsprotokoll) mit dem Projekt beauftragt wird. Aber wir wollen ja sehen, wie Projekte *eigentlich* ablaufen sollten...

Andererseits scheint die Gründung eines Projekts recht einfach zu sein: Idee – ein bissel durchleuchten – Projektantrag formulieren – Projektauftrag erteilen – Zack! Projekt ist geboren...

Als grobe Schrittfolge reicht das aus, in der Praxis werden Sie dabei aber einige Dinge beachten müssen. Daher beschäftigen wir uns nachfolgend mit diesen einzelnen Schritten genauer. Doch vorab bekommen Sie eine Übersicht, damit Sie sich beim Lesen orientieren können, in welcher Phase[1] Sie sich gerade befinden.

---

[1] Das nachstehende Schema ist ein Grobraster zur Vorgehensweise bis zum Start des eigentlichen Projekts. In der Literatur wie in der Praxis existieren abweichende Schemata – mal sind einzelne Phasen zusammengefaßt, mal tiefer untergliedert oder es werden abweichende Bezeichnungen gewählt.

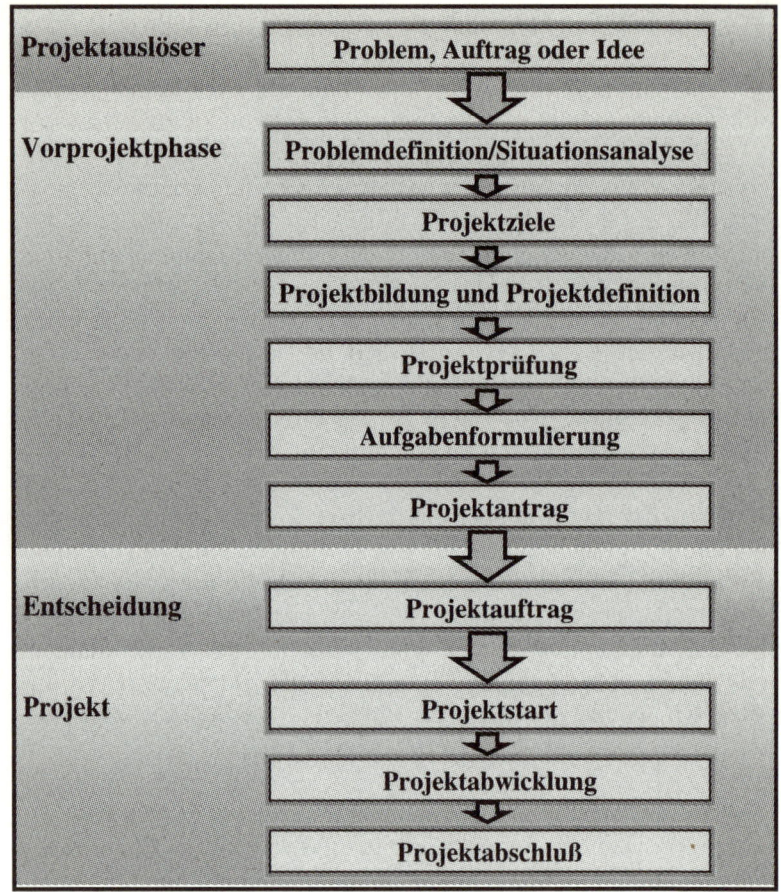

Abb. 7: Projektphasen – Gesamtüberblick

1.1   Am Anfang war die Idee

Woher stammen denn die ersten Impulse für ein (späteres) Projekt? Nun, da sind diverse Inputs aus verschiedenen Sphären denkbar: Grundsätzlich kann der Anstoß für eine Idee aus der Unternehmung selbst stammen (*interne* Sphäre) oder von außerhalb, also der (*externen*) Umwelt der Unternehmung. Also entweder stammt die Idee von der Unternehmungsleitung, einer Abteilung, einem Mitarbeiter oder sie kommt von einem Kunden, Lieferanten u.a.

F *Alles klar. Aber bei externen Projekten haben wir doch gar nicht selbst die Idee, sondern einen Auftrag, oder?*
A Stimmt, in diesem Fall kam der Anstoß bei Ihnen von einem Auftrag. Allerdings: dann hatte Ihr Auftraggeber die Idee. In beiden Fällen liegt eine Initialzündung vor, die weitere Schritte Richtung Projekt auslöst...

Außerdem spielt eine Rolle, um welche *Branche* und welche *Projektart* es sich handelt: Bei **Kundenauftragsprojekten** z.b. sind hier Projektvorschläge zu sammeln, und zwar durch erfolgreiche Akquisition von Aufträgen. [18] Es handelt sich dabei um Aufträge über bereits in der Unternehmung vorhandene Produkte – z.b. die Lieferung von 200 Planierraupen nach Saudi-Arabien.

Eine weitere Projektart aus dem Sachgüterbereich sei nun näher dargestellt. Für Projekte, die **Produktinnovationen** zum Inhalt haben, sind dies im einzelnen:

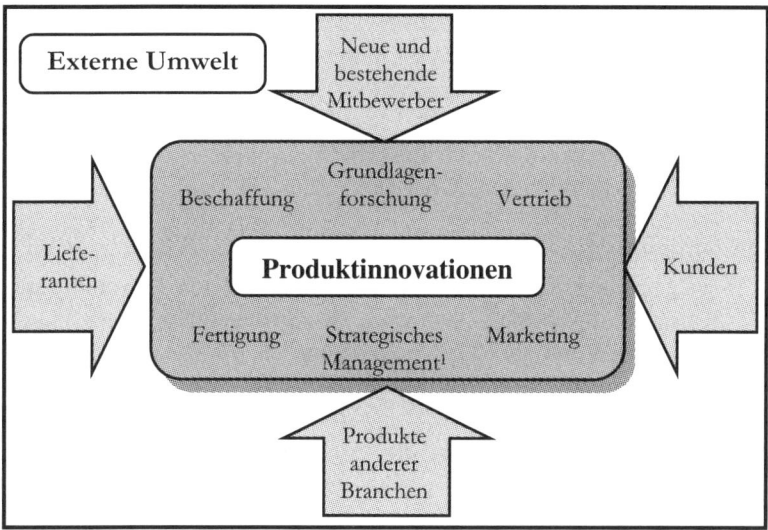

Abb. 8: Quellen von Ideen für Produktinnovationsprojekte [18]

---

[1] Früher auch als ‚Strategische Planung' bezeichnet. Strategisches Management ist umfassender. Ohne dies hier näher auszuführen: Es ist der Teil des Management gemeint, der Strategien ermittelt.

Sie sehen deutlich: die Idee kann intern als auch extern entstehen –
und diese Darstellung deckt noch nicht alle Möglichkeiten ab: so
kann z.B. die Idee für ein neues Produkt durchaus auf einer Messe,
einem Seminar, o.ä. keimen oder durch gezieltes Durchforsten von
Patentdatenbanken und der Analyse von wissenschaftlichen Fach-
zeitschriften. Und das zeigt, wie wichtig ein gut funktionierendes
Informationssystem auch als Lieferant von Ideen ist!

F *Wenn ich untersuche, woher die Idee für ein Projekt stammt,
muß ich da nicht zwischen internen und externen Projekten
unterscheiden?*

A Nein, das ist an dieser Stelle egal: Wenn z.B. ein Waschmaschinenhersteller seine Werbeagentur mit der Entwicklung eines Werbekonzepts beauftragt, steckt dahinter natürlich eine
Idee, die insofern für die Werbeagentur von außen kommt, für
den Waschmaschinenhersteller allerdings...? Genau, da ergibt
sich wieder dieselbe Fragestellung wie oben: die Idee kann den
unterschiedlichen Bereichen und Sphären entsprungen sein. Insofern gelten die obigen Aussagen.

Aber es gibt noch eine Variante: Die Idee kann von der Agentur stammen!

„Was?" werden Sie kopfschüttelnd murmeln, „woher will denn
die Agentur wissen, daß der Industriebetrieb ein neues Werbe-
konzept benötigt?" Eben: Das ist durchaus ihr Job, wenn sie
ihn richtig begreift und partnerschaftlich mit dem Gerätebauer
zusammenarbeitet – die eigenen Kunden, deren Produkte und
Konzepte überprüfen, inwieweit sie mit deren Strategien übereinstimmen und am Markt die gewünschten Effekte erzielen.

F *Dann macht sich so eine Agentur wirklich an die Arbeit und
nimmt einen Kunden unter die Lupe?*

A Klar, warum nicht? Auch das macht Sinn: schauen, was man
selbst für den Kunden an Dienstleistung anbieten könnte, und
ihm als Resultat sozusagen die Idee „einpflanzen". Oder für einen potentiellen Kunden. Oder einen Kunden, für den man
zwar bereits arbeitet, aber noch nicht auf diesem Gebiet.

Ein Beispiel: Ihre Eventagentur arbeitet für ein Softwarehaus, bislang organisiert sie aber nur diverse Veranstaltungen, Promotions und Werbekampagnen. Was spricht dagegen, daß Sie sich das Softwarehaus und dessen mögliche Bedürfnisse einmal genauer anschauen und schließlich ein Grobkonzept zur Organisation von Tagungen und Incentivereisen entwickeln? Sehen Sie? Wenn dadurch letztlich ein Auftrag herausspringt, haben Sie wieder gewonnen...

Auch bei solchen **Dienstleistungsprojekten** wurde die Projektidee entweder intern oder extern geboren – insofern gelten die Aussagen von Abb. 8 analog. Mögliche Quellen sehen Sie hier:

Interne Quellen:	
Personalbereich	• z.B. neues Anreizsystem entwickeln • z.B. komplette Belegschaft für neuen Standort rekrutieren
Marketing	• z.B. Neuprodukteinführung am Markt • z.B. Imagekampagne
Unternehmungs-leitung	• z.B. Firmenjubiläum • z.B. Umwandlung in eine AG ö.ä. • z.B. Business-Plan zur Unternehmensgründung oder -erweiterung erarbeiten
Strategisches Management	• z.B. Übernahme von Wettbewerbern • z.B. in neue Geschäftsfelder gehen • z.B. Reorganisation[1] • z.B. Imagekampagne[2]
usw.	• z.B. „Tag der offenen Tür" • z.B. Beschwerdemanagement einführen

Tab. 2: Interne Quellen von Ideen für Dienstleistungsprojekte

---

[1] Beispiele: die Einführung von Business Reengineering, Total Quality Management (TQM), die Optimierung von Geschäftsprozessen u.ä.

[2] Dieses Beispiel ist bewußt zweimal aufgeführt: Ein solches Projekt ist sicher sehr marketinglastig, die *Idee* kann aber vom Strategischen Management (als Teil der Unternehmungsleitung) kommen.

Externe Quellen:	
Kunden	• z.B. Logistik neu strukturieren • z.B. Beschwerdemanagement einführen
Unternehmens- beratung	• z.B. Projektmanagement einführen • z.B. neue Kommunikationstechnologien einführen • z.B. Neugestaltung von Arbeitsprozessen
Partner- unternehmungen[1]	• z.B. neues (gemeinsames) Kostenrechnungssystem einführen • z.B. Video-Konferenzen als Kommunikationsmedium einführen
Mediaagentur	• z.B. bestimmte Produkte anders bewerben • z.B. in Werbung neue Botschaft vermitteln
Eventagentur	• z.B. Mitarbeiterseminare durchführen • z.B. Imagekampagne
Fußballverein u.a.	• z.B. als Sponsor auftreten
Dienstleistungen anderer Branchen	• z.B. Internet-Bestellservice einführen • z.B. Beschwerdemanagement einführen
Artikel in Büchern, Fachzeitschriften, Studien, Messen, Tagungen usw.	• z.B. Imagekampagne • z.B. Training der Vertriebsmitarbeiter • z.B. Reorganisationsmaßnahmen • z.B. Projektmanagement einführen • z.B. Benchmarking einführen • z.B. Produkte für neue Märkte aufgrund veränderter demografischer Bedingungen[2] entwickeln

Tab. 3: Externe Quellen von Ideen für Dienstleistungsprojekte

Das liest sich doch alles ganz nett, oder? Allerdings zeigt sich hier, daß die Abgrenzung in in- und externe Quellen von Ideen nicht

---

[1] Damit sind sowohl Mutter-, Tochter- und Schwesterunternehmen gemeint als auch solche, mit denen Kooperationen, Allianzen u.ä. bestehen.

[2] Beispiele: die Zunahme von Single-Haushalten und Senioren oder die Kaufkraft von Jugendlichen usw.

unproblematisch ist: So liest ein Mitarbeiter einen Artikel oder
tauscht sich mit Fachkollegen aus, kommt zurück in den Betrieb
und äußert nun intern seine Idee... – woher stammt sie also? Sicher
spielt auch der Grad der Ideenkonkretisierung eine Rolle, d.h., daß
es sich dann um eine interne Idee handelt, wenn der Input von
außen nur in grober oder bestimmter Form vorlag, jetzt aber intern
detaillierter oder in veränderter Form kreiert wird.
Aber kümmern Sie sich nicht weiter darum: Letztlich bleibt es
unerheblich, woher die Idee stammt[1] – wichtig ist bloß, daß sie
entsteht und umgesetzt wird.

Noch ein Punkt: Die Idee darf nicht zu spät kommen! Daher ist es
von enormer Wichtigkeit, daß eine Unternehmung seine Umwelt
genau beobachtet: ändert sich die Umwelt (z.B. Rechtsvorschrif-
ten, Altersstruktur, Einstellungen der Menschen, Erfindungen), so
müssen sich i.d.R. die Produkte, die Kundenkommunikation usw.
ebenfalls ändern – und das so früh wie möglich! Dazu sind besondere Methoden der Umweltbeobachtung und der Informationsgewinnung und -aufbereitung nötig, z.B. durch regelmäßige Patent-
recherchen, Auswertung von Marktstudien, der Entwurf von Zu-
kunftsszenarien usw.[2] Damit wird quasi der Zeitpunkt der Idee
vorgezogen und der Handlungsspielraum der Unternehmung vergrößert.

Beispiel: Natürlich können Sie warten, bis Ihnen die Kunden da-
vonlaufen oder Ihnen – im besten Falle – irgendwann einmal mit-
teilen, warum sie nicht mehr Ihre Produkte nachfragen. Sie merken
schon: das wäre ziemlich spät.
Besser ist es, wenn Sie dies *antizipieren*, also schon vorher den
Wandel der Kundenbedürfnisse (durch obige Informationsrecher-
che und -analyse) erkennen und somit Zeit genug haben, neue
Produkte oder Varianten bisheriger Produkte zu entwickeln, neue

---

[1] Das ist natürlich etwas flapsig ausgedrückt. Es ging auf der vorange-
henden Seiten vor allem darum, daß Sie deutlich die Vielfalt möglicher Quellen für Ideen erkennen... – und diese nutzen!
[2] Das ist übrigens eine Aufgabe des Strategischen Management; vgl.
die Szenario-Technik auf S. 192 f.

Kommunikations- und Distributionswege[1] zu gehen usw. Nur so können Sie sicherstellen, daß Sie am Ball bleiben!

Ideen zu antizipieren und grundsätzlich überall nach Ideen suchen sollte in jeder Unternehmung fest verankertes Programm sein. Neben der *systematischen* Ideensuche besteht eine weitere Möglichkeit darin, möglichst viele Ideen aufzuwirbeln, anzusaugen und anschließend zu filtern[2] – also ungefähr so:

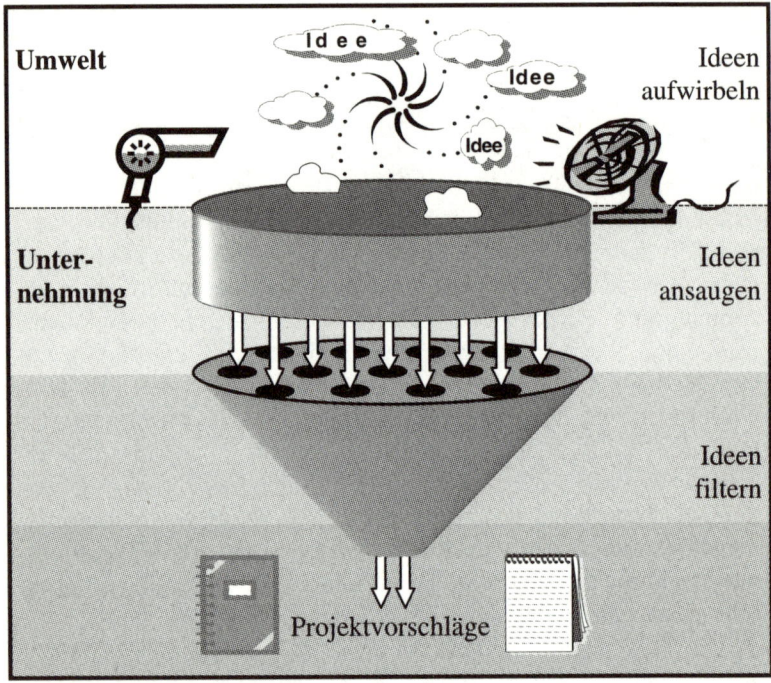

Abb. 9: Der Ideen-Aufwirbel-, -Ansaug- und -Filter-Prozeß

---

[1] Denken Sie z.B. an den Vertrieb via Internet.

[2] Das gilt vor allem für Ideen für neue Produkte und Produktvariationen, aber auch allgemein für Ideen bzgl. strategischer Chancen und Risiken; vgl. hierzu [18]; der grundlegende Gedanke stammt von Kirsch, W./Esser, W.-M./Gabele, E.: Das Management des geplanten Wandels von Organisationen, Stuttgart 1979, S. 363 ff.

Im einzelnen funktioniert das wie folgt:[1]

1. In der **Aufwirbelphase** wird aktiv nach neuen Ideen gesucht, ohne zu wissen, welche Ergebnisse generiert werden – hierbei können auch Ideen für Problembereiche sein, die als solche noch gar nicht erkannt sind. Um möglichst viele Ideen zu erhalten, bedarf es einer intensiven Kommunikation mit Kunden und anderen externen Sphären und dazu spezieller Schulungen der Mitarbeiter; letzteren muß bewußt sein, wie wichtig neue Ideen für die Unternehmung sind.

2. In der **Ansaugphase** strömen die Ideen quasi in die Unternehmung. Dazu müssen geeignete Stellen eingerichtet werden, die die Informationen sammeln, und die Mitarbeiter müssen wissen, an wen sie sich mit den neuen Ideen wenden können. Außerdem muß jede Idee informationstechnisch erfaßt werden.

3. Der anschließende, mehrstufige **Filterprozeß** konkretisiert, bewertet und selektiert die Ideen schrittweise. Die vielversprechendsten münden dann in Projektvorschläge.

So, jedenfalls existiert nun ein Idee. Was passiert jetzt damit?

1.2 Die Vorprojektphase: Projektziele & Projektdefinition

Noch ist aus der Idee oder dem Problem kein Projekt geworden. Zunächst einmal muß jemand beschließen, daß daraus ein Projekt werden könnte. Dazu muß eine Reihe von Voruntersuchungen stattfinden, die natürlich bereits mit Kosten und Personaleinsatz verbunden sind.

Dieser nächste Schritt ist die sog. **Vorprojektphase**. Andere Be-

---

[1] Dieses Vorgehen kann durch einen 4. Schritt ergänzt werden, die sog. „Recycling-Phase": Darin werden ausgesonderte Ideen gespeichert und ggf. bei späteren Projekten wiederverwendet. Falls Sie meinen, daß diese Ideen (auch für später) doch nichts taugen, so führen Sie sich das Beispiel der Sendung „Big Brother" – wie jede Fernsehshow ein Projekt – vor Augen: 1990 wurde die Idee vielleicht schon mal geboren, die Gesellschaft hätte damals ein solches Konzept noch nicht akzeptiert, im Jahr 2000 aber schon.

zeichnungen sind Vorphase, Projektdefinition, Problemanalyse[1]
oder -phase oder schlichtweg ‚Phase Null'.

Inhalte der Vorprojektphase ist die *Definition des zu lösenden
Problems*, die Entwicklung der *Projektziele* und daraus die Ableitung von Teilzielen (Hauptaufgaben). Als Resultat liegt dann eine
Projektdefinition vor, die als Projektantrag vorgelegt wird; falls
letzterer genehmigt wird, startet dann mit dem Projektauftrag erst
das eigentliche Projekt:

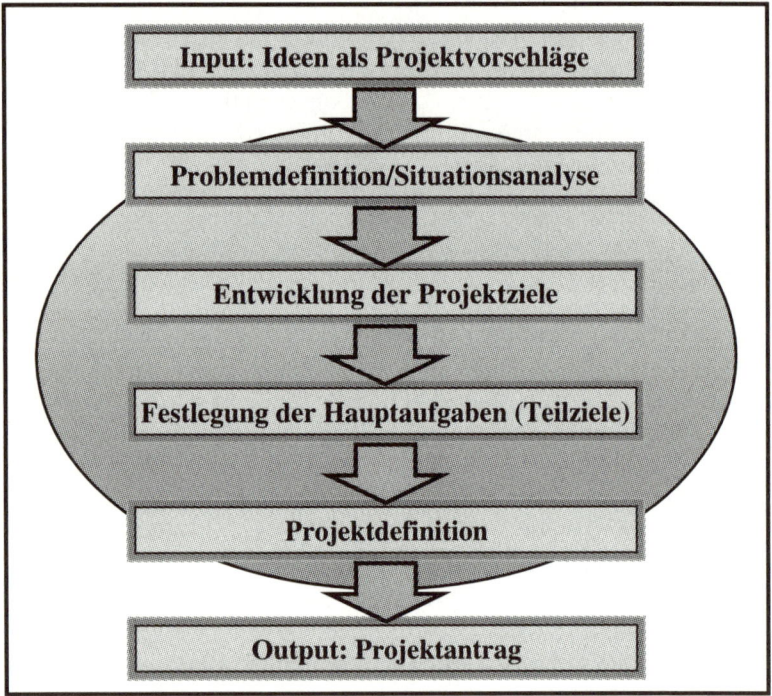

Abb. 10: Aufgaben der Vorprojektphase (Grobdarstellung)

---

[1] Als Problemanalyse kann auch die erste Phase *nach* dem Projektauftrag bezeichnet werden – Sie sehen, da gibt es keine Einigkeit.
Das liegt u.a. daran, daß es zu unterschiedliche Projektarten gibt, die
auch nicht jeden Teilprozeß in gleicher Weise durchlaufen müssen.
Außerdem werden manche Teilphasen unterschiedlich zusammengefaßt bzw. der Gesamtprozeß unterschiedlich aufgesplittet.

Sie merken: mal wieder sind das ein paar aufeinander folgende Schritte. Auch diese sollten Sie *planvoll* angehen – deshalb handelt das nächste Kapitel von der Zielplanung.

Sofern es sich um ein **externes Dienstleistungsprojekt** handelt, erhalten Sie von Ihrem Auftraggeber i.d.r. eine Kurzbeschreibung des gewünschten Projektes, in dem Ziel, Hintergrund und ggf. die mögliche Richtung der Umsetzung skizziert sind – das sog. **Briefing**.

Obwohl bei Ihrem Auftraggeber die nachstehend beschriebenen Prozesse auch schon (teilweise) stattgefunden haben, müssen Sie im Regelfall trotzdem noch einmal die Ziele klären, die Situation durchleuchten, Projektmaßnahmen entwickeln usw. Ihnen bleibt damit die Vorprojektphase nicht erspart! – wenn auch ggf. in geraffter Form:

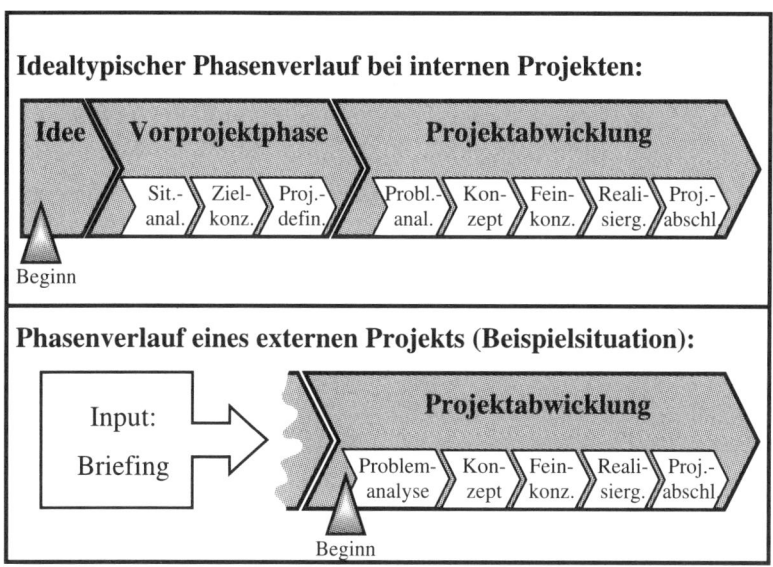

Abb. 11: Projektphasen bei internen und bei externen Projekten[1]

---

[1] Der Zeitpunkt des Einstiegs in ein externes Projekt kann variieren: er kann vor- oder nachgelagert sein.

Natürlich gibt es eine Vielzahl unterschiedliche Fälle – wird eine Teilaufgabe erst in einer späteren (Vor-)Projektphase vergeben, so hat der Konkretisierungsgrad der Vorgabe deutlich zugenommen, und Sie müssen als (externer) Auftragnehmer nicht mehr unbedingt alle Phasen bzw. nicht mehr in der üblichen Tiefe durchlaufen.

Wenn Sie z.B. als externes Projekt den Auftrag bekommen, für das (mehrfach genannte) Betriebsjubiläum die Beleuchtung zu übernehmen, liegt Ihnen i.d.R. schon ein detailliertes Briefing vor und sie setzen vor die Konzeptphase lediglich eine etwas ausführlichere Problem- oder Situationsanalyse; → gegenüberliegende Grafik.

1.2.1   Zielplanung

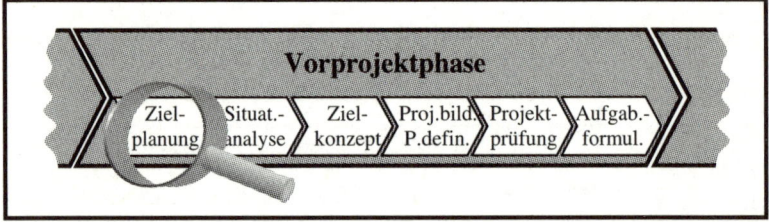

„Zielplanung", werden Sie vielleicht denken, „wozu das denn, was muß da geplant werden? Das Ziel ist doch klar. Oder es ergibt sich im Laufe des Projekts."

Wenn Sie so vorgingen, wäre das einer der größten Fehler, den Sie machen könnten. Wenn Sie eine Reise starten, kennen Sie schließlich das Ziel auch bereits vor Reiseantritt – selbst wenn Sie einen Standbyflug wählen, wissen Sie ungefähr, wohin es gehen soll, und haben entsprechende Kleidung für einen Badeurlaub oder einen Alaskaurlaub dabei – also: Sie haben geplant!

Und überhaupt: selbst wenn Ihnen das geographische Reiseziel noch nicht ganz klar ist: Sie wissen jedenfalls, *wie* Sie dahin kommen (nämlich mit dem Flieger, mit Ihrem PKW oder als Interrailer mit dem Zug) und das eigentliche Ziel steht auch fest – nämlich Erholung, Strandaktivitäten, Sehenswürdigkeiten anschauen o.ä.

Zurück zu unserem (zukünftigen) Projekt: Eine (gute) Zielplanung stellt die Weichen über das spätere Gelingen des Projekts. Im Einzelnen muß schrittweise und planvoll – wer macht wann und was? – vorgegangen werden, um folgende Aspekte zu klären; wir zeigen das am Beispiel der 100-Jahr-Feier:

Inhalte	Beispiele
1. Problem erfassen und klären	• Die Unternehmung wird 100 Jahre alt • Mitarbeiter, Gesellschafter und Geschäftspartner erwarten Feierlichkeiten
2. Ziel formulieren	• Unvergeßliche, 3-tägige Feier im Mai mit hoher Werbewirksamkeit veranstalten
3. Rahmenbedingungen feststellen	• Zeitpunkt und Dauer: z.B. *nicht* am 12. Mai (dem eigentlichen Gründungstag), da Feiertag • Zielgruppen: welche und Personenzahl? • Programmstruktur: z.B. Betriebsfeier für die Mitarbeiter am 20. Mai, Tag der offenen Tür mit Clowns, Musik, Freibier usw. am 21. Mai, am 22. Mai Festbankett für geladene Gäste • grobe Kosteneinschätzung bzw. Budgetvorgabe
4. abstimmen mit den Gegebenheiten und Möglichkeiten	• Räumlichkeiten: Halle, Räume, Wiese, Produktionsstätten usw. • Logistik: Verkehrsanbindung, Parkplätze • Personal: eigenes oder fremdes? • Zeit: selbst organisieren oder eine Agentur damit beauftragen? • Material: vorhandenes Dekomaterial, Preise, Stände usw.
5. mit anderen Vorhaben koordinieren	• Überschneidung mit örtlichen Festen? • Jubiläumspreisausschreiben einbeziehen? • in laufende Werbekampagne einbauen? • Jubiläumsband muß bis dann vorliegen usw.

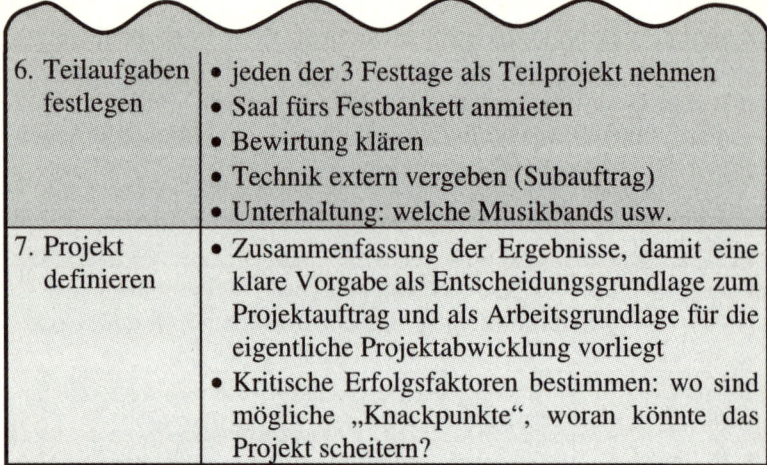

6. Teilaufgaben festlegen	• jeden der 3 Festtage als Teilprojekt nehmen • Saal fürs Festbankett anmieten • Bewirtung klären • Technik extern vergeben (Subauftrag) • Unterhaltung: welche Musikbands usw.
7. Projekt definieren	• Zusammenfassung der Ergebnisse, damit eine klare Vorgabe als Entscheidungsgrundlage zum Projektauftrag und als Arbeitsgrundlage für die eigentliche Projektabwicklung vorliegt • Kritische Erfolgsfaktoren bestimmen: wo sind mögliche „Knackpunkte", woran könnte das Projekt scheitern?

Tab. 4: Inhalte der Zielplanung am Beispiel „100-Jahr-Feier"

Ich gebe zu, oft wird das in der Praxis sehr intuitiv angepackt – und kann durchaus klappen. Im Zweifelsfall aber, gerade bei großen und komplexen Projekten, die darüber hinaus einen hohen Koordinationsaufwand mit anderen Projekten und Plänen bedeuten, sollten Sie vorgehen wie beschrieben.

Das hat darüber hinaus den Vorteil, daß von den Entscheidungsträgern (die über den Projektantrag befinden) die Projektwürdigkeit besser bestimmt werden kann, und daß Sie und Ihr Team sich später, im Verlauf der Projektabwicklung, immer wieder an den präzisen Zielen und Vorgaben der Projektdefinition orientieren können und so das Projektergebnis überhaupt überprüfbar wird. Es gilt also (wieder einmal): Ohne Planung keine vernünftige Kontrolle!

Eine solche Zielplanung erfüllt 4 wichtige Funktionen: [24]

- **Orientierungsfunktion:**
  Für alle am Projekt Beteiligten geben die Ziele die Richtung vor und erinnern an das Eigentliche.

- **Selektionsfunktion:**
  Während der Problemlösungsprozesse bei der Projektabwicklung werden Alternativen entwickelt und die geeigneten ausge-

wählt. Dazu werden sie hinsichtlich ihrer erwarteten Zielerreichung verglichen und bewertet. Exakte Ziele ermöglichen also einen Bewertungs- und Auswahlprozeß und haben daher eine Selektionsfunktion.

- **Koordinationsfunktion:**
  Wie schon angeklungen, wird jedes Gesamtziel in seine Teilziele zerlegt. Dadurch wird eine Koordination und Abstimmung der notwendigen Aufgaben und Tätigkeiten nötig und möglich.

- **Kontrollfunktion:**
  Ziele dienen als Kontrolle für den Abschluß einer (Teil-)Aktivität, m.a.W., (Teil-)Ergebnisse werden an den Zielvorgaben gemessen.

Gut, nun wissen Sie, daß eine Zielplanung sinnvoll ist und aus welchen Teilschritten sie besteht, aber noch nicht, was dabei besonders zu beachten ist. Dazu kommen wir jetzt – wir untersuchen:

1. Welche Personengruppe überhaupt in der Vorphase beteiligt ist,
2. woraus eine Problemanalyse (oder Situationsanalyse) besteht,
3. welche Ziele und Teilziele zu unterscheiden sind,
4. wie Ziele formuliert werden,
5. wie das Projekt definiert und
6. wie es geprüft wird.

1.2.2 Wer plant und formuliert die Ziele?

Die Ziele sollten nicht als „One-man-show" vom (designierten) Projektleiter alleine festgelegt werden. Für eine Einbeziehung Anderer in die **Zielformulierungsgruppe** spricht:

- Die **richtige Zielvorgabe** ist das Kernstück des Projekts, auf das dessen Resultate ausgerichtet werden. Eine Person alleine kann leicht etwas übersehen, so daß Fehler, Verzögerungen und zusätzliche Kosten vorprogrammiert wären.

- Jedes Projekt benötigt die **Unterstützung anderer** Stellen und Abteilungen – und letztlich durch die Unternehmungsleitung. Diese sollten deshalb an der Zielbildung beteiligt sein. [19]
- Zielplanung benötigt einen **hohen Informationsstand** und muß viel (interdisziplinäres) Wissen aus unterschiedlichsten Bereichen zur Verfügung haben. Daher sind sowohl Generalisten als auch Spezialisten für die Zielformulierung gefragt.
- Um einer möglichen Betriebsblindheit vorzubeugen, können externe **Berater** hinzugezogen werde. [1]

Mit diesem ausgewählten Personenkreis wird der Projektleiter die Ausgangssituation analysieren und die Projektziele festlegen. Bleibt die Frage, wie denn eine solche Zielformulierungsgruppe zu finden ist...

Wichtig ist die Einbindung jener, deren Mithilfe nötig ist und/oder deren Interessen berührt werden. Als Anhaltspunkte dazu sollten Sie sich überlegen:

- Wen betrifft das Projekt? Bei EDV-Projekten z.B.: wer sind die späteren Benutzer?
- Welche wichtigen Stellen/Abteilungen werden außerdem vom Projekt betroffen?
- Wer kann Informationen liefern? Wer hat die Möglichkeit, die Durchführung zu unterstützen oder zu boykottieren?

Um den letzten Punkt zu klären, müssen Sie die Einflüsse der verschiedenen Gruppierungen und Sphären kennen und daraus die wichtigen Vertreter mit in die Zielformulierungsgruppe aufnehmen – im einzelnen sind das:[1]

---

[1] Grafik in Anlehnung an [19]

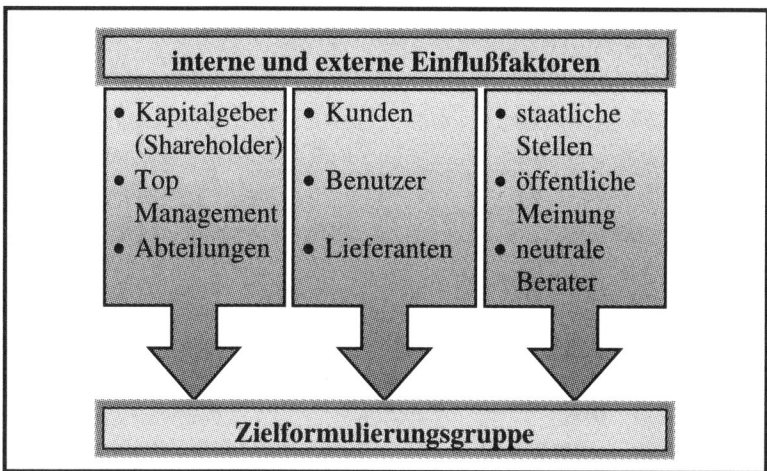

Abb. 12: Einflußfaktoren der Zielformulierungsgruppe

F *O.k., das leuchtet mir ein: Von den Leuten, die ich für ein Gelingen des Projekts brauche, hole ich mir welche ins Boot, damit die formulierten Ziele nicht an den Bedürfnissen der Realität vorbeigehen. Aber die Besetzung der Zielformulierungsgruppe wird doch nicht identisch sein mit dem späteren Projektteam? Ich kann mir z.b. kaum vorstellen, daß dort dann staatliche Stellen beteiligt sind...*

A Das haben Sie eben schön (und richtig) gesagt. Und was die Besetzung der beiden Gruppen betrifft: Ja, i.d.R. sind die *nicht* identisch – die einen haben die Ziele im Visier, die anderen deren projektmäßige Umsetzung. Das sind 2 Paar Stiefel.

1.2.3   Situationsanalyse

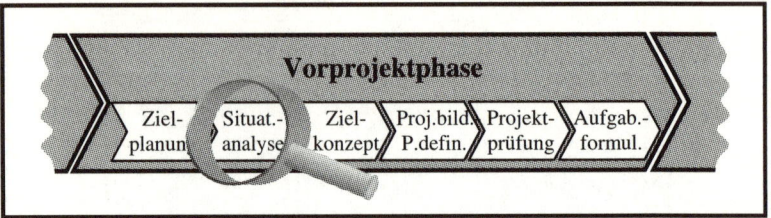

Bevor Sie loslegen können, muß erst einmal geklärt werden, *um welches Problem genau es eigentlich geht*: das Problem muß beleuchtet und strukturiert werden, so daß eine Problemdefinition ermöglicht wird.

In der Situations- oder Problemanalyse werden dazu Fakten gesammelt, gegliedert und in Bezug zueinander gesetzt. Es müssen Hintergründe aufgedeckt werden, z.b. durch Bildung von Ursachen-Wirkungs-Ketten.

Es erfolgt also nicht nur eine *Ist-Analyse* (des derzeitigen Zustandes), sondern es werden auch *Zukunftsaspekte* unter Berücksichtigung des dynamischen *Umweltkontextes* analysiert.[20]

Dazu auf der nächsten Seite ein Beispiel – „Projekt Autobahnausbau": [47]

Zur Erinnerung: Wir befinden uns immer noch in der Vorphase des Projekts. Im Laufe der eigentlichen Projektabwicklung werden Sie noch einmal – dann aber wesentlich genauer und detaillierter – eine Situations- oder Problemanalyse durchführen.

Hier geht es erst um eine grobe Erfassung genereller Probleme – sozusagen um ein Abstecken der Rahmenbedingungen, ein Andenken möglicher Aspekte, ein Skizzieren der Problemdimension.

Situationsanalyse	
Ist-Analyse:	• Eine Autobahn verläuft bis Ort X. Von dort Verkehrsführung über Bundesstraße bis Ort Y. Dadurch Ortsdurchfahrten mit hohem Verkehrsaufkommen; Folge: Staus und Zeitverluste im Personen- und Güterverkehr
Zukunfts-analyse:	• Mit welchem Verkaufsaufkommen ist in der Zukunft zu rechnen? • Wird eine Substitution vom LKW auf die Schiene/auf Flüsse erfolgen? • Würde der Autobahnausbau die bestehenden Probleme tatsächlich lösen? • Könnten durch eine starke Frequentierung der auszubauenden Autobahn neue Probleme geschaffen werden? Welche sind das? • Welche Entwicklungen sind hinsichtlich von Gesetzen, Benzinpreisen, Geschwindigkeitsbegrenzungen usw. denkbar?
Umwelt-analyse:	• Bestehen mögliche Gefährdungen von land-/forstwirtschaftlichen Infrastrukturen? • Werden Erholungsgebiete zerschnitten? • Lärmbelästigung von Kommunen?

Tab. 5: Situationsanalyse „Autobahnausbau"

Im Einzelnen umfaßt die Situationsanalyse Tätigkeiten wie: [19]

• Beschaffen von Daten zur Überprüfung der vorgegebenen Problem-/Aufgabenstellung und um ggf. bereits fixierte Zielvorstellungen zu revidieren

• genaue System- und Umweltabgrenzung („was gehört noch zu dem Problem/der Aufgabe und was nicht?")

• den Betrachtungsbereich strukturieren

• Klarstellen von Bedürfnissen, Chancen und Risiken („was wird gewollt, welche Vor-/Nachteile könnten daraus erwachsen"?)

• Erkunden wichtiger Systemeigenschaften und beeinflussender Umweltelemente („Fahrbahnen mit 2 oder 3 Fahrspuren, wie viele Abfahrten auf der Strecke, mögliche Proteste von Umweltschützern?")

- Untersuchen der externen Einflußfaktoren (z.B. Politik)
- Abstecken des Gestaltungsspielraums, insbesondere Klären der Randbedingungen (z.B. Zeit, Kosten, Variation der Vorgabe, Vertragsstrafen bei verspätetem Projektende)

Außerdem wird in der Situationsanalyse die ursprüngliche, grobe Zielvorstellung zu einem *Zielkatalog* erweitert, auf dessen Basis dann die *Zielformulierung* erfolgen kann. [1]

Im Beispiel ist die Zielvorgabe „Bau der Autobahn von X nach Y" noch reichlich unpräzise; im Zielkatalog müßte z.B. das zu bewältigende Verkehrsaufkommen, die Anzahl der Abfahrten usw. genannt werden.

Sie sehen, in der Situationsanalyse wird das anzugehende Problem bereits von vielen Seiten bedacht und präzisiert.

1.2.4   Zielformulierung

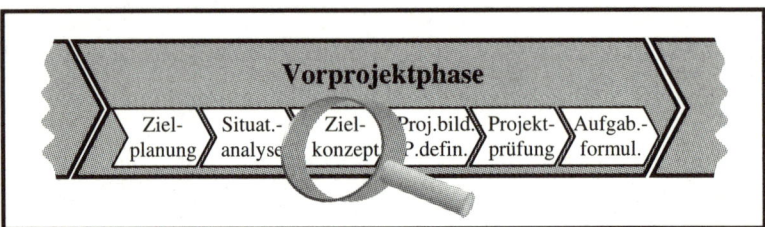

Als nächster Schritt folgt die Zielformulierung, die den Zielsuchprozeß beendet.

Worum geht's? Die ursprüngliche (grobe) Zielvorstellung wird zu einem realistischen, umfassenden **Zielkonzept** weiterentwickelt. Dabei sollten Sie darauf achten, daß sämtliche Zielfaktoren erfaßt, konkret formuliert und in ein System gegenseitiger Beziehungen eingeordnet werden, m.a.W.:

- Welche Ziele sollen genau verfolgt werden? (z.B. Einführung eines neuen Produktes in neuer Verpackung)
- Welche übergeordneten Ziele (z.B. strategisches Ziel „Image als umweltorientierte Unternehmung") werden damit unterstützt?
- Welche untergeordneten Ziele lassen sich ableiten? (z.B. Medienpräsenz, Händler bewerben das Produkt, Kunden bejahen die umweltfreundliche Verpackung, Mitarbeiter identifizieren sich mit „ihrer" innovativen Unternehmung usw.)

Damit liegt eine Hierarchie von Zielen vor:

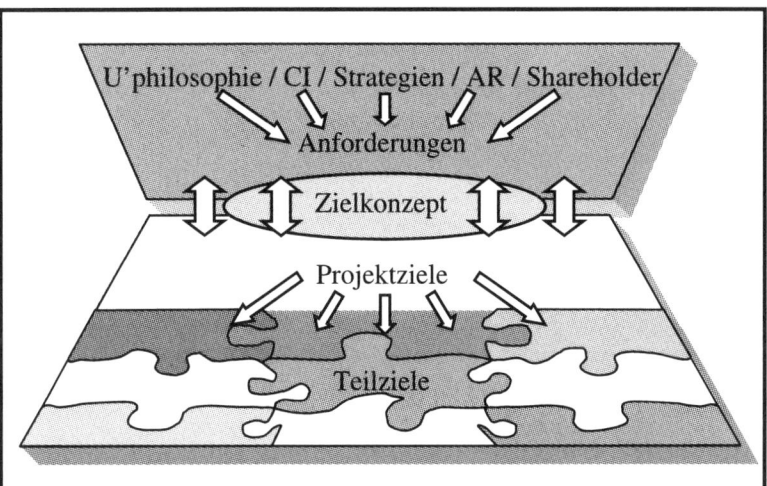

Abb. 13: Das Zielsystem der Zielbildung

Zur Hierarchie von Zielen gleich mehr. Zunächst jedoch ein paar Worte zur **Zielformulierung**. Deren Sinn ist es,...

- die Zielvorstellungen zu bereinigen,
- systematisch zu strukturieren,
- auf Vollständigkeit zu prüfen,
- zu ergänzen und
- abschließend in verbindlicher Form festzuhalten. [47]

Dabei sind diese **Grundsätze der Zielformulierung** zu beachten: [19]

- Die Zielformulierung soll **lösungsneutral** sein, d.h., Sie sollten keine Lösungen beschreiben, noch sich auf *eine bestimmte Lösungsidee* fixieren. In beiden Fällen würden Sie andere sinnvolle Alternativen von vornherein ausschließen. Also: Ziel zwar präzise formulieren, aber so allgemein, daß darin die Lösung nicht schon vorweggenommen wird.

  Beispiel: Ziel = Bau eines 2-Liter-Autos. Dabei ist noch nichts gesagt, ob dies mittels verändertem Motor und/oder anderer Kraftstoffart und/oder geringerer Größe und Gewicht und/oder günstigerem CW-Wert usw. erreicht werden soll.

- Die Ziele sollen möglichst **operational formuliert** werden. Sie müssen eindeutig, nachvollziehbar und letztlich meßbar sein. Letztlich werden die Projektergebnisse nur überprüfbar, wenn als Vorgabe präzise Ziele zugrunde liegen.

  Beispiel: Aufstellen von Teilzielen (= erforderliche Planungs-, Entwicklungs- und Produktionsziele) durch Beteiligte aus relevanten Abteilungen.

- Die unterschiedlichen **Wirkungen berücksichtigen**, die die Auswahl und Beurteilung von Lösungen beeinflussen.

  Beispiel: Interessen von Politik, Umweltorganisationen, Marktinteressen von Treibstoffindustrie, Nachfragern usw.

- Die Zielformulierung kennt **3 Stoßrichtungen**: Sie kann eine (1) positive Entwicklung, (2) die Vermeidung einer negativen oder (3) die Bewahrung eines Zustandes zum Inhalt haben.

  Beispiel: (1) Umsatzsteigerung; (2) Vermeiden von Umweltschäden; (3) trotz rückläufiger Konjunktur gleiche Absatzzahlen wie im Vorjahr.

F *Und wie paßt das 2-Liter-Auto hier rein?*

A Nun, das hängt ab von Ihrer Zielformulierung: Zum einen können Sie dadurch ihre Umsätze steigern und sich neue Markt- und Kundensegmente erschließen, zum anderen zur Schonung

der Umwelt beitragen und gleichzeitig ihr Image verbessern und schließlich rückläufige Erfolge aus anderen Produktbereichen ausgleichen.
Letztlich ist das natürlich alles eine Frage des Blickwinkels – frei nach Albert Einstein: „Alles ist relativ!": Wird eine negative Entwicklung vermieden, so ist das genauso als positiv zu bewerten, wie wenn bei ungünstigen Rahmenbedingungen wieder die bisherigen Werte erzielt werden.

Auch bei der Zielformulierung gilt das bekannte Begriffspaar der *Effektivität* und der *Effizienz* – fragen Sie sich: „Haben wir die richtigen *Ziele* definiert und haben wir die Ziele *richtig* definiert?" Dazu gehört eine klare *Strukturierung* der Ziele. Wie eben erwähnt, sind nicht alle Ziele gleichrangig, sondern es besteht eine **Zielhierarchie** – so ist z.B. „Einhalten des Werbebudgets" ein Unterziel von „Einhalten des Projektbudgets", und dieses wiederum ordnet sich dem Gesamtziel „Tag der offenen Tür durchführen" unter.

Als **operationale Ziele** bezeichnet man jene Teilziele, die einzelne Aktivitäten griffig formulieren (→ Grafik nächste Seite).
Für einen besseren Überblick und eine Erfassung aller Teilziele sowie um Widersprüche und Doppelspurigkeiten zu vermeiden, sollten Sie die **Zielhierarchie grafisch darstellen** – dies ist gleichzeitig eine wichtige Vorarbeit für die spätere Bewertung: Wenn Sie sich die nachstehenden Ziele anschauen, werden Sie feststellen, daß Sie sie der Reihe nach abhaken (bzw. Abweichungen vermerken) können, wenn die (Teil-)Ziele erfüllt wurden.

Eine Zielhierarchie bilden Sie, indem Sie vom Globalziel ausgehen und dieses top-down (also von oben nach unten) in weitere Ziele aufsplitten; [13] das Vorgehen sei an einem Beispiel „Tag der offenen Tür" grafisch verdeutlicht.[1]

---

[1] Grafik in Anlehnung an [19]

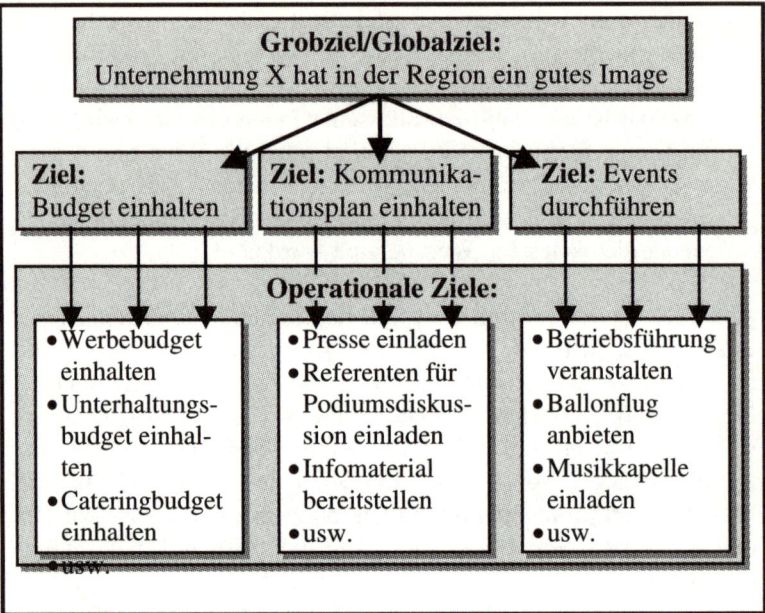

Abb. 14: Zielhierarchie am Beispiel „Tag der offenen Tür"

Nachdem Sie nun die Ziele hierarchisch zuordnen können, müssen wir einen Blick auf **weitere Zielarten** werfen; schließlich sind nicht alle Ziele gleichrangig oder sind gedanklich auf derselben Ebene anzuordnen: Manche Ziele haben (wie in Abb. 14) die Erfüllung der Projektziele zum Gegenstand, andere betreffen die Vorgehensweise. Außerdem sind manche Ziele Pflicht, andere sind sozusagen „Beiwerk" und damit nicht unbedingt zu erfüllen.
Das betrachten wir uns jetzt genauer:

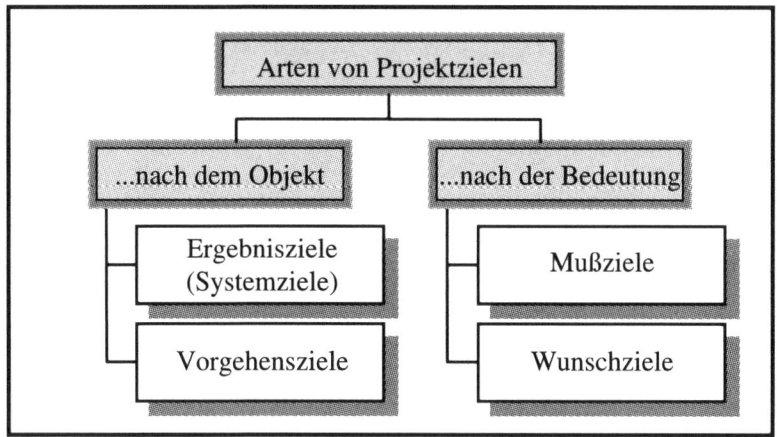

Abb. 15: Klassen von Projektzielen

Die Ziele im Einzelnen: [19]

- **Ergebnis- bzw. Systemziele** fragen danach, *was* erreicht werden soll. Es geht also um gewünschte Eigenschaften des Projektergebnisses, an denen später der Projekterfolg gemessen wird. Dazu zählen Leistungs- und Qualitätsziele, Terminziele, Kostenziele usw.

- **Vorgehensziele** hingegen beantworten die Frage, *wie* die angestrebten Ergebnisse erreicht werden sollen – sie beschreiben also den Weg zur Erreichung der Projektergebnisse. Dazu zählen alle Randbedingungen und Anforderungen, wie z.B. verfügbare finanzielle Mittel, personelle und sachliche Ressourcen, Auflagen zur Vermeidung von Störungen des Projektablaufs und Vertragsstrafen usw.

- Wichtiges Element stellt die Bestimmung von **Zwischenzielen** (Meilensteine)[1] dar; diese sind aus den Ergebniszielen abgeleitet. Zwischenziele/Meilensteine beenden die einzelnen Projektabschnitte und sind Grundlage zur Überprüfung des Projektfortschritts.

---

[1] Vgl. S. 65 ff.

Um Unklarheiten bei der Interpretation der Ziele auszuschließen und die Gestaltungsräume klar abzugrenzen, werden die Ziele nach ihrer *Bedeutung* bzw. *Wichtigkeit* differenziert: [19]

- **Mußziele** sind zwingend vorgegeben. Sie müssen deshalb klar formuliert und meßbar sein. Die Projektergebnisse werden daran gemessen, inwieweit die Mußziele erreicht wurden.

- **Wunsch- oder Kannziele** sind sozusagen „das Sahnehäubchen obendrauf" – ihr Erreichen wird als positiv, aber nicht unbedingt erforderlich angesehen. Werden sie nicht erfüllt, können die Projektergebnisse trotzdem erreicht werden. Trotzdem sind sie anzustreben, da ihre Erreichung wertsteigernd sein kann.

Bei der Formulierung von Zielen kommt es regelmäßig zu **Zielkonflikten**. Bei den *Ergebniszielen* könnten z.B. Terminziele die Kosten- oder Leistungsziele beeinträchtigen. Da diese aber *alle* erreicht werden sollen, müssen sie so formuliert werden, daß sie gemeinsam erreichbar sind, ohne sich gegenseitig zu behindern:

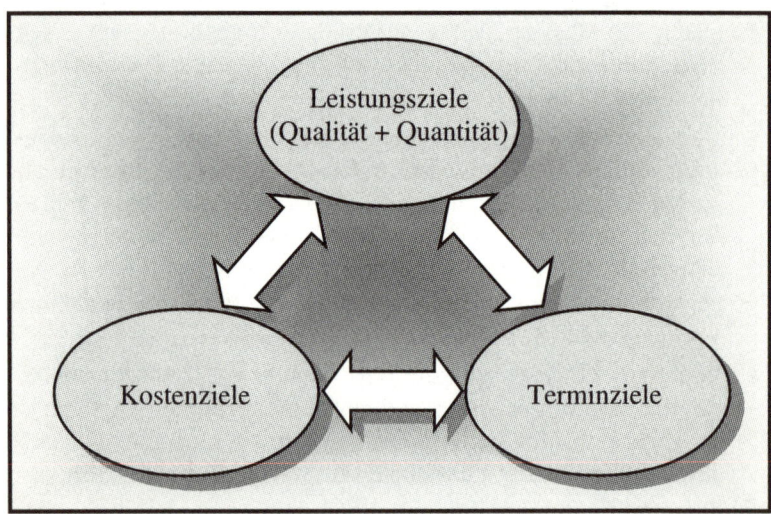

Abb. 16: Die Triade Leistung, Kosten und Zeit

Konflikte bei der Formulierung von *Wunschzielen* sind ebenfalls möglich; so könnte z.b. für ein neues Produkt eine bestimmte Farbe nicht mit dem gewünschten Material möglich sein. Diese Konflikte werden nicht immer lösbar sein, zu zahlreich und unvereinbar sind die Präferenzen und Prioritäten der einzelnen Ziele. Deshalb empfiehlt es sich, die Wunschziele zu *gewichten*, um deutlich zu machen, welche Ziele möglichst verwirklicht sollen und auf welche eher verzichtet werden kann. Mußziele werden nicht gewichtet, da sie *auf jeden Fall* erfüllt werden sollen.

Am besten, Sie legen dazu ein solches Raster an, nennen darin alle Ziele und vermerken die Wichtigkeit der Wunschziele durch Ankreuzen:

Ziele		Prioritätenrangfolge			
Ergebnisziele	EZ #1	◆ Pflichtziel			
	EZ #2	◆ Pflichtziel			
	EZ #3	◆ Pflichtziel			
Wunschziele	WZ #1	1	☒	3	4
	WZ #2	☒	2	3	4
	WZ #3	1	2	3	☒
	WZ #4	1	2	☒	4
	WZ #5	1	☒	3	4
Erklärung: 1 = hohe Priorität, 4 = keine Priorität					

Formular 1: Rangfolge von Wunschzielen

1.2.5 Projektbildung und Projektdefinition

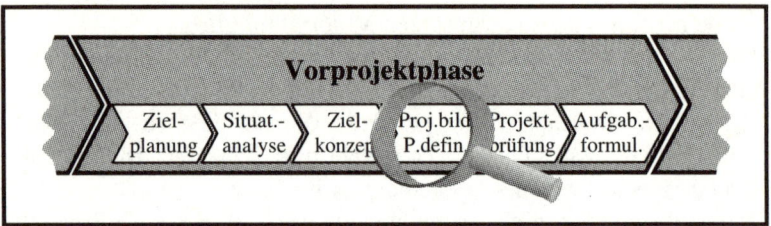

In der **Projektbildung** geht es um die richtige Abgrenzung von Projektinhalt und Projektumfeld. Dazu sollten Sie nicht nur die Ergebnisse der Zielformulierung berücksichtigen, sondern auch das Umfeld einbeziehen: So mögen sich aus einem Projekt Synergieeffekte für andere Vorhaben ergeben; Beispiele sind Kostenvorteile oder die mehrfache Nutzung der gleichen Informationen. [1] Deshalb ist es sinnvoll, Projekte, die in funktionellem, planerischen oder realisierungstechnischen Zusammenhang stehen, zu einem größeren Projekt zusammenzufassen.

Umgekehrt mag es ratsam sein, komplexe Projekte in mehrere *Teilprojekte* aufzugliedern. Dies sollte aber erst später (nämlich nach der Konzeptphase) erfolgen.

Was noch fehlt, ist die grobe **Schätzung des Projektvolumens**. Das geschieht jetzt: Sie schätzen den Planungsumfang, den Zeitbedarf (Mannjahre) und die zu erwartenden Kosten.

Damit sind alle inhaltlichen Schritte der Vorprojektphase abgeschlossen und die Ergebnisse werden zusammenfassend beschrieben – die sog. **Projektdefinition**. Diese enthält die Situationsanalyse, das Zielkonzept und die Projektgrenzen und dokumentiert so alle wesentlichen Eckpunkte und Teilschritte des zukünftigen Projekts. Im einzelnen enthält sie: [1]; [47]

- Beschreibung des Problemfeldes
- Funktion und Bedeutsamkeit des Problems aus der Sicht des übergeordneten Systems (z.B. Übereinstimmung des Projektes mit der Unternehmungsstrategie)

- Projektbildung und Projektabgrenzung: Erklärung des Projektumfeldes und der relevanten Einflußfaktoren

- das Zielkonzept, bestehend aus Ergebnis- und Vorgehenszielen und den wichtigsten Teilzielen, ggf. Differenzierung der Ziele nach Zeithorizonten

- Hinweise auf Lösungsansätze und Vorschläge für die Ablaufregelung

- Rahmenbedingungen (z.b. Standortfragen, Finanzierung, Risikoabgrenzung, Lizenz- und Patentfragen, Marktsituation)

- Preisrahmen (Projektkosten, Investitionen, Betriebskosten)

Die Vorprojektphase ist nun fast beendet: mit der Projektdefinition ist eine fundierte und realistische Beurteilung des Projekts möglich. Dies geschieht in der Projektprüfung.

1.2.6 Projektprüfung

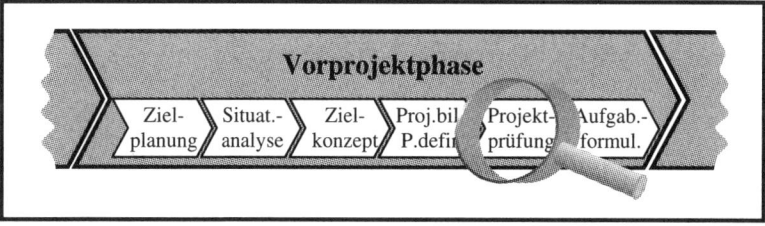

Es geht nun darum, alle bisher zusammengetragenen Ergebnisse zu überprüfen. Durchgeführt wird die Projektprüfung durch die Beteiligten, die Auftraggeber und den Lenkungsausschuß[1].

Beurteilungskriterien der Projektprüfung sind:
→ umseitige Grafik

---

[1] Vgl. Kap. D 3.3.3

Kriterien	Beispiele
Problem-definition	• Beurteilung der ermittelten Zieldefinition • Abgrenzung zu anderen Projekten • Prioritäten und Randbedingungen des Projektes • Prüfung des zeitlichen und finanziellen Rahmens
Ziel-konzeption	• Kosten-/Nutzen-Relationen der Ziele • Beurteilung der Risiken • Prüfung, ob das Projekt so geeignet ist
Generelle Beurteilung des Projekts	• Konsequenzen bei Unterlassung bzw. Verzöge-rung der Realisierung (z.B. Vertragsstrafen?) • mögliche Folgekosten • personelle, kapazitätsbezogene Auswirkungen • Auswirkungen auf andere Projekte

Tab. 6: Beurteilungskriterien der Projektprüfung

1.2.7 Aufgabenformulierung

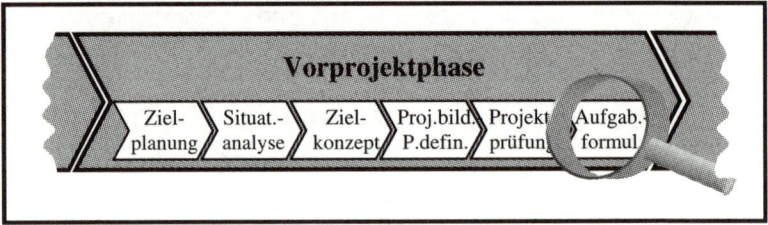

Als nächster Schritt muß aus dem geprüften Konzept ein *Planungskonzept* abgeleitet werden, welches alle Maßnahmen aufzeigt, die zur Erreichung des Zielkonzepts nötig sind. Es geht also an dieser Stelle nicht um die Ziele, die bis Projektende erreicht werden sollen, sondern um die Vorgehensweise *während* des Projekts.

Dazu müssen die Anforderungen konkretisiert und quantifiziert werden, m.a.W., detailliert aufgeschlüsselt und mit Mengen- und Zeitangaben versehen werden. Ergänzt werden außerdem alle notwendigen Angaben und Informationen sowie zu beachtende Richtlinien.

Dies kann – je nach Projektart und -größe – in umfassende **Anforderungskataloge** münden, worin die fachtechnischen Einzelheiten aufgeführt, beurteilt, optimiert und strukturiert werden. Anschließend wird die Machbarkeit überprüft und daraus das **Pflichtenheft** erstellt, das die realistisch umsetzbaren Ziele und Schritte enthält. Mit der **Leistungsbeschreibung** werden abschließend alle zu erreichenden Leistungsmerkmale dokumentiert und verbindlich festgeschrieben.

In den genannten Schritten sind wechselnde, ganz unterschiedliche Personengruppen beteiligt: Der Anforderungskatalog mag vom Projektleiter, von Know-how-Trägern, zukünftigen Benutzern und Planungsfachleuten erstellt werden, beim Pflichtenheft ist – je nach Aufgabe – die Fachabteilung F&E oder Öffentlichkeitsarbeit involviert, bei der Leistungsbeschreibung wieder mehr das Projektteam.

1.3 Projektauftrag

Jetzt kann das fertige Projektkonzept dem Lenkungsausschuß als **Projektantrag** vorgelegt werden und mit diesem Gremium eine letzte Abstimmung erfolgen, wie z.B., ob das Projekt nun wirklich umgesetzt werden soll, welche Konsequenzen das hätte und welche alternativen Lösungen in Frage kämen.

Nach Genehmigung des Projektantrags ist die Vorprojektphase beendet. Der Projektantrag wird nun der Geschäftsleitung bzw. bei externen Projekten dem Auftraggeber zur endgültigen Entscheidung vorgelegt.

Mit der Erteilung des **Projektauftrags** ist das Projekt beschlossen. Es werden Projektinhalt und -umfang definiert sowie Aufgaben, Ressourcen, Termine, der grobe Projektablauf skizziert und der Endtermin bestimmt. [16]

Ein Projektauftrag ist eine zweiseitige *Willenserklärung* zwischen Auftraggeber und Auftragnehmer (gilt nicht nur für externe Projekte, sondern auch innerhalb derselben Unternehmung). Durch die beiderseitige Unterzeichnung werden vereinbart: [16]; [47]

- Projektziel
- Projektnutzen
- Projektlaufzeit
- Projektmeilensteine, d.h. Zwischenergebnisse
- Meßgrößen des Projekterfolges, d.h. vereinbarte Mengen und Qualität
- Art und Weise des Berichtswesens
- Anforderung an die Projektdokumentation
- Projektbudget (Personenkapazitäten, Sachmittel, Kosten und deren Finanzierung, Rahmenbedingungen)
- Vollmachten und Weisungsbefugnisse des Projektleiters

Nun endlich sind Sie so weit: das Projekt kann gestartet werden!

Noch ein Wort zum Projektauftrag: Dieser stellt für die spätere Arbeit am Projekt den Eckpfeiler der Orientierung dar. [16] Trotzdem kann es im Projektverlauf zu Änderungen (z.B. der Terminziele oder des Aufgabenumfangs) kommen. In solchen Fällen müssen Abänderungen schriftlich festgehalten und dem ursprünglichen Projektauftrag beigefügt werden. [6]

Ein Projektauftrag kann z.B. so aussehen:

Projektauftrag	
Projekt-Nr.:	**Projektbezeichnung:**
Auftraggeber:	**Projektleiter:**
Mitglieder des Projektteams:	
Projektanstoß:	
Projektziel:	
Termine	
Gesamtaufwand [MT/MW/MM/MJ]	**Budget**
.... **Auftraggeber**	.... **Projektleiter**
Anlagen	

Formular 2:   Projektauftragsformular [46]

1.4   Projektstart

Nun liegt ein Projektauftrag vor und das/die Projektteam(s) können loslegen! Es beginnt der Prozeß der **Projektabwicklung** mit seinen einzelnen, aufeinander aufbauenden Phasen (→ Kap. 2.1). Was wir bislang noch nicht besprochen haben – in der Vorprojektphase jedoch (zumindest ansatzweise) erarbeitet wurde –, sind folgende Aspekte:

- Wie planen Sie die **Vorgehensweise**, welche Schritte sollen aufeinander folgen, welche Teilpläne müssen erstellt werden, welche Meilensteine wollen Sie setzen? (→ Kap. 2)
- Wer kommt ins **Projektteam**, wer hat welche Befugnisse und wie ist das Projekt organisatorisch in der Unternehmung angesiedelt? (→ Kap. 3)
- Wie wird das Projekt gesteuert, welche **Führungsaufgaben** sind wahrzunehmen? (→ Kap. 5.3)
- Wie wird das Projekt **überwacht**? (→ Kap. 5.2)

Sie merken, da ist noch einiges zu klären... – und zwar nicht nur für interne Projekte:
Externe Projekte, bei denen der Auftraggeber die Vorprojektphase durchlaufen hat und Ziele, Projektart und -umfang klar definiert hat, beginnen ebenfalls an dieser Stelle.[1] Da muß der Auftragnehmer allerdings erst noch die Vorgaben analysieren, weshalb die 1. Phase der Projektabwicklung – die Problemanalyse – etwas umfangreicher gerät. Außerdem muß die Vorgehensweise geplant, das Projektteam zusammengestellt und organisatorische Fragen geklärt werden. Insofern müssen dieselben Punkte untersucht werden, wie oben für interne Projekte beschrieben.
Das alles bekommen Sie ab dem nächsten Kapitel.

Bevor Sie sich da reinknien wird's Zeit für eine Pause – ein Spaziergang täte vielleicht gut? Sich etwas frischen Wind um die Nase wehen lassen? Viel Spaß!

---

[1] Vgl. Abb. 11 auf S. 39

2   Generelle Vorgehensweise zur Problemlösung und Entscheidungsfindung

Worum geht es in diesem Kapitel?
Zunächst einmal um die Bestimmung der einzelnen *Phasen der Projektabwicklung*, dann werfen wir einen Blick auf den Ablauf einer Problemlösung und schließlich bekommen Sie einen ersten Überblick über die wichtigsten *Techniken* zur Ideenfindung, Analyse, Problemlösung und Entscheidungsfindung.[1]

2.1   Vom Allgemeinen zum Speziellen – ein Projektphasenkonzept

Die einzelnen Projektphasen (oder Phasen der Projektabwicklung) strukturieren den Projektablauf in logischer (= inhaltlicher) und zeitlicher Hinsicht.[2]
In der Praxis gibt es eine Vielzahl unterschiedlicher Phasenmodelle – die Einteilung ist abhängig von der Art des Projekts, seiner Komplexität, der Größe, der Phasendauer[3] usw. [11]

Für **Dienstleistungsprojekte** bietet sich eine solche Phaseneinteilung an:[4]

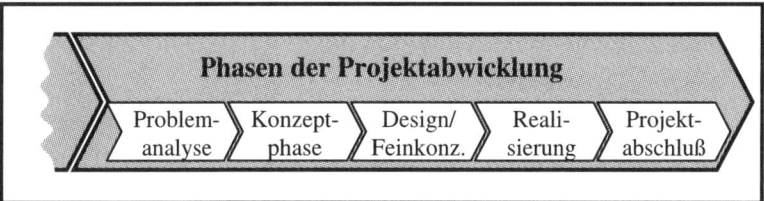

Abb. 17: Phasen der Projektabwicklung

---

[1] Diese werden in Kap. E detailliert beschrieben.
[2] So sieht es auch DIN 69901, wonach eine Projektphase ein zeitlicher Abschnitt eines Projektablaufs ist, der sachlich gegenüber anderen Abschnitten getrennt ist. [8] Zum Konzept vgl. [16]; [17]
[3] Auch ‚Lebensdauer' genannt. Analog werden die Projektphasen auch als Lebensphasen bezeichnet.
[4] Die einzelnen Phasen werden ab S. 68 erklärt.

Exkurs: Projektphasen anderer Projekte

Wenn wir auch nachfolgend die Abwicklung von Dienstleistungsprojekten zugrunde legen, so wollen wir doch einen Blick auf die
Phaseneinteilung anderer Projekte werfen. Falls Sie das nicht benötigen, blättern sie doch einfach auf die nächste Seite weiter.

Im Prinzip werden hier die gleichen Phasen durchlaufen, sie werden aber i.d.R. anders benannt – und natürlich mögen die spezifischen Aufgaben im Detail voneinander abweichen:

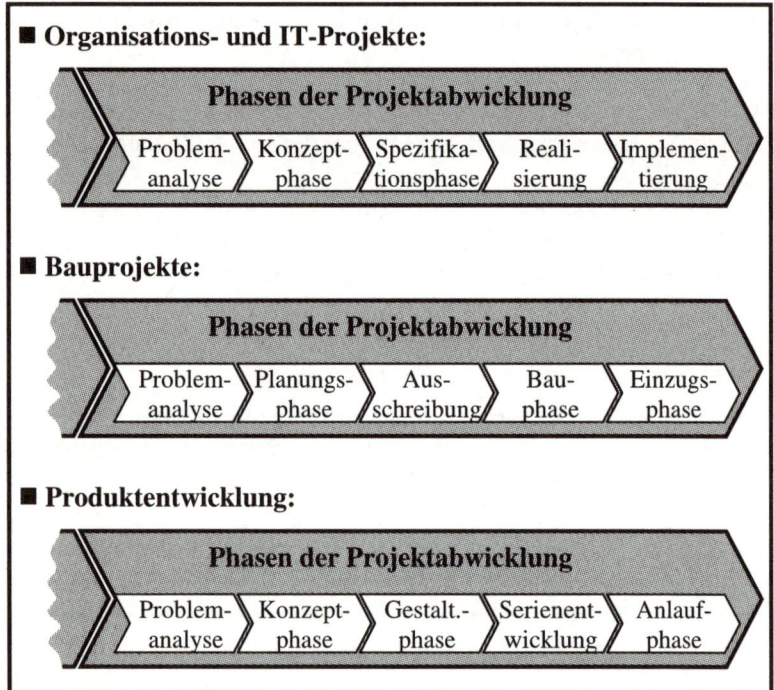

Abb. 18: Projektphasen verschiedener Projektarten[1]

Darüber hinaus können Phasen bei Bedarf weiter aufgesplittet oder
ggf. zusammengefaßt werden.

---

[1] In Anlehnung an [16]

Zurück zum Thema:
In jedem Fall besteht eine Projektphase aus einem *definierten Anfang* und einem *Ende* – oder anders ausgedrückt: jede Phase hat einen *Input* (von der vorausgehenden Phase) und einen *Output* (als Vorgabe oder Input für die nachfolgende Phase):[1]

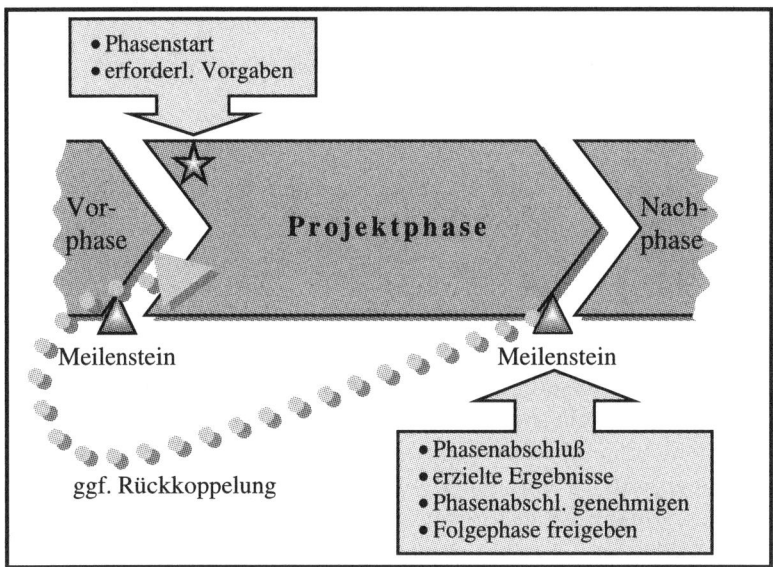

Abb. 19: Projektphase mit definiertem Anfang und Ende

Das Ende einer Phase wird jeweils durch einen **Meilenstein** gekennzeichnet, der folgende Aufgaben beinhaltet:

- Projektphase abschließen
- Ergebnisse (lt. Zwischenzielen) sollen erreicht sein
- Phasenabschluß genehmigen
- Freigeben der Folgephase

Solche Meilensteine ergeben sich aus der Aufgliederung des Projektziels in Teil- bzw. Zwischenziele, die für jede Phase definiert wurden. Beim Phasenabschluß sind die erreichten Ergebnisse mit

---

[1] Grafik in Anlehnung an [16]

den Zielvorgaben zu vergleichen; damit wird überprüft, ob die Phase erfolgreich abgeschlossen wurde, also die Phasenziele erreicht wurden. Der Projektentscheider – i. d. R. der Lenkungsausschuß – hat dabei folgende Möglichkeiten:

- Genehmigung und Freigabe der Folgephase
- Wiederholung der letzten Phase
- (Teil-)Nachbesserung bis zu einem bestimmten Termin
- Projektabbruch

F *Projektabbruch – das klingt hart. Kommt das wirklich vor?*
A Ja, das ist möglich. Stellen Sie sich z.B. ein Forschungsprojekt vor, bei dem in einer bestimmten Phase die gewünschten Ergebnisse nicht erreicht wurden, und selbst bei Korrekturen oder Wiederholung der Phase nicht mehr mit adäquaten Ergebnissen gerechnet wird.
Außerdem mag die Zeit Ihnen einen Strich durch die Rechnung machen: Vielleicht wurde mittlerweile das Produkt oder die Dienstleistung von jemand anderem schon entwickelt. Oder Sie sehen, daß Sie mit einen Phasenwiederholung einen geplanten Endtermin nicht mehr einhalten können...

F *Und wie sieht's mit Nachbesserungen und Phasenwiederholungen aus? Machen die Sinn?*
A Auf jeden Fall. Besser, Sie nehmen Korrekturen sofort vor, bevor mit mangelhaften Ergebnissen weitergearbeitet wird. Aber diese Maßnahmen sollten natürlich Aussicht auf Erfolg haben.
Im übrigen: Evtl. sind die Nachbesserungen überschaubar und gut innerhalb der verbliebenen Zeit zu leisten.

Die Meilensteine eines Projekts können Sie zu **Meilensteinplänen** zusammenfassen. Damit haben Sie einen raschen Überblick über die entscheidenden Eckpunkte der Projektabwicklung und können jederzeit sehen, wo Ihr Projekt momentan steht.[1]

---

[1] Vgl. Abbildung auf S. 129

Solche Pläne dienen darüber hinaus der **Motivation**: Die anfängliche Begeisterung und das Engagement der Projektmitarbeiter mag im Projektverlauf durch die Alltagsbelastung längst verflogen sein und das Projektziel noch in weiter Ferne liegen – da hilft es, wenn die Mitarbeiter zu „Zwischenspurts" angeregt werden und neue Motivationsschübe erhalten. Meilensteinpläne können dies bewirken, sind sie doch mit den Kilometerangaben eines Langstreckenlaufes vergleichbar: Mit jeder ins Blickfeld geratenden Markierung wird der Läufer (bzw. der Mitarbeiter) erneut angespornt, sein bestes zu geben, um das Ziel zu erreichen. [46]

F *Das leuchtet ein. Doch eine Frage noch: Wie sieht ein Meilenstein eigentlich genau aus?*

A Vor allem muß er die Ergebnisse, die erreicht werden sollen, eindeutig enthalten. Das wird mit der Planung des Projekts festgelegt. Der Rest sind Formalien, wie Sie dem Beispielformular entnehmen können:

Meilensteindefinition		
Projekt- Nr.:	Projektbe- zeichnung:	Projekt- leiter:
Meilen- stein-Nr.:	Meilenstein- Bezeichnung:	Meilenstein- verantwortlicher:
Ergebnisse, die beim Erreichen des Meilensteins vorhanden sein müssen:		
.... Projektleiter		.... MS-Verantwortlicher

Formular 3: Meilensteindefinition [46]

So, und jetzt zu den einzelnen Phasen im Detail...

■ Die Phase der Problemanalyse:

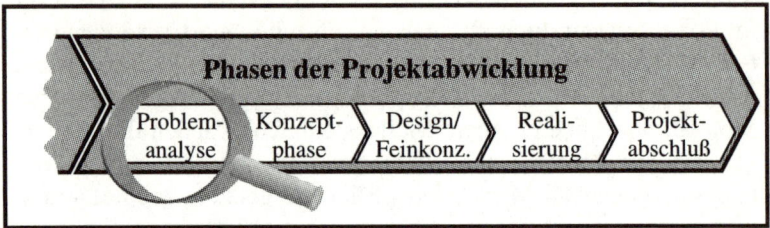

Die Problemanalyse sollte *immer vorgeschaltet sein.* Ihre Aufgabe ist die Analyse des zu lösenden Problems, der Rahmenbedingungen (z.b. Strategie, Situation der Unternehmung, Umweltveränderungen, ggf. Markt- und Bedarfsanalysen), die Entwicklung eines Zielkonzepts inkl. Anforderungskatalog, die Abgrenzung des Projekts und eine klare Aufgabenstellung. Dazu kommen – soweit noch nicht geschehen – die Schätzung der Kosten und Ressourcen sowie Vorschläge zur Projektorganisation und zum Projektablauf.

Nun, das kennen Sie alles bereits aus der Vorprojektphase, werden Sie sich wundern... Richtig: Inhaltlich weisen beide große Ähnlichkeiten auf, können sogar identisch sein – je nachdem: Sofern eine ausführliche Vorprojektphase vorgeschaltet war, kann die Problemanalyse hier ggf. entfallen oder zumindest stark verkürzt werden; im letzteren Fall werden jetzt z.B. für die einzelnen Projektgruppen die jeweils relevanten Ergebnisse der Vorprojektphase zusammengestellt.

Gerade bei *externen* Projekten wird die Vorprojektphase häufig in der auftraggebenden Unternehmung durchlaufen, bevor ein Projektauftrag an eine andere Unternehmung (z.B. Werbeagentur) vergeben wird.[1] Für diesen Auftragnehmer muß daher die Vorgabe erst analysiert werden, womit die Phase der Problemanalyse sicher ausführlicher gestaltet wird.

Letztlich müssen Sie als Projektleiter an dieser Stelle entscheiden, ob auf die Problemanalyse verzichtet werden kann oder nicht. Sie sollten sie z.B. dann (in verkürzter Form) durchführen, wenn die

---

[1] Vgl. Abb. 11 auf S. 39

Mitglieder des oder der Projektteams wenig mit jenen Personen übereinstimmen, die in der Vorprojektphase beteiligt waren – zur Einstimmung in die Materie, um die Ziele und Dimension des Projektes zu begreifen und neue Impulse und Anregungen zu erhalten.

F *Gut, aber wie mache ich so eine Problemanalyse?*
A Dafür gibt's mehrere Techniken. Die finden Sie weiter hinten.[1]

■ **Die Konzeptphase:**

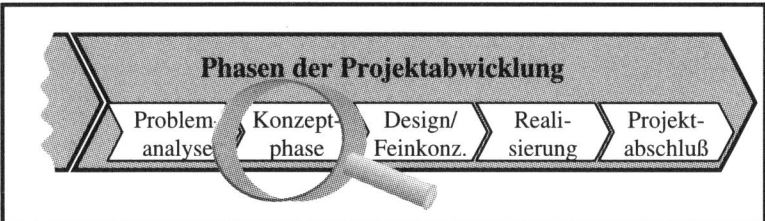

In der Konzeptphase geht es um die *Entwicklung eines groben Lösungskonzepts*, wozu die Ausgangslage untersucht, Querverbindungen (Ursachen-Wirkungs-Ketten) aufgezeigt und der anzustrebende Soll-Zustand genauer ermittelt werden. Anschließend werden Lösungsansätze gesucht, konkretisiert und daraus Pläne für das weitere Vorgehen abgeleitet.[2]

Die **Ziele der Konzeptphase** sind also: [16]

• Ist-Analyse der Ausgangslage
• Problemnetz bzw. Ursachenanalyse
• Zielnetz entwickeln und Soll-Zustand ermitteln
• Machbarkeit überprüfen
• Lösungsideen suchen[3] und ausarbeiten

---

[1] Vgl. S. 79 f. (Übersicht) und 190 ff. (Beschreibung der Methoden).
[2] Deshalb wird sie auch als ‚Grobkonzeption' oder ‚Analyse- und Entwurfsphase' bezeichnet.
[3] Methoden der Ideenfindung → ab S. 181

- Lösungsalternativen entwickeln
- Projektplanung bestimmen

Das Ende der Konzeptphase ist erreicht (Meilenstein!), wenn das vorgelegte Grobkonzept genehmigt ist und Projektleiter wie Projektteam mit der Fortführung des Projekts beauftragt sind.

■ **Die Feinkonzept- oder Designphase:**

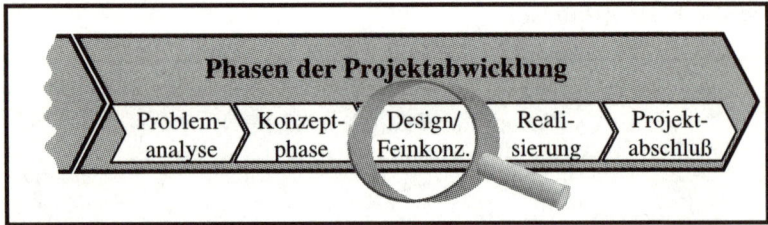

In der Design- oder Feinkonzeptphase wird – wie der Name schon sagt – das vorliegende Grobkonzept verfeinert:[1] Es werden Detailentwürfe entwickelt und diese auch genau hinsichtlich Kosten, Zeit und Qualität überprüft.

Ziele der Feinkonzeptphase sind: [16]

- Feinspezifizierung von Funktionen
- Kosten-Nutzen-Schätzungen
- Projektwertanalyse
- Vereinbarung konkreter Arbeitspakete, Subaufträge und Teilprojekte[2]

---

[1] Andere Bezeichnungen – vor allem für andere Projektarten – sind: Detaillierungs-, Spezifikations- oder Gestaltungsphase. Bei Produktprojekten z.B. geht es um die genauen Merkmale, die das Produkt aufweisen soll. Insofern erklärt sich auch der Begriff ‚Designphase‘, der außerdem bei IT-Projekten gängig ist (dort auch ‚Systementwurf‘ genannt).

[2] Beim Betriebsjubiläum z.B. die Bestimmung von Cateringunternehmen und Unterhaltungskünstlern sowie die Auftragsvergabe.

- verfeinern der bisherigen Projektpläne
- endgültige Leistungsbeschreibung erstellen

Das Ende der Feinkonzeptphase ist erreicht, wenn die endgültige Leistungsbeschreibung zur Realisierung freigegeben und die Fortführung des Projekts genehmigt ist.

■ **Die Phase der Realisierung:**

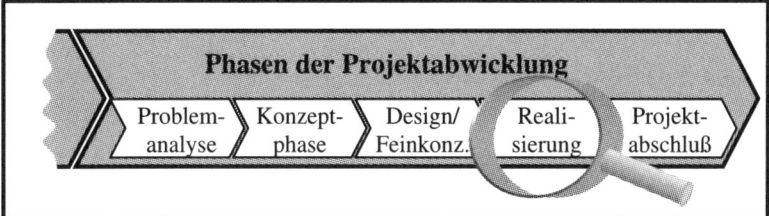

Nun liegt – endlich! – ein genaues Konzept vor, in dem Inhalte und geplantes Vorgehen im Detail beschrieben sind. Damit startet die nächste Phase und das Konzept wird in die Praxis *umgesetzt* – deshalb Realisierungs- oder Umsetzungsphase.

Ziele der Realisierungsphase sind: [16]

- die Arbeitspakete gemäß Feinkonzept abarbeiten
- Gewährleisten der Projektziele hinsichtlich Leistung (= Qualität und Quantität), Kosten und Zeit
- die Funktionalität der Projektergebnisse sicherstellen
- bei Dienstleistungsprojekten:[1] die Durchführung der Veranstaltung, der Marketingkampagne, des Event usw.[2]

Diese Phase ist mit der Abnahme des Projekts und der Entlastung von Projektleiter und Projektteams beendet.

---

[1] Statt dessen bei Organisationsprojekten: die Implementierung der Ergebnisse in die Gesamtorganisation.

[2] Dazu gehört ggf. auch der Abbau von Ständen oder die Entsorgung von Müll usw.

■ **Die Projektabschlußphase:**

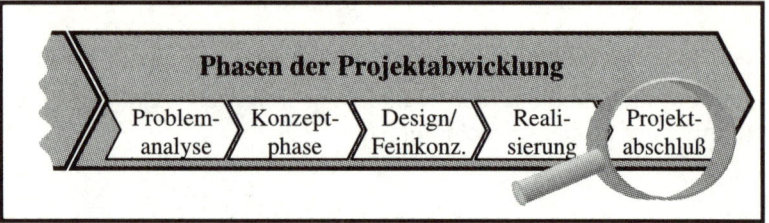

Nun ist die geplante Dienstleistung durchgeführt – es fehlt nur noch der korrekte Projektabschluß, d.h. eine Nachbereitung.

Ziele der Projektabschlußphase sind: [16]

- Abrechnung hinsichtlich der Kosten
- Auswertung hinsichtlich Leistung, Kosten und Zeit und ggf. Analyse von Abweichungen
- Auswertung der Projektphasen und des gesamten Projektprozesses (Gesamtkritik)
- Dokumentation des Projekts
- Sicherstellung der Pflege und Wartung der Projektergebnisse (bei IT-Projekten, eingerichtetem Beschwerdemanagement u.ä.)
- volle Integration der Projektergebnisse in die Unternehmung (bei Reorganisation, Einführung neuer Arbeitsabläufe u.ä.)[1]

Die Projektabschlußphase ist beendet, wenn der Abschlußbericht mit der endgültige Projektdokumentation vorliegt und die (zeitweilig eingerichteten)[2] Projektstrukturen aufgelöst sind.[3]

F *Und was passiert, wenn sich nach dem Projektabschluß herausstellt, daß die umgesetzten Ergebnisse zwar vielleicht den Zielen entsprechen, aber gewisse Schwächen aufweisen?*

---

[1] Die beiden letzten Punkte entfallen i.d.R. bei Dienstleistungsprojekten und betreffen hauptsächlich IT- und Organisations- oder Managementprojekte.

[2] Vgl. Kap. D 3.4

[3] Vgl. ergänzend Kap. D 5.4

A Tja, das kommt vor. Falls diese Schwächen komplexer sind, sollte mit diesem Problem ein neues Projekt ausgelöst werden – diesmal aber sicher weniger umfangreich und nur punktuell Verbesserungen anstreben.
Im übrigen kann ein Nachbesserungsbedarf in *jeder* Projektphase auftreten (➔ S. 65 f.). Ein Beispiel dazu war die EXPO 2000, bei der während der Realisierungsphase u.a. festgestellt wurde, daß das bisherige Marketingkonzept nicht die gewünschte Wirkung zeigte.

Solche **Rückkoppelungen** (oder Rückgriffe) auf vorangehende Projektphasen[1] sind jederzeit möglich, wie die Darstellung zeigt:

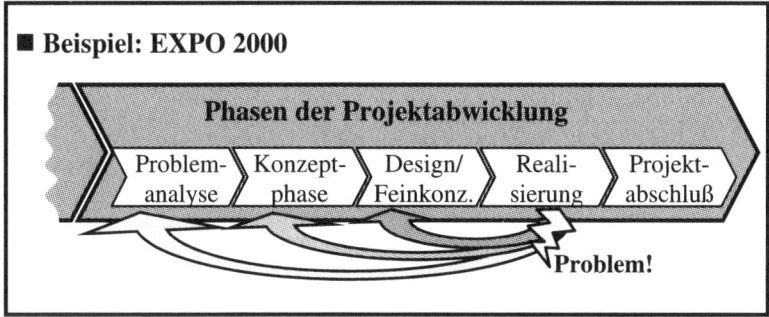

Abb. 20:   Phasenrückkoppelung am Beispiel EXPO 2000

Die einzelnen Phasen der Projektabwicklung im Zusammenhang mit den definierten Phasenende (Meilensteinen) sowie den Rückkoppelungsmöglichkeiten bekommen Sie nun noch einmal als Gesamtschema:

---

[1] Vgl. S. 65 sowie Abb. 6 auf S. 25

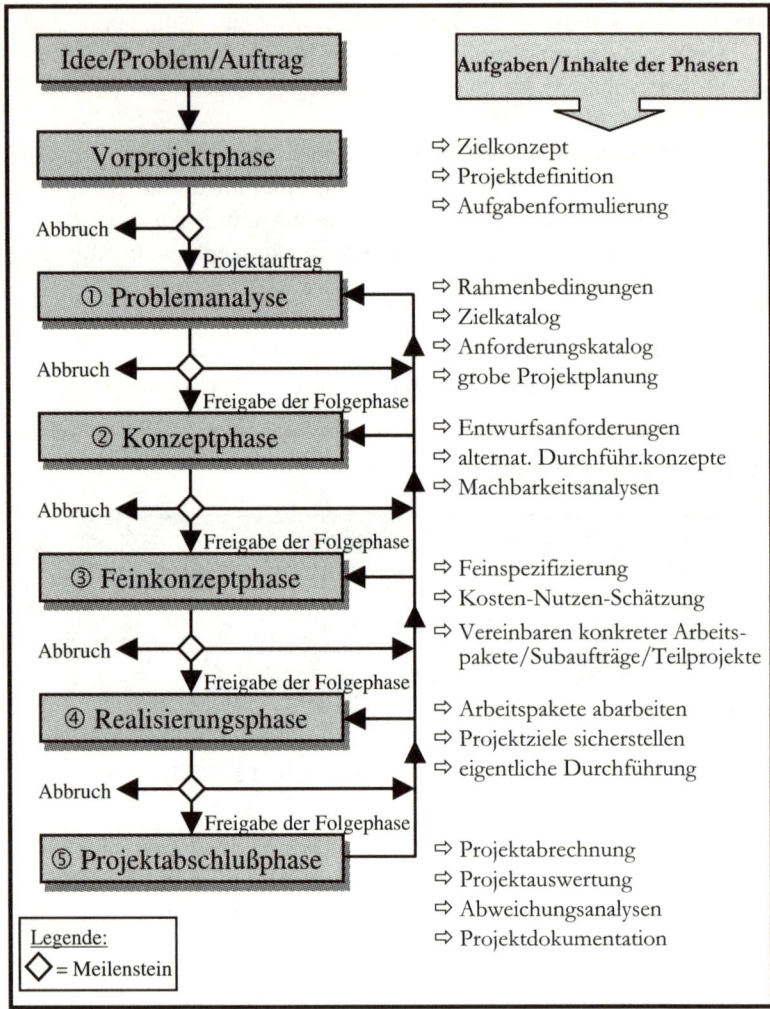

Abb. 21: Idealtypischer, phasenweiser Ablauf von Dienstleistungsprojekten mit Phaseninhalten, Meilensteinen und Rückkoppelungswegen[1]

---

[1] Grafik in Anlehnung an [11]; [29]

Sie sollten sich streng an die einmal beschlossene Phasenabfolge halten und insbesondere eine neue Phase erst dann beginnen, wenn die vorausgehende Phase ordnungsgemäß und mit den gewünschten Ergebnissen abgeschlossen wurde. Schließlich wird das Risiko einer Fehlentwicklung durch das Einhalten der Phasenziele deutlich gesenkt. [35] Außerdem steigen mit zunehmender Phase i.d.R. die Kosten – von daher sind gerade die ersten Phasen ordnungsgemäß abzuschließen, bevor die jeweilige, kostenintensivere Folgephase beginnt. [17] Auf diese Weise haben Sie eine wesentliche Voraussetzung zur wirtschaftlichen Durchführung der Projektabwicklung geschaffen.

2.2 Der Problemlösungszyklus

Sie haben nun die einzelnen Projektphasen kennengelernt – sozusagen aus der Gesamtschau. Auf der Mikroebene läßt sich jede dieser Phasen wiederum als *Phasenmodell* erklären – den **Problemlösungszyklus** – , d.h., es kommt in jeder Phase zu aufeinander abfolgenden Aktivitäten, wie z.B. die Analyse der Situation, der (Fein-)Zielsetzung, der Konzeptentwicklung und -analyse, der Bewertung der Konzepte, die Entscheidung für ein Konzept, die Planung der Durchführung, die Durchführung selbst und die Überprüfung der Ergebnisse.

Die folgenden Fragen helfen, die einzelnen Schritte zu überprüfen:

Schritte	Beispielfragen
① Situationsanalyse	• Was ist los? • Welche Vorgaben bestehen? • Wie sind die Rahmenbedingungen?
② Zielsetzung	• Was soll erreicht werden? • Welche Teilziele sind daraus abzuleiten?
③ Konzeptentwurf	• Welche Lösungen sind möglich? • Haben wir Alternativen?
④ Bewertung	• Welche Lösungen sind sinnvoll? • Wie sind die Lösungen hinsichtlich von Kosten, Zeit, Funktionalität/Qualität und Quantität zu beurteilen?
⑤ Entscheidung	• Welches ist die beste Lösung?
⑥ Durchführungs-planung	• Wie ist die Lösung zu realisieren? • Wie soll vorgegangen werden? • Welche Maßnahmen werden ergriffen? • Welche Ressourcen werden benötigt? • Wer macht was, wann und womit?
⑦ Durchführung	• Werden die Vorgaben eingehalten? • Ist Änderungs-/Nachbesserungsbedarf vorhanden?
⑧ Kontrolle	• Wurden die Ziele erreicht? • Wo bestehen welche Abweichungen und warum?
⑨ Dokumentation	• Wurde alles nachvollziehbar dokumentiert (inkl. Analysen, Abläufe, Ergebnisse) • Welche Erkenntnisse sind für die anderen Phasen/für andere Projekte interessant?

Checkliste 2:   Aufgaben im Problemlösungszyklus[1]

F *Das klingt alles recht plausibel. Eine Frage: wenn dies wiederum eine Abfolge von Einzelschritten ist – sind dann ebenfalls Rückkoppelungen möglich wie bei den Projektphasen?*

A So ist es. Das bekommen Sie jetzt im Zusammenhang:

---

[1] Grafik in Anlehnung an [13]; [24]

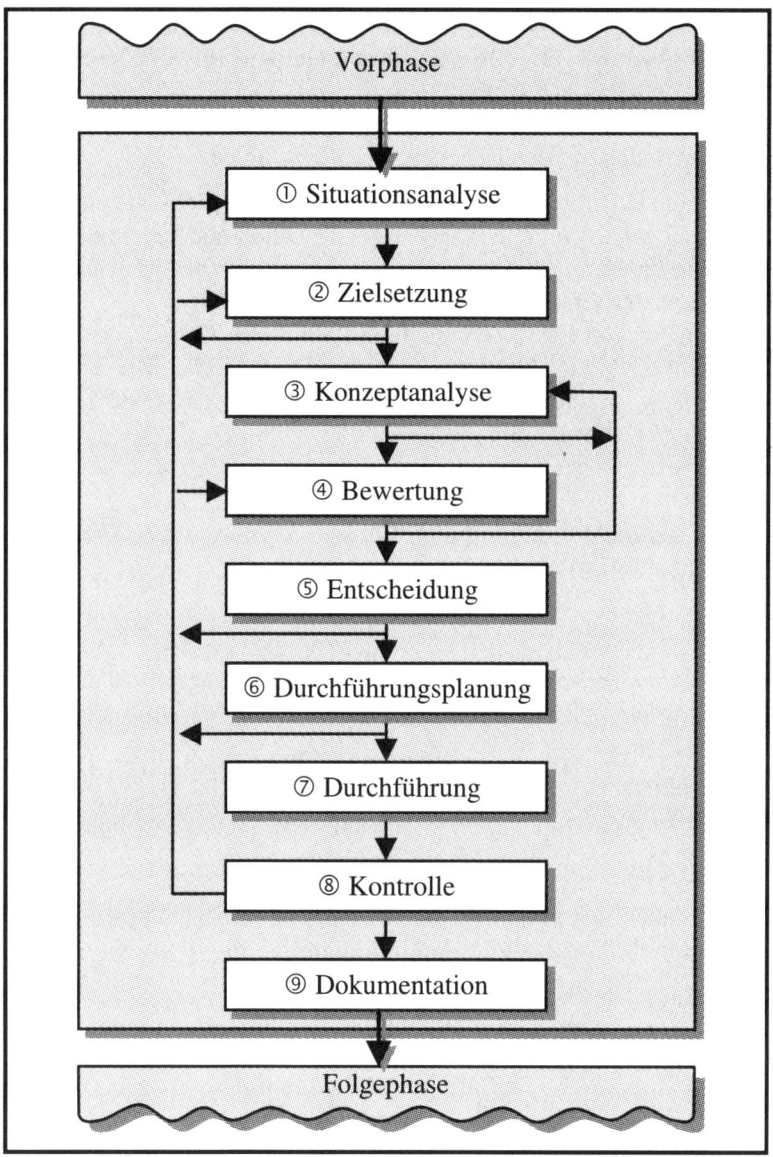

Abb. 22:   Der Problemlösungszyklus auf Mikroebene [13]

Der dargestellte Zyklus ist nicht als starre Vorschrift zu sehen, sondern vielmehr als Vorgehensraster, um den „roten Faden" nicht zu verlieren. Es ist zu empfehlen, die Aufgaben und Aspekte jedes Schrittes als Fragen zu formulieren (→ S. 76), damit sich die Projektmitarbeiter als Beteiligte angesprochen fühlen.

In den einzelnen Schritten sind unterschiedliche Probleme zu lösen – einmal geht es um die Analyse von Situation und Rahmenbedingungen, dann um das kreative Entwickeln neuer Ideen; es müssen Konzepte bewertet und ausgewählt werden usw.

Dazu benötigen Sie unterschiedliche Methoden (oder Techniken), von denen wir jetzt die wichtigsten vorstellen – inkl. einer Angabe, für welche Art von Problem bzw. in welcher Phase sie jeweils besonders geeignet sind.

2.3   Methoden der Ideenfindung, Analyse und Entscheidungsfindung

In den einzelnen Phasen sind ganz unterschiedliche Aufgaben zu lösen, die ebenfalls unterschiedliche Vorgehensweisen – also Methoden und Techniken – erfordern. So müssen speziell zu Beginn eines Projekts viele Denkprozesse initiiert und bewältigt werden,[1] wie z.B.: [52]

- Lösungen sammeln ⇨ *kreative* Phase
- Situationsanalyse und Problemanalyse ⇨ *analytische* Phase
- Problemlösung, Bewertung/Entscheidung ⇨ *synthetische* Phase

Dafür haben sich in der Praxis eine Reihe spezieller Arbeitstechniken entwickelt: [52]

- Kreativitätstechniken
- Analysetechniken & Problemlösungstechniken
- Entscheidungstechniken
- Kommunikationstechniken sowie
- Planungstechniken

---

[1] Aus anderem Blickwinkel gilt dies auch für den Beginn jeder *Phase*.

An dieser Stelle erhalten Sie eine Übersicht darüber, welche Methoden sich in welcher Phase bzw. für welche Aufgabenstellung anbieten – die Zahlen zeigen, ab welcher Seite eine nähere Beschreibung erfolgt.

...anwendbar in/bei Methode		Phase					Aufgabe/Funktion					
		Problemanalyse	Konzeptphase	Feinkonzept	Realisierung	Projektabschluß	Ideenfindung	Analyse	Bewertg./Entscheidg.	Planung	Überwachung	Steuerung
Kreativitätstechniken												
• Metaplan	207	●	●	●	●	●	●	●	●	●	●	●
• Brainstorming & Co.	185	●	●	●			●	●				●
• Synektik	189	●	●	●			●					
• Delphi-Methode	190	●	●				●	●	●			
• Morphol. Kasten	191		●	●			●	●	●			
• Mind Mapping	192	●	●	●			●	●		●		
Analysetechniken												
• Interview/Fragebogen	195	●						●			●	
• Dokumentenanalyse	195	●						●			●	
• Portfolio-Analyse	196	●	●					●	●			
• Szenariotechnik	197	●	●					●	●			
• Relevanzbaum	198	●	●					●	●			
• Ursache-Wirk.-Diagr.	199	●						●				
• Risikoanalyse	145		●	●				●	●	●		
Entscheidungstechniken												
• Prüffragenkatalog	201	●	●	●				●	●	●	●	
• ABC-Analyse	202		●	●					●	●		
• (Nutz-)Wertanalyse	204	●	●	●				●	●			
• Wirkungsnetz	204	●	●	●				●	●	●	●	
• Entscheidungsbaum	205		●	●				●	●			

(Fortsetzung →nächste Seite)

...anwendbar in/bei Methode	Phase					Aufgabe/Funktion					
	Problemanalyse	Konzeptphase	Feinkonzept	Realisierung	Projektabschluß	Ideenfindung	Analyse	Bewertg./Entscheidg.	Planung	Überwachung	Steuerung
Planungstechniken											
• Strukturplan 123	●	•							●		
• Balkendiagramm 130	●	•							●		
• Netzplantechnik 132	●	•							●		
Überwachungstechniken											
• Trendanalysen 159	•	●	●						•	●	•
• Kosten-Termin-Diagr. 160	•	●	●	•					•	●	•
• Meilenst.-Trendanalyse 161	•	●	●	•					•	●	•
• Stichtagskontrolle 165			●	•						●	

Tab. 7: Methodenmix in Projekten

Legende:	● zu empfehlen	• evtl. anzuwenden

☞ Eine Bitte: Die Effizienz der angewandten Methoden hängt direkt von Ihrer Vorerfahrung und der Ihrer Mitarbeiter ab – wenn Sie nicht methodensicher sind, sollten Sie sich genau in die Methode einarbeiten. Oder ziehen Sie ggf. fallweise jemanden hinzu (aus der Unternehmung oder von außen), der mit Ihnen eine bestimmte Technik durchführt. Oder lassen Sie sich und Ihre Teamer schulen – die späteren Ergebnisse werden es Ihnen danken!

3 Projektorganisation

Ich hoffe, Ihre Kinder sind schon im Bett und gönnen Ihnen etwas Muße, Sie sitzen entspannt und haben sich die Lesebrille zurechtgerückt? Gut, dann starten wir jetzt und beschäftigen uns mit Fragen der Organisation... Es geht los!

3.1 Was ist Organisation?

Mit ‚Organisation' kann eine *Organschaft* (Körperschaft) selbst (z.B. eine Unternehmung, eine Behörde, ein Landkreis, ein Verband oder Verein usw.), aber auch deren *Strukturen* gemeint sein. Während wir hier für die erste Bedeutung den Begriff ‚Unternehmung' wählen, bezeichnet ‚Organisation' die Strukturen.

Doch um welche Strukturen geht es? Da sind zum einen die Aufgliederung der Unternehmung in Teilbereiche, die wiederum weiter aufgesplittet werden. Das Ganze sieht dann so aus, wie Sie es aus einem Organigramm kennen:

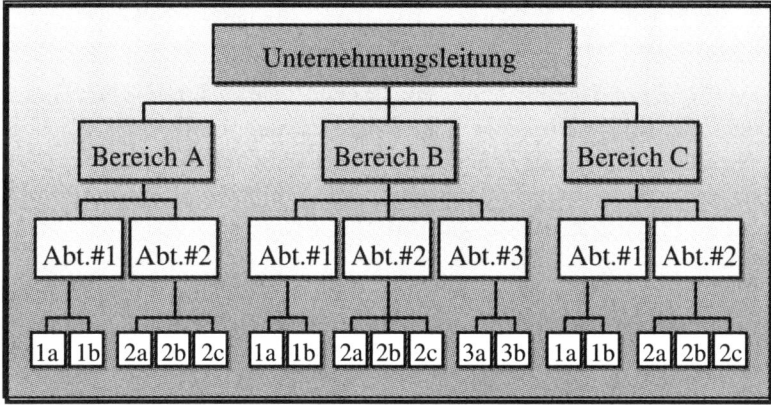

Abb. 23:   Aufbauorganisation einer Unternehmung

Ganz oben steht die Unternehmungsleitung, darunter die Bereiche, dann die Abteilungen usw. Dabei kann die Bereichsebene nach verschiedenen Gesichtspunkten gegliedert werden; gängig ist die Aufteilung nach:

- **Funktionen** (Verrichtung), also z.B. die Bereiche Beschaffung, Produktion, Absatz usw.

- **Produkten** (Sparten; Divisionen), also z.B. LKW, PKW, andere Nutzfahrzeuge, Motoren, Schiffsbau usw.

- **Regionen**, z.B. Deutschland, Westeuropa, Osteuropa/Asien, USA, restliches Amerika usw.

Darüber hinaus gibt es auch sog. mehrdimensionale Organisationsmodelle wie die Matrixorganisation. Diese lernen Sie später in ihrer abgewandelten Form als *Projekt-Matrixorganisation* kennen.

Da es hierbei um den Aufbau einer Unternehmung geht, nennt man diesen Aspekt die *Aufbauorganisation*.

Die 2. Dimension der Organisationslehre betrifft die Abläufe oder Prozesse, also die Art und Weise, welche Aktivitäten wie ablaufen: dies sind Fragen der *Ablauforganisation*. Dazu gehören Vereinbarungen über die Gestaltung der gesamten Arbeits- und Kommunikationsprozesse, wie z.B. Regelungen über die Entscheidungswege, in welcher Form bestimmte Berichte zu erstellen sind, wer wie und worüber informiert werden muß usw.

Da Projektmanagement ein Teilausschnitt unternehmerischen Handelns ist, sind solche Fragen auch hier zu klären.

3.2   Warum Projektorganisation?

Projekte werden zusätzlich, also neben den üblichen Routineaufgaben bearbeitet. Sie brauchen dazu ebenfalls einen Ordnungsrahmen, um das zielgerichtete Zusammenwirken aller Beteiligten und einen reibungslosen Ablauf des Projekts zu gewährleisten.

Hierzu sind die Zuständigkeiten innerhalb des Projekts als auch gegenüber der Linienorganisation zu klären. Dies ist deshalb wichtig, da jeder Projektmitarbeiter zwar eigentlich in der Linie, nun aber zeitweilig im Projekt arbeitet – und das möglicherweise mit veränderten Kompetenzen! Damit daraus keine Konflikte entstehen, muß die Projektorganisation (PO) festgelegt werden.

Die Projektaufgabe könnte ja auch in der Linie durchgeführt werden; doch diese Alternative birgt wesentliche Nachteile, die gleichzeitig Argumente für eine Projektorganisation sind: [40]

- fehlende Projektorientierung
- fehlende Verantwortlichkeit und Autorität für ein Projekt
- Widerstand gegen Veränderungen
- hoher Koordinationsaufwand
- geringe Motivation zu Kreativität und Innovation
- Funktionsorientierung statt Kundenorientierung
- Tendenz, sich als geschlossenes System zu betrachten und Umweltbedingungen zu ignorieren
- Trennung in funktionale Aufgaben anstatt die Gesamtaufgabe und die Interessen der gesamten Unternehmung zu sehen
- Schnittstellenproblematik (die Grenzen der Bereiche, Abteilungen usw. sind zu starr)
- einseitige, vertikale Kommunikation entlang der Linie statt interdisziplinärer, direkter und horizontaler Kommunikation
- Fehlen von Generalisten

Der herkömmlichen (funktionalen) Organisation mangelt es somit an Flexibilität, an institutionalisierter Kooperation und an unternehmensweiter Zielkonformität – flapsig gesagt: jeder Bereich, jede Abteilung hat nur ihr eigenes Ziel vor Augen.
Projektmanagement braucht aber Mitarbeiter aus allen Bereichen, die schnell und flexibel am gemeinsamen Ziel arbeiten. Projektorganisation als Gesamtheit aller aufbau- und ablauforganisatorischen Regelungen zur Abwicklung eines bestimmten Projekts [6] schafft die Voraussetzungen, damit die Zusammenarbeit vieler Personen mit unterschiedlichen Interessen und Denkhaltungen sach- und zielorientiert erfolgen kann.

Die (Projekt-)Aufbauorganisation regelt dabei die Zusammenarbeit des Projektleiters, der Projektteams und sonstiger Gruppen im Projekt, während die (Projekt-)Ablauforganisation die Phasen, Formalismen und Methoden festlegt. [17]

3.3   Aufgabenträger im Projekt

Wesentliche Aufgaben der Aufbauorganisation im Rahmen von PM können nur unter Mitwirkung von übergeordnetem Management (Unternehmungsleitung), Projektleiter und dem Linienmanagement, das die Projektmitarbeiter vorübergehend abstellt, bewältigt werden:

- ergebnis- und sachorientierte Bestimmung der Funktionsstruktur des Projekts
- klare Zuordnung von Aufgaben, Verantwortung und Kompetenzen
- Zusammenarbeit, Kommunikation und Abstimmung der am Projekt Beteiligten
- schnelle Anpassung der Projektorganisation an geänderte Ziele und Rahmenbedingungen

Die grobe Strukturierung dieser Punkte ist Aufgabe der Aufbauorganisation. Die Feinjustierung übernimmt dann die Projektplanung und -steuerung. [20]

Wir betrachten uns jetzt, welche Personen und Gruppen mit der Durchführung bestimmter Projektaufgaben betraut werden. Die Arten und Anzahl solcher Aufgabenträger sind von der Größe und dem Charakter eines Projektes abhängig. [27]

Welche Funktionen die einzelnen Aufgabenträger haben, welche Voraussetzungen sie mitbringen sollten und was sonst dabei zu beachten ist, lesen Sie in den nächsten Kapiteln.

3.3.1 Projektmanager und Projektleiter

Diese beiden Begriffe sind nicht ganz eindeutig. Klar ist, daß der angelsächsische ‚project manager‘ im Deutschen mit Projektleiter (PL) übersetzt wird – also derjenige, der ein Projekt leitet (→ gegenüberliegende Seite, Grafik ①).

Was aber bedeutet dann der Begriff ‚Projektmanager‘ (PM)? Genau da fängt‘s an, unklar zu werden: Manche differenzieren in

PM i.e.S. (= PL; ➔ ①) und einen PM i.w.s.; letzterer hat dann irgendeine andere verantwortliche Führungsposition im Projekt (➔ ②). [38]

Andere setzen PL und PM so lange gleich, wie nicht mehrere Projekte gleichzeitig und im Verbund miteinander bearbeitet werden. Falls doch, so übernimmt der PM die übergeordnete Koordination, während der PL dann die Leitung eines jeweiligen (Teil-) Projektes innehat (➔ ③). [24]

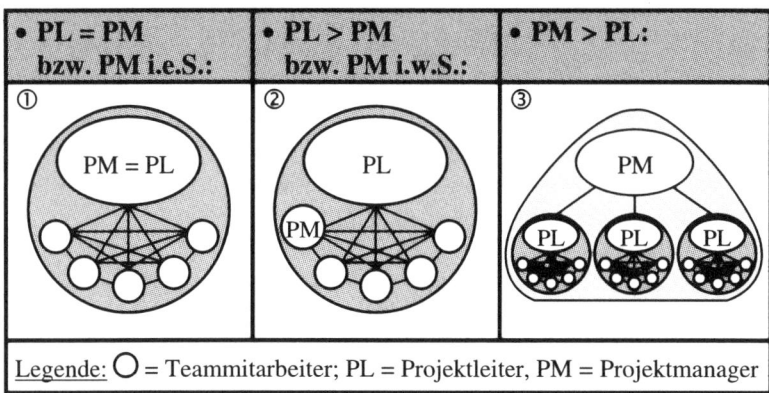

Abb. 24: Projektmanager vs. Projektleiter

Wir vereinfachen das Ganze und sehen PL und PM als synonyme Begriffe an (①). Falls wir den übergeordneten PL besonders benennen wollen, so sprechen wir zukünftig von PM (③).

Nachdem das geklärt ist, wenden wir uns jetzt den **Aufgaben** und **Anforderungen** eines Projektleiters zu:

Ein Projektleiter leitet ein Projekt. Besonders obliegt ihm, daß die Projektziele erreicht werden. Um zu gewährleisten, daß die geplanten Qualitätsanforderungen termingerecht und unter Beachtung der vorgegebenen Kosten erarbeitet werden, liegt sein Schwerpunkt auf der Förderung und Optimierung des interdisziplinären Projektteams, damit dieses sein volles kreatives und innovatives Potential entfalten kann. Der PL muß also vor allem Regelungen vereinbaren, planen und steuern und die Teams und Beteiligten motivieren und koordinieren.

Die **Aufgaben eines PL** im einzelnen: [27]

- Klärung der Zielvorgaben (d.h. bezüglich der Qualitätsanforderungen, Termine, Kosten, Ressourcen, usw.)
- Festschreibung der Zielvereinbarung in einem Projektauftrag und Einholen der Genehmigung vom Auftraggeber
- Überprüfung der Realisierbarkeit der Projektziele
- Festlegung der Aufbau- und Ablauforganisation des Projektes
- Installation eines der Art und Größe des jeweiligen Projekts angepaßten Planungs-, Überwachungs-, Steuerungs- und Informationssystems
- Planung des Projektes
- Überwachung und Steuerung des Projektes
- Entscheidung über Lösungsalternativen, die sich auf Projektgegenstand und -vorgehen beziehen
- Vorbereiten und Herbeiführen von Entscheidungen (z.b. Entscheidung über die Freigabe von Projektergebnissen)
- Beschaffung der erforderlichen Ressourcen
- Mitarbeiterführung und -motivation
- Delegation von Aufgaben und Vergabe von Teilaufträgen
- Koordination aller am Projekt beteiligten Mitarbeiter und Stellen
- Kontinuierliche Information des Managements bzw. des Auftraggebers zu festgelegten Zeitpunkten oder nach Erfordernis des Projektverlaufs

Dies kann er nur erreichen, wenn er die volle Rückendeckung des übergeordneten Managements hat. [52] Außerdem muß der PL mit entsprechender Vollmacht und Verantwortung ausgestattet sein.[1] Darüber hinaus sind spezielle **Anforderungen** an seine Person gestellt – führen Sie sich kurz vor Augen, was der PL alles ist bzw. können soll:

- Der PL ist *Mittler* im Team und zur Unternehmungsleitung bzw. zum Auftraggeber sowie zu anderen Beteiligten und Be-

---

[1] Vgl. Kap. D 3.4

troffen.[1] Dazu benötigt er *persönliche* und *Führungsqualifikationen* – also ausgeprägte Fähigkeiten hinsichtlich Menschenführung und Kooperation.

- Er muß *fachliche* Qualifikationen mitbringen, also bei Eventprojekten etwas von Events, bei Organisationsprojekten etwas von Organisation verstehen usw.
- Schließlich muß er wissen, wie Projekte ablaufen und was dabei zu beachten ist (*Projektqualifikation*).

Zu den **persönlichen Qualifikationen** sind jene Fähigkeiten zu zählen, über die auch jeder Topmanager verfügen sollte:

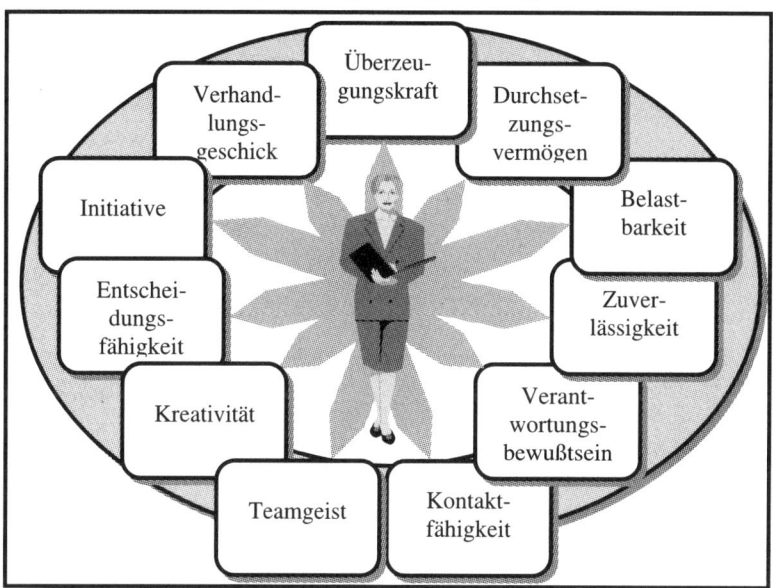

Abb. 25: Persönliche Qualifikationen von Projektleitern[2]

Die **Führungsqualifikationen** beinhalten vor allem einen ausgeprägten *kooperativen Führungsstil*. Der Mensch steht im Mittel-

---

[1] *Beteiligte* arbeiten am Projekt mit, ggf. auch nur fallweise. *Betroffene* sind jene, für die sich die durch die Umsetzung der Ergebnisse etwas ändert, z.B. neues Programm am Arbeitsplatz durch ein IT-Projekt.

[2] Grafik in Anlehnung an [52]

punkt des Geschehens. Damit der Projektmitarbeiter sich voll einbringt, seine Kapazitäten optimal nutzt und seine Fähigkeiten gerne für die Ziele des Projekts einsetzt, muß der PL motivieren und Arbeitsbedingungen schaffen können, in denen der Mitarbeiter sich wohlfühlt – er muß weitgehend selbständig arbeiten dürfen, die Unterstützung durch PL und Unternehmungsleitung spüren und außerdem müssen Projektaufgabe und Projektstruktur entsprechende Anreize bieten. [52]

Dafür die Rahmenbedingungen zu schaffen ist Führungsaufgabe des PL, wobei er die Mitarbeiter, deren Charakteristika und Bedürfnisse genauso im Auge haben sollte wie die Sache selbst, nämlich die Erreichung der Projektziele. Diese 2 Dimensionen der *Personen-* wie der *Aufgabenorientierung* können im sog. **Verhaltensgitter** nach Blake/Mouton dargestellt werden:

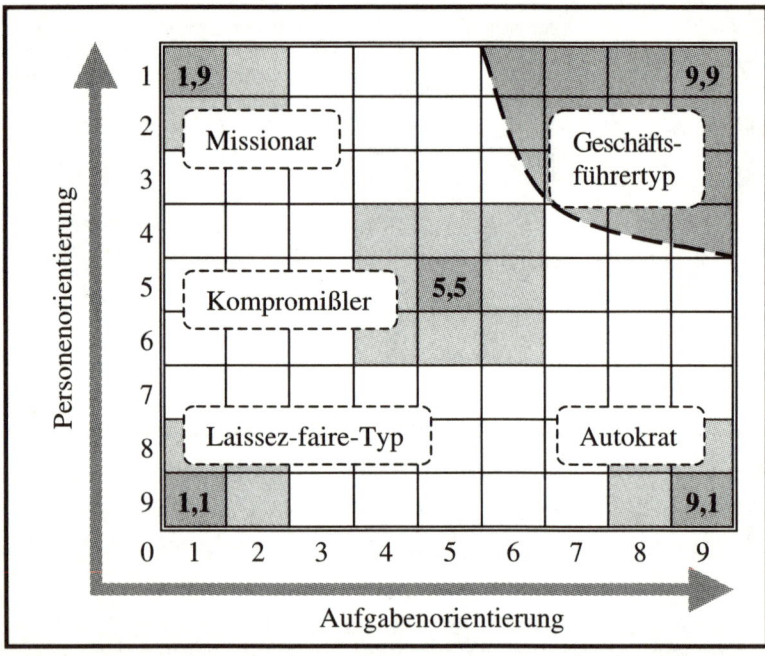

Abb. 26: Einordnung des Führungsverhaltens von Projektleitern im Verhaltensgitter nach Blake/Mouton [42]; [52]

Ein paar Worte zu den Haupttypen im Verhaltensgitter: [42]; [52]

- **Der Laissez-faire-Typ (1,1-Typ)** ist sehr desinteressiert; er kümmert sich weder um die Menschen noch um die Aufgaben.

- **Der Missionar (1,9-Typ)** lebt nach dem Motto „seid nett zueinander"; er hat immer ein offenes Ohr für seine Mitarbeiter, aber die zu bewältigenden Aufgaben sind ihm ziemlich egal.

- **Der Autokrat (9,1-Typ)** lebt nur für die Aufgabe; Motivation und Zwischenmenschlichkeit sind ihm Fremdworte; er herrscht über seine Mitarbeiter autoritär, ohne daß er auf deren Probleme und Bedürfnisse eingeht.

- **Der Geschäftsführertyp (9,9-Typ)** hat sowohl die Ziele als auch seine Mitarbeiter im Auge, die er partizipativ führt. Er erhält eine hohe Arbeitsleistung von begeisterten Menschen, die sich mit den gemeinsamen Zielen identifizieren.

- **Der Kompromißler (5,5-Typ)** bewegt sich irgendwo dazwischen: Er erzielt eine genügende Arbeitsleistung und ein aushaltbares Arbeitsklima. Gelegentlich ist er mehr aufgabenorientiert, dann wieder mehr personenorientiert.

Die erste Ziffer zeigt jeweils den Grad der Aufgabenorientierung an, die Zahl nach dem Komma den der Personenorientierung.
Projektleiter sollten in beiden Dimensionen hohe Werte aufweisen (Bereich rechts oben in der Grafik).

☞ Testen Sie sich selbst (aber ehrlich!): Was für ein Typ sind Sie? Wie hoch sind Ihre Aufgabenorientierung und wie hoch Ihre Personenorientierung?
Überlegen Sie auch, wie Ihre Mitarbeiter und Ihre Vorgesetzten Sie sehen.

Die **Fachqualifikation** umfaßt alle Kenntnisse, Erfahrungen und Fähigkeiten in Bezug auf die Projektaufgabe. Bei Organisationsprojekten sollte der PL Organisationsprofi sein, bei IT-Projekten sich mit Hard- und Software auskennen und bei Dienstleistungsprojekten bestens mit Veranstaltungen, Seminaren, Events usw. vertraut sein. Zur Unterstützung und in Detailaspekten stehen dem PL i.d.R. Spezialisten zur Seite.

Schließlich benötigt der PL noch **Projektqualifikation**: Er soll in Organisationsmethoden und Projektmanagement Bescheid wissen, wozu er über entsprechende Projekterfahrung verfügen sollte. Er als Hauptverantwortlicher muß dieses Metier beherrschen, damit das Projekt systematisch angegangen und erfolgreich zum Abschluß geführt wird.

Kurz gesagt, ein PL sitzt zwischen allen Stühlen: Er muß die Aufgaben genauso im Auge halten wie die Menschen und den Projektablauf. Er muß mit den unterschiedlichsten Personen und Gruppierungen kommunizieren und deren Arbeit koordinieren. Das sei hier am Projektbeispiel „Ausrichtung der Sylvestergala in einem Kongreßzentrum" grafisch dargestellt:

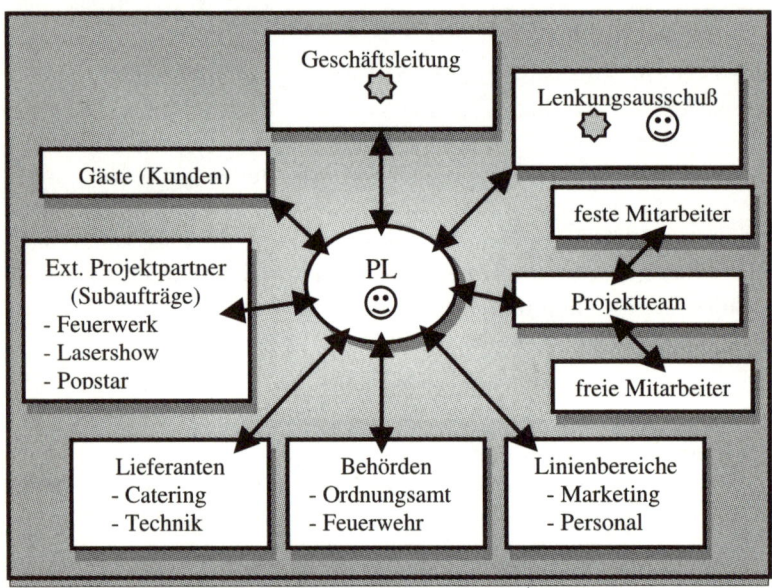

Abb. 27: Interaktionsfelder des Projektleiters[1]

Vom PL werden also die verschiedensten Fähigkeiten auf unterschiedlichen Ebenen abverlangt. Etwas salopp ausgedrückt sollte

---

[1] In Anlehnung an [45]

er (oder sie) zugleich die nachfolgenden Stärken mitbringen bzw. Rollen einnehmen können:[1]

Rollen	Rollenidentifikation				
	sehr niedrig	niedrig	mittel	hoch	sehr hoch
Gruppenleiter:	☐	☐	☐	☐	☐
Stratege:	☐	☐	☐	☐	☐
Facharbeiter:	☐	☐	☐	☐	☐
Themenwächter:	☐	☐	☐	☐	☐
Planer:	☐	☐	☐	☐	☐
Kontrolleur:	☐	☐	☐	☐	☐
Repräsentant:	☐	☐	☐	☐	☐
Verhandlungsprofi:	☐	☐	☐	☐	☐
Berater:	☐	☐	☐	☐	☐
Konfliktmanager:	☐	☐	☐	☐	☐
Analyst:	☐	☐	☐	☐	☐
Diagnostiker:	☐	☐	☐	☐	☐
Lehrer:	☐	☐	☐	☐	☐
Lernender:	☐	☐	☐	☐	☐
Interviewer:	☐	☐	☐	☐	☐

[1] Vgl. hierzu auch [10]; [16]; [24]

Psychologe:	☐	☐	☐	☐	☐
Seelsorger:	☐	☐	☐	☐	☐
Sündenbock:	☐	☐	☐	☐	☐
Puffer:	☐	☐	☐	☐	☐
Zuhörer:	☐	☐	☐	☐	☐
Entscheider:	☐	☐	☐	☐	☐
Motivator:	☐	☐	☐	☐	☐

Checkliste 1: Rollenausprägungen von Projekleitern

☞ Überlegen Sie, was die einzelnen Rollen bedeuten und für welche Situationen sie wichtig sind. Testen Sie sich selbst, indem Sie hinterfragen, wie gut Sie in die jeweilige Rolle schlüpfen können!

3.3.2 Projektgruppe und Projektteam

Wie Sie die Mitarbeiter in das Projekt einbinden – dafür gibt es verschiedene Möglichkeiten:[1] Zum einen können die Projektmitarbeiter für die Dauer des Projekts *ständig* zusammenarbeiten (als **Projektteam** oder Projektgruppe[2]), zum anderen *regelmäßig* während des Projekts z.B. 1-2mal pro Woche (= **Projektkollegium**).

Wir legen mehr die erste Variante zugrunde, wobei die folgenden Ausführungen weitgehend auch für Projektkollegien gelten. Projektgruppe und Projektteam können als synonyme Begriffe[3]

---

[1] Vgl. hierzu auch die Varianten der Projektorganisation ab S. 99.

[2] Die Projektgruppe wird auch als „Task force" bezeichnet.

[3] Gelegentlich wird unterschieden, daß in der Projekt*gruppe* ein Gruppenleiter als eine Art Vorgesetzter fungiert, während ein Projekt*team* jedenfalls ohne hierarchische Strukturen auskommt. [24]

angesehen werden. Gruppen- bzw. Teamarbeit ist dort sinnvoll, wo kreativer Gedankenaustausch nötig und komplexe Aufgaben zu bewältigen sind. Nicht zu vergessen die positiven Effekte auf das Betriebsklima, die Teamarbeit bewirken kann, wie z.b.: [20]

- Steigerung der Arbeitsmotivation
- Erhöhung der Arbeitszufriedenheit
- Steigerung der Identifikation mit der Unternehmung
- Verbesserung von Kommunikation und Kooperation
- Reduzierung der Fluktuationsrate

Diese Effekte wirken sich auch wirtschaftlich aus: [20]

- Einsparung von Kosten
- Steigerung der Produktivität
- Effizientere Arbeitsprozesse

Neben diesen allgemeinen Vorteilen von Teamarbeit spricht als weiteres Argument, für die Projektabwicklung Projektteams zu bilden, daß *vielfältige Aufgaben* zu bearbeiten sind. Damit wäre der PL alleine quantitativ und qualitativ überfordert[1] – er braucht ein schlagkräftiges Team an seiner Seite.

Dieses Projektteam (PT) wird für die Dauer eines Projekts gebildet und anschließend wieder aufgelöst.

Die Auswahl der Projektteam-Mitarbeiter (PTM) erfolgt durch den PL und in Abstimmung mit den abstellenden Abteilungen und den betroffenen Mitarbeitern. [24]

Neben den *fachlichen Fähigkeiten* sollten die in Frage kommenden Mitarbeiter *Teamfähigkeit* besitzen; dazu gehören: [52]

- Initiative, Engagement, Begeisterungsfähigkeit
- Kontakt- und Kommunikationsfähigkeit
- Integrationsfähigkeit

---

[1] Trotz seiner (auch fachlichen) Qualifikation benötigt er für Teilaufgaben weitere Spezialisten.

- Sensibilität, Verantwortungsbewußtsein, Selbstkontrolle, persönliche Integrität
- Konflikt(bewältigungs)fähigkeit, Streitkultur
- Analytisches Denken, Lösungsfähigkeit, ganzheitliches Denken
- Loyalität, Solidarität, Hilfsbereitschaft

Lesen Sie die Fähigkeiten noch einmal in Ruhe durch – Sie sollten sie bei der Besetzung Ihres Projektteams dringend beachten: Sie sind entscheidend für die Effizienz der späteren Projektarbeit.

Wichtig für den Projekterfolg ist ein Team, das sich ergänzt und dessen Mitglieder zueinander passen. In puncto Fachwissen sollten sie heterogen sein, in puncto Arbeitsweise, Kreativität und Kommunikation sollten sie homogen sein.

Falls sich herausstellt, daß einzelne Mitglieder – selbst wichtige Know-how-Träger – die Harmonie stören, trauen Sie sich ruhig und schrecken nicht davor zurück, (als letztes Mittel) diese Störfaktoren aus dem Team zu nehmen und durch andere Mitarbeiter zu ersetzen. Letztlich gilt für alle Projektteammitarbeiter (PTM): Querdenker ja, Querulanten nein!

Nun haben Sie Ihr Projektteam zusammengestellt... Was passiert als nächstes? Genau, die Mitarbeiter müssen sich erst einmal beschnuppern. Dies geschieht im sog. **Kick-off-Meeting**, der 1. offiziellen Sitzung des Projektteams. Darin werden i.d.R. noch *keine* Projektinhalte besprochen, sondern es dient einem ersten Kennenlernen, dem Klären der Rollenverteilung, dem Festlegen von Spielregeln und dem Schaffen eines gemeinsamen Informationsstandes.

Die Ziele des Kick-off im Detail: [46]

- **Vorstellung aller Teammitglieder**
  Klären, wer welche Erfahrungen und welches Know-how mitbringt. Feststellen, welches Fachwissen noch fehlt und/oder wo dieses ggf. fallweise besorgt werden kann.
  Ganz wichtig: falsche oder zu hohe Erwartungen, Hoffnungen und Wünsche der PMA abfangen und korrigieren.

- **Klärung der Rollenverteilung im Projekt**
  Bei der Auswahl hat der PL bereits jedem Teammitglied eine
  bestimmte Rolle zugedacht. Diese müssen jetzt angesprochen
  und ggf. korrigiert werden.
  Bei Großprojekten werden evtl. mehrere Projektteams gebildet,
  denen jeweils ein PT-Leiter vorsteht.[1]
  Außerdem müssen Stellvertreter vom PL oder PT-Leiter bestimmt werden.
  Bedenken Sie, daß die Mitarbeiter hierarchische Arbeitsstruk-
  turen gewöhnt sind. Da aber im Projekt auch Ihre Rolle als PL
  anders definiert ist, ist es sinnvoll, dem Team Ihr Rollenver-
  ständnis mitzuteilen.

- **Festlegen von Spielregeln im Projekt**
  Legen Sie gleich zum Projektstart Spielregeln gemeinsam fest,
  die von allen akzeptiert werden. Um eine konfliktfreie Zusam-
  menarbeit zu ermöglichen, sollten Sie die folgenden Themen-
  bereiche miteinander klären und verbindlich festlegen:[2]
  - Organisation (z.B. Protokoll, Raumreservierung, Moderation,
    Beschlußfassung)
  - Kommunikation im Team und mit Außenstehenden
  - Verhaltenskodex (z.B. max. Redezeit, Pünktlichkeit)
  - Sanktionen bei Nichteinhaltung der Spielregeln
  Vielleicht entwerfen Sie hier eine Vision und zeigen den Team-
  mitgliedern, wie wichtig es ist, gemeinsam „an einem Strang zu
  ziehen".

- **Gemeinsamer Informationsstand für alle Projektbeteiligten**
  Oft kursieren bereits vor Projektbeginn die wildesten Gerüchte
  über das Projekt, vielleicht sogar Ängste über die Folgen (speziell bei Organisations- und Managementprojekten). Klären Sie
  Ihre PTM auf, informieren Sie sie über die genauen Projektziele

---

[1] Schauen Sie noch einmal Abb. 24 auf S. 85 an: Die Projektteamleiter
wären die in Grafik ③ aufgeführten PL, der PL wäre dann der PM.

[2] Auch während der Projektabwicklung sollten Sie immer wieder Zeit
für ein klärendes Gespräch und ein offenes Ohr bzw. Gespür für
unterschwellige Konflikte haben. Diese müssen frühzeitig ausge-
räumt werden, damit sie nicht die Arbeit am Projekt belasten (und
evtl. sogar verzögern).

und die Rahmenbedingungen. Netter Nebeneffekt: Die PTM wissen dann worum es geht und wirken als Multiplikatoren. Um die Motivation zu steigern, können Sie das Ziel noch einmal zur Diskussion stellen und die PTM in den Zielfindungsprozeß einbeziehen.[1]

3.3.3 Lenkungsausschuß

Der Lenkungsausschuß (LA) wurde schon ein paar mal erwähnt, und sicher haben Sie sich gefragt, was das eigentlich ist...

Der LA wird ebenfalls nur für die Dauer eines Projektes gebildet. Er stellt die Schnittstelle zwischen Projekt, PL und PT einerseits sowie der Unternehmungsleitung und Externen andererseits dar. Er setzt sich zusammen aus Mitgliedern der Unternehmungsleitung, dem Projektleiter sowie ggf. Abteilungsleitern (die müssen die Ressourcen zur Verfügung stellen!) und evtl. externen Mitgliedern.

Der LA ist ein Verbindungs-, Entscheidungs- und Schlichtungsgremium,[2] dessen **Hauptaufgaben** darin liegen, die Realisierung des Projektes und die Umsetzung der erarbeiteten Konzepte[3] zu sichern. Seine weiteren Aufgaben sind: [20]

- Berufung des Projektleiters
- Verabschiedung von Einzelergebnissen
- Lenkung, aber nicht Leitung des Projekts
- klare Zieldefinition des Projekts
- Abnahme von Meilensteinen
- Schlichtungsfunktion bei Konflikten
- Vertragsverhandlungen

---

[1] Damit ist schon fast der 1. Schritt eingeleitet, nämlich die Problemanalyse – wenn auch hier nur grob und um die Dimension des Projekts allen deutlich zu machen.

[2] Insofern ist der LA die dem PL und den PT vorgesetzte Instanz.

[3] Dies gilt vor allem für interne Projekte, wo z.B. das erarbeitete Reorganisationskonzept in der Unternehmung implementiert werden muß. Bei externen (und speziell kleineren) Projekten wird gelegentlich auf einen LA verzichtet; vgl. S. 98

Der LA sollte sich regelmäßig treffen (z.B. 14-tägig), darüber hinaus auch bei Bedarf außerplanmäßig, z.B. auf Anfrage des PL. Wichtig ist, daß grundsätzlich *jedes* Mitglied erscheint, weil es sich eigentlich nicht vertreten lassen kann – die Verantwortungs- und Entscheidungsbefugnisse beziehen sich auf seine konkrete Person und sind somit nicht übertragbar. Beschlüsse sollten einstimmig gefaßt werden, um die Koordination zwischen den beteiligten Bereichen und die spätere Umsetzung zu garantieren.

3.3.4 Promotoren

Weitere Aufgabenträger in der Projektabwicklung sind – vor allem bei Großprojekten – die sog. Promotoren. Diese sollen (frei übersetzt) „den Karren anschieben", also unterstützen, als Multiplikatoren wirken und ggf. Know-how zur Verfügung stellen. Gerade bei Projekten, die weitreichende Änderungen zum Ziel haben, ist es wichtig, Persönlichkeiten als Promotoren zu gewinnen, denen man das Vorhaben abnimmt, die Vertrauen genießen und als kompetent gelten. Sie sind quasi die ‚elder statesmen' eines Projekts.

Die Aufgaben eines Promotors sind die interne Werbung für die Projektidee und die erarbeiteten Ergebnisse, der Abbau von Ängsten, die Förderung der Identifikation mit dem Projekt und der Rückhalt für das Projekt in der Unternehmung.

Zu unterscheiden sind: [10]

- **Machtpromotoren** sind nötig, um schwerwiegende Projektergebnisse in der Unternehmung umzusetzen. Meist sind es Mitglieder der Unternehmungsleitung oder informale Personen, die über entsprechenden Einfluß verfügen.
- **Sozialpromotoren** vertraut man. Sie können als Multiplikatoren wirken und Projektziele und -ergebnisse glaubwürdig weiterverbreiten. Sie sind wichtig, um eine Akzeptanz der Projektergebnisse durch die Mitarbeiter zu gewinnen und um deren Ängste und Widerstände abzubauen.

- **Fachpromotoren** haben eine ähnliche Wirkung auf die Mitarbeiter, da man ihnen die nötige Kompetenz zutraut, das Projekt fachlich zu beurteilen. Außerdem unterstützen sie das Projekt fallweise durch ihr Know-how.

Bei größeren Projekten sollten Sie darauf achten, daß Sie sozusagen ‚prominente' Unterstützung bekommen; als Promotoren kommen Mitglieder der Unternehmungsleitung, des Aufsichtsrates, ggf. ein Politiker oder ein für Sie werbender Sportler in Frage.

Bei kleinere Projekten, wie z.B. der Vorbereitung einer ‚normalen' Hauptversammlung, eines Betriebsausflugs o.ä. werden Sie keinen Promotor benötigen. Aber bei umfangreicheren Projekten mit größerer Tragweite, wie z.B. einem Fusionsprojekt, dem Gang an die Börse oder Projekten, die Veränderungen im Aufbau und den Abläufen in der Organisation zum Ziel haben, sollten Sie sich frühzeitig der Unterstützung durch geeignete Personen versichern.

F   Es gibt also keine klare Vorschrift, ob ich einen Promotor brauche oder nicht. Habe ich das richtig verstanden?

A   Ja, schließlich ist jedes Projekt anders. Bei kleineren Projekten können Sie auf Promotoren und ggf. sogar auf den Lenkungsausschuß verzichten. Bei umfangreicheren aber nicht. Dann kann es auch durchaus sein, daß Sie über die 4 genannten Aufgabenträger hinaus (PL, PT, LA, Promotoren) eine weitere Institution einrichten:

Stellen Sie sich ein ehrgeiziges, aufwendiges Projekt vor, bei dem in verschiedenen Projektteams insgesamt 100 Mitarbeiter wirken. Da empfiehlt es sich, ein weiteres Gremium einzuführen, um die Kommunikation aller überhaupt möglich zu machen – vielleicht entschließen Sie sich, zwischen PL und den Teams ein *Kernteam* (oder wie Sie es nennen mögen) zwischenzuschalten, in dem die Leiter der einzelnen Teams vertreten sind...

Aber auch hier gilt: Nur so viele Gremien wie nötig, damit's nicht zu hierarchisch wird und die kurzen Kommunikationswege auf gleicher Ebene bestehen bleiben – denn auf die kommt's an!

So, nachdem Sie nun die möglichen Aufgabenträger kennen, wird es – so vermuten wir mal – wieder Zeit für eine Erholungspause, bevor wir uns der Frage widmen, wie das Projekt (und damit die Aufgabenträger) in die Organisation Ihrer Unternehmung ‚eingehängt' wird...

3.4 Wahl der geeigneten Projektorganisation

Um es vorweg ganz klar zu sagen: Projektarbeit kann auch in der Linie erfolgen – und in der Praxis geschieht dies häufig genug: nicht nur bei z.b. Werbe- und Eventagenturen, deren Tagesgeschäft sozusagen Projekte sind, sondern auch in jeder anderen Unternehmung, wenn Sie z.b. an Entwicklungsprojekte denken, die von der Abteilung F&E durchgeführt werden.
In diesen Fällen wird keine spezielle Projektstruktur geschaffen, und doch wird Projektmanagement in den Fachabteilungen angewandt.

Für größere, komplexere Projekte, die das Know-how unterschiedlicher Bereiche erfordern, sollten allerdings für die Dauer des Projekts eigene Organisationsstrukturen aufgebaut werden, um die flexible, interdisziplinäre und hochinnovative Projektabwicklung – losgelöst von den starren Grenzen der Linienorganisation – zu ermöglichen. Gleiches gilt, wenn Sie ständig kleinere Projekte bearbeiten wollen.
Diese Projektorganisationsstruktur kann – je nach Projekt und Unternehmung – sehr unterschiedlich ausgestaltet sein; wir stellen nachfolgend die klassischen **3 Grundtypen** vor.

3.4.1 Reine Projektorganisation

Die reine PO – man spricht auch von autonomen Projektgruppen – wird innerhalb der bestehenden Aufbauorganisation quasi als zusätzliche, eigenständige Abteilung eingerichtet, im Gegensatz zu den übrigen Abteilungen allerdings nicht auf Dauer. [27]
Dementsprechend werden die Projektmitarbeiter für die Dauer des Projekts aus ihren bisherigen Abteilungen hierhin versetzt oder neu

eingestellt. Der Projektleiter ist gleichzeitig Leiter der Abteilung und hat sowohl die *fachliche* als auch *disziplinarische* Weisungs- und Entscheidungsbefugnis gegenüber seinen Mitarbeitern.[1]

Die Struktur der reinen PO sieht dann bspw. so aus:[2]

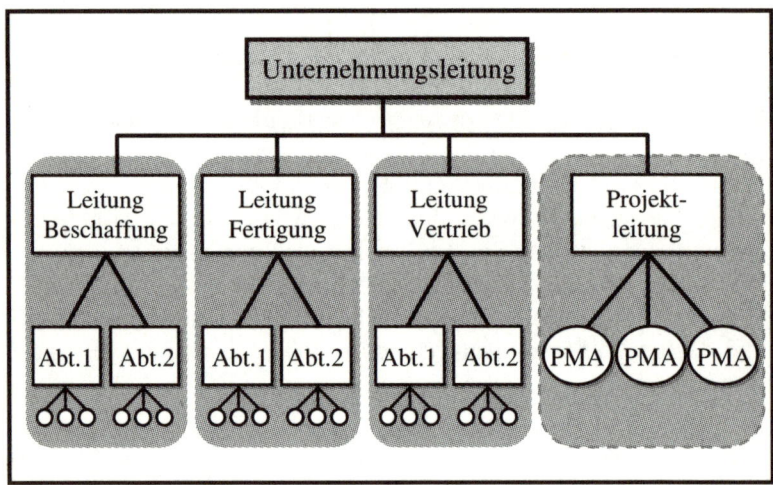

Abb. 28:   Reine Projektorganisation

Vorteile der reinen PO:[3]

- Aufgrund der Autonomie gute Möglichkeit, sich voll auf die Projektziele zu konzentrieren
- schnelle Reaktion auf Projektabweichungen durch eindeutige Weisungsbeziehungen
- Mitarbeiter und Sachmittel können schnell für jene Teilaufgabe eingesetzt werden, für die sie gebraucht werden

---

[1] Damit ist der Gedanke eines gleichberechtigten Teams, das angstfrei seine – auch verrückten – Ideen einbringt, ziemlich ausgehebelt.

[2] Statt der Unternehmungsleitung könnte das Projektteam z.B. auch einer Bereichsleitung untergeordnet sein.

[3] Und nachfolgend vgl. [5]; [16]; [17]; [20]

Nachteile der reinen PO:

- bei Projektende muß die zeitlich befristete Organisationseinheit aufgelöst werden

- hohe Umstellungskosten bei Einrichtung und Auflösung der Organisationseinheit

- Probleme bei der Wiedereingliederung der Mitarbeiter in die Linienorganisation, da dort mittlerweile evtl. andere Personen neue Positionen eingenommen haben und ggf. neue Methoden sowie neues Wissen existieren

- bei geringer Projektauslastung stehen überschüssige Ressourcen den (anderen) Linienabteilungen nicht zur Verfügung

- Gefahr der Doppelbearbeitung

Aus diesen Gründen sollten Sie wohl überlegen, ob Sie diese Form der Projektorganisation wählen. Sie ist dann sinnvoll, wenn es sich um längerfristige Projekte mit hohem Risiko und komplexer Aufgabenstellung handelt, wie regelmäßig bei der Entwicklung neuer Medikamente o.ä. [33]

3.4.2 Einfluß-Projektorganisation

Bei dieser Variante wird keine eigenständige Organisationsstruktur geschaffen, sondern lediglich die bestehende Hierarchie durch eine Stabsstelle (für den PL) ergänzt, die das Projekt koordiniert. Die eigentliche Arbeit am Projekt erfolgt dabei durch Mitarbeiter in ihren einzelnen Abteilungen.

Da der Projektleiter keinerlei sachliche noch disziplinarische Weisungsbefugnis hat, kann er nur über seine *Fachautorität* Einfluß auf die Projektarbeit nehmen sowie über den Einfluß Dritter wirken. Damit dieser Einfluß greift, sollte seine Stabsstelle möglichst nahe zur Unternehmungsleitung angesiedelt sein (z.B. als Assistent der Geschäftsleitung), die ggf. bei Konflikten entscheidet. [20] Außerdem sollte der PL das volle Vertrauen der Unternehmungsleitung genießen, damit kurze Kommunikationswege und effiziente Zusammenarbeit zwischen Koordinationsgremium (Stabsstelle PL) und Entscheidungsgremium (Unternehmungsleitung) gewährleistet sind. [52]

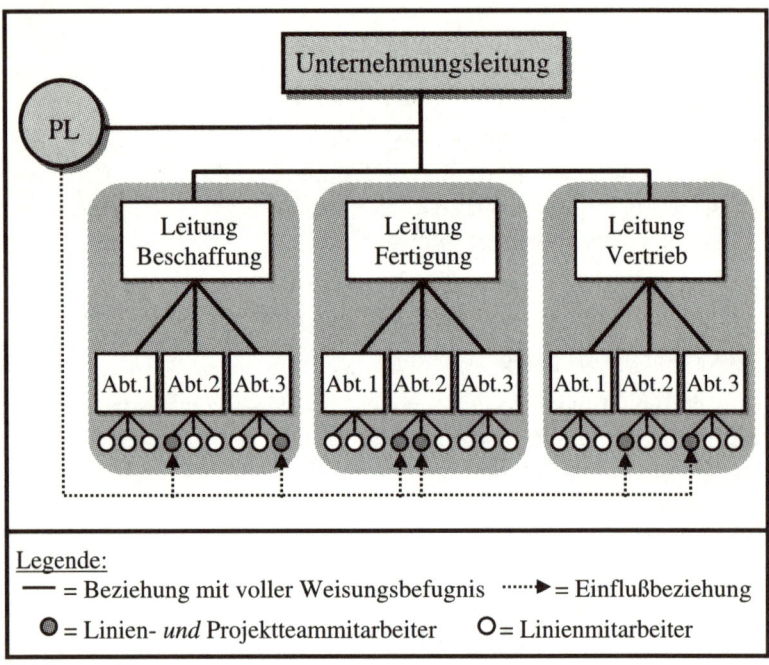

Abb. 29: Einfluß-Projektorganisation [17]

Die Rolle des PL ist hier die eines *Koordinators*, der zu den beteiligten Fachabteilungen und deren Leitern gute Beziehungen pflegt, ihnen gegenüber mit großer Überzeugungskraft auftritt und mit viel Gespür die einzelnen Abteilungsinteressen sowie die Projektziele „unter einen Hut bringt".

Der PL hat damit nur *Informations- und Beratungsbefugnisse*. Er verfolgt den Projektablauf ständig in inhaltlicher, terminlicher und kostenmäßiger Hinsicht und empfiehlt den Linieninstanzen mögliche Maßnahmen, für deren Qualität er lediglich verantwortlich ist. Da der PL (oder Projektkoordinator) *keine Entscheidungsbefugnis* hat, fehlt ihm die Grundlage für eine verantwortliche Planung, Steuerung und Überwachung des Projekts.

Vorteile der Einfluß-PO: [5]; [16], [17]; [20]

- leichte Integration des Projekts in die bestehende Aufbauorganisation
- geringe Beeinträchtigung der permanenten Linienaufgaben
- hohe Flexibilität beim Personaleinsatz
- volle Integration der Linie in und Verantwortung für das Projektgeschehen
- Mitarbeiter können ohne organisatorische Umstellung simultan in verschiedenen Projekten mitarbeiten
- hohe Akzeptanz der Projekte durch Linienmitarbeiter

Nachteile der Einfluß-PO: [17]; [20]

- PL muß sehr diplomatisch vorgehen und braucht viel Überzeugungskraft
- Projektmitarbeiter und deren Vorgesetzte fühlen sich evtl. zu wenig für das Gesamtprojekt verantwortlich
- evtl. weniger Interesse zur Projektmitarbeit, da der (projekttypische) kreative, selbstverantwortliche Freiraum sowie deutliche Profilierungsmöglichkeit fehlen
- mangelndes Interesse, Probleme über die Abteilungsgrenzen hinweg gemeinsam zu lösen
- durch die zusätzlichen Linienaufgaben niedrigere Reaktionsgeschwindigkeit bei Projektabweichungen

Diese Form der PO ist in der Praxis häufig anzutreffen. Grund dafür ist ihre *leichte Einführung* ohne organisationelle Veränderung. Allerdings sollten Sie sich nur dann für diese Variante entscheiden, wenn Sie ein kleineres Projekt anpacken wollen, das den Rahmen der Routineaufgaben kaum übersteigt; Beispiele wären die Vorbereitung der jährlichen Hauptversammlung, die Planung eines neuen Gebäudes (die Errichtung wird extern durchgeführt) oder die Einführung von Videokonferenzen mit ausländischen Schwesterunternehmen.

Für umfangreiche, komplexe Projekte mit stark interdisziplinärem Charakter ist diese Variante eher ungeeignet.

3.4.3 Matrix-Projektorganisation

Bei der Matrixorganisation wird ein vertikales Leitungssystem mit einem horizontalen gekoppelt, so daß jede Organisationseinheit an den Schnittpunkten jeweils 2 Instanzen unterstellt ist – einmal z.B. dem jeweiligen Funktionsbereich (Beschaffung, Produktion, Absatz usw.) und außerdem dem jeweiligen Produktbereich (Produktgruppe A, Produktgruppe B usw.).

Bei der Matrix-Projektorganisation funktioniert das ähnlich: Auch hier ist jede Stelle/Abteilung je 2 Instanzen unterstellt, nämlich dem entsprechenden Projektleiter sowie den Fachabteilungsleitern. Das Ganze sieht dann so aus:[1]

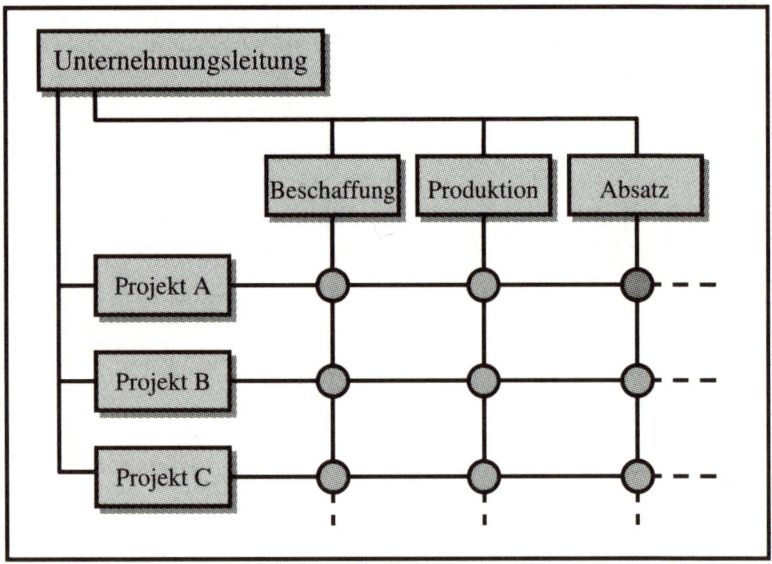

Abb. 30: Matrix-Projektorganisation

Beispiel dazu: im Projekt A arbeitet u.a. jemand (⬤) aus dem Absatzbereich mit; diese Person ist einerseits dem Absatzleiter unterstellt, andererseits dem Projektleiter A.

---

[1] Für Puristen: die saubere Unterscheidung in Bereich und Abteilung lassen wir hier außen vor.

Nun werden Sie denken, daß das ganz schön problematisch ist, wenn einer 2 Vorgesetzte hat – da weiß ein Mitarbeiter nie, was er machen soll: der eine Vorgesetzte sagt „hü", der andere „hott". Sie sehen das als Nachteil? Versuchen Sie's mal positiv zu sehen: wenn 2 unterschiedliche Meinungen bestehen, so müssen sich die beiden Vorgesetzten absprechen, sie müssen kommunizieren – und das ist bei jedem Projekt eminent wichtig! Vielleicht rücken sogar beide von ihren ursprünglichen Meinungen ab und entdecken im Dialog eine neue, bessere Lösung.

Solche *institutionalisierten Konflikte* (weil sie durch die Organisationsstruktur bewußt herbeigeführt werden) sind gerade bei umfangreicheren Problemstellungen sinnvoll, fördern die Diskussion (am besten unter Beteiligung der betroffenen Projektmitarbeiter) und zeigen neue Wege auf.

Als Variante können Sie auch die Weisungsbefugnisse aufsplitten, so daß z.B. der jeweilige Bereichsleiter das disziplinarische, der PL das fachliche/inhaltliche Weisungsrecht hat, wie in der Grafik:

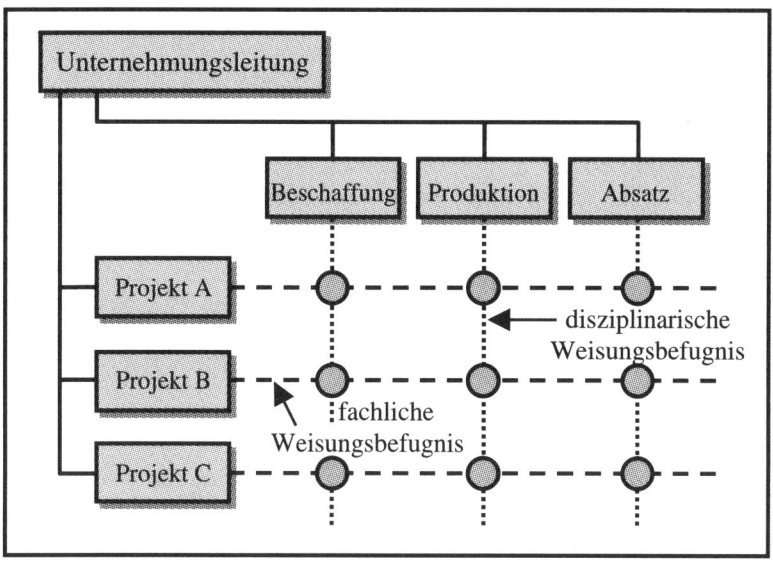

Abb. 31: Matrix-Projektorganisation mit aufgeteilten Weisungsbefugnissen

Ein Problem liegt darin, daß für das Gelingen oder Scheitern eines Projektes nun ebenfalls *zwei* Gremien verantwortlich sind! So gut institutionalisierte Konflikte auf der Problemlösungsebene auch sind, auf der Ebene der Gesamtverantwortung sind damit Streitigkeiten und gegenseitige Schuldzuweisungen vorprogrammiert.

Einen Ausweg aus dem Dilemma bietet eine klare Aufteilung der Kompetenzen, so daß z.B. der Projektleiter darüber bestimmt, was wann zu erledigen ist, während die Fachabteilungen die Ressourcenzuteilung, die Methoden usw. festlegen – wobei der jeweils andere eine Mitspracherecht (wichtig im Sinne des gemeinsamen Zieles) hat. Grob vereinfacht, sieht das dann so aus:

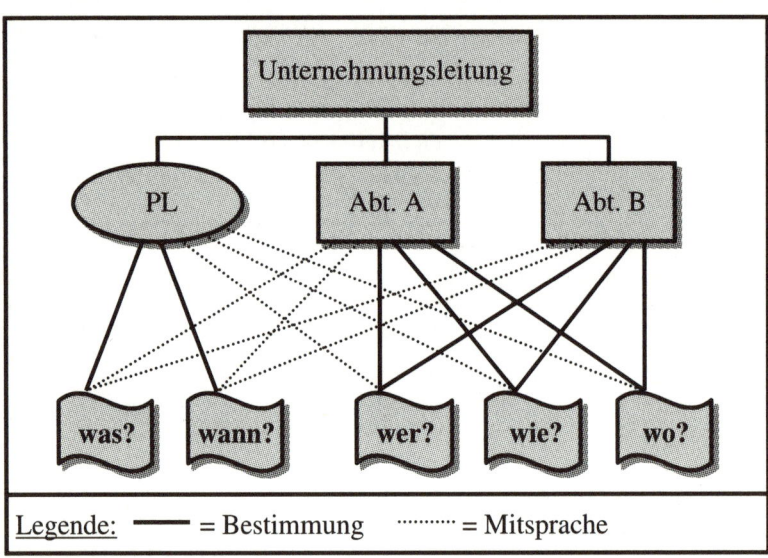

Abb. 32: Kompetenzabgrenzung in der Matrix-PO [19]

F Vom „wer?" z.B. führen fette Linien zu zwei Abteilungen. Wer entscheidet in diesem Fall?

A Ganz einfach: der den es betrifft, also der Abteilungsleiter des jeweiligen Mitarbeiters. Gleiches gilt z.B. für die Sachmittel.

F Und was hat es mit den Fragewörtern genau auf sich?

A Blättern Sie um...

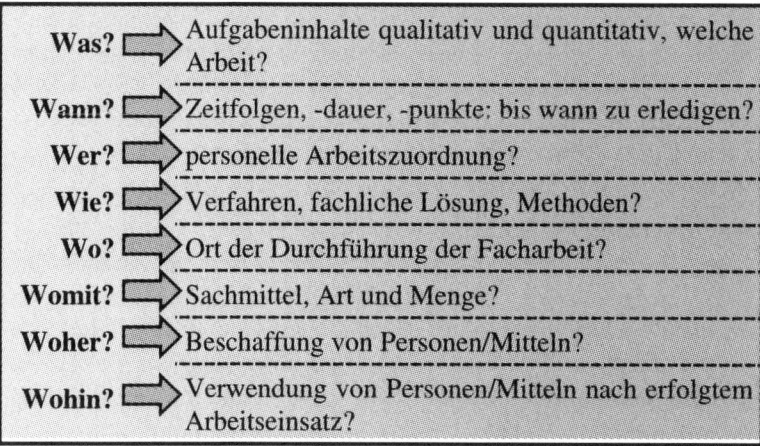

Was? ⇨	Aufgabeninhalte qualitativ und quantitativ, welche Arbeit?
Wann? ⇨	Zeitfolgen, -dauer, -punkte: bis wann zu erledigen?
Wer? ⇨	personelle Arbeitszuordnung?
Wie? ⇨	Verfahren, fachliche Lösung, Methoden?
Wo? ⇨	Ort der Durchführung der Facharbeit?
Womit? ⇨	Sachmittel, Art und Menge?
Woher? ⇨	Beschaffung von Personen/Mitteln?
Wohin? ⇨	Verwendung von Personen/Mitteln nach erfolgtem Arbeitseinsatz?

Tab. 8: Gliederung der Entscheidungs- und Weisungsbefugnisse nach Aspekten [19]

Der PL bestimmt also die einzelnen Projektaufgaben (was?) und wann bzw. bis wann diese im Rahmen der Projektabwicklung erledigt werden müssen.
Die Abteilungsleiter hingegen befinden über die personellen Ressourcen, die Räumlichkeiten und die Verfahrensweisen, m.a.W., wer wo und wie die gestellten Aufgaben erledigt.

Das „Womit?" wurde in der vorhergehenden Grafik nicht gesondert aufgeführt. Das erklärt sich daraus, daß Personen und Sachmittel immer eine logische Einheit bilden; damit wird diese Frage auch von den Abteilungsleitern geklärt.
Diese befinden auch über die Fragen „Woher?" und „Wohin?": Da die Abteilungsleiter für den Einsatz der Personen und Sachmittel verantwortlich sind, obliegt ihnen auch die Klärung, woher diese Mitarbeiter und Sachmittel zu nehmen sind und was mit ihnen nach Projektende geschieht.

Mit einer solchen Kompetenzaufteilung ist der Führungsanspruch eines Projektleiters stark reduziert – wenn auch die wichtigsten Fragen, nämlich die Zieldefinierung und daraus die Ableitung von Aufgaben sowie die zeitlichen Vorgaben in seiner Hand bleiben.

Diesbezüglich – sowie in puncto Einhaltung der Kostenvorgaben – hat er ein Weisungsrecht quer durch die beteiligten Fachabteilungen. Trotzdem kann es weiterhin zu (auch fruchtbaren!) Konflikten kommen, z.B. wenn die vom Abteilungsleiter bestimmte Arbeitsmethode den Ziel- und Kostenvorgaben des PL zuwiderläuft.[1]

Allerdings sind nicht alle Konflikte formal regelbar und können den Projekterfolg nachhaltig stören. Deshalb ist es wichtig, daß die Unternehmungsleitung darauf achtet, daß der PL gut ausgewählt wird, die Projektziele klar und eindeutig formuliert werden, eine intensive (auch informelle) Kommunikation gefördert und bei Bedarf sofort in Konflikte eingegriffen wird. So kann sie für ein angenehmes Projektklima und eine gedeihliche Zusammenarbeit zwischen Linie und Projekt sorgen.[2]

Vorteile der Matrix-PO:

- Projektgruppen können rasch und einfach gebildet werden
- Personen können flexibel eingesetzt werden
- Förderung einer ganzheitlichen Betrachtungsweise
- zielgerichtete Koordination unterschiedlicher Interessen
- Spezialwissen und besondere Erfahrungen lassen sich leicht von einem Projekt auf ein anderes transferieren
- höheres Sicherheitsgefühl der Mitarbeiter, da sie nicht aus ihrer Abteilung herausgelöst werden
- mehr Kontinuität der fachlichen Weiterbildung, da die Projektmitarbeiter (als auch deren Umfeld) sowohl an den fachlichen Entwicklungen in ihrer Abteilung als auch an projektspezifischem Wissen partizipieren
- gewollte Konflikte als institutionalisierte Problemlösung können neue und effizientere Alternativen generieren[3]

---

[1] Achten Sie bei der Einführung von Projektmanagement darauf, daß solche Kompetenzaspekte durch eindeutige Stellenbeschreibungen bzw. im Organisationshandbuch geregelt werden.

[2] Und nachfolgend vgl. [20]

[3] Hierin ist – ganz grundsätzlich – ein wesentlicher Vorteil jeder Matrixorganisation gegenüber dem klassischen Routinevorgehen der Linie zu sehen.

Nachteile der Matrix-PO: [5]; [20]

- setzt ein hoch entwickeltes Organisations- und Führungsverständnis aller Beteiligten voraus

- aufwendigere Organisation und ggf. notwendige Kompetenzabgrenzung

- mögliche Kompetenzkonflikte (zwischen den PL untereinander sowie zwischen PL und Fachabteilungsleitern)

- Verunsicherung der Mitarbeiter, da sie nicht mehr nur *einen* Vorgesetzten haben

- Machtverlust der Vorgesetzten, da sie nicht mehr ausschließlich weisungsbefugt sind

- hohe Anforderungen an die Kommunikationsbereitschaft der verteilt in der Unternehmung sitzenden Projektmitarbeiter

Die Matrix-PO bedingt die umfassendste organisationelle Veränderungen aller PO-Formen. Daraus erklärt sich auch die Vielzahl der Vor- wie Nachteile.

Sie wird dann sinnvoll, wenn Projekte mindestens eine der nachstehenden Voraussetzungen erfüllen: [30]

- derart hohe Komplexität des Projekts, daß es von mehreren Fachabteilungen im Verbund bearbeitet werden muß

- mehrere Projekte werden permanent parallel bearbeitet

- ständige Starts neuer Projekte und daher ständiger Bedarf neue Projektteams zu bilden

- die Projekte bzw. deren geforderten Ergebnisse stehen in großer Konkurrenz zu anderen Unternehmungen

- der Bedarf an Mitarbeitern verändert sich im Projektablauf ständig und stark

Ein klassisches Beispiel dafür wäre die Entwicklung und Einführung eines neuen Produkts – überlegen Sie sich mal kurz, welche Aufgaben da im einzelnen zu erledigen sind und welche der obigen Voraussetzungen dadurch erfüllt wären.

Da ist das Marketing beteiligt, die Entwicklungsabteilung kommuniziert mit der Marktforschung, Entwicklung und Produktion müssen sich abstimmen, der Absatz ist genauso gefragt wie das Finanz- und Rechnungswesen usw. Und natürlich sind nicht alle Projektbeteiligten ständig und gleichzeitig eingebunden, so daß ein festes Projektteams auch von daher weniger effizient wäre.

In solchen Fällen hochkomplexer Projekte ist die Matrix-PO die wirkungsvollste und wirtschaftlichste Lösung. Berücksichtigt man weiterhin die knappen Ressourcen, so bleibt sie die einzig sinnvolle und durchsetzbare Alternative.

Sie schafft eine Balance zwischen den Projektanforderungen und den Bedingungen der bestehenden Linienorganisation. Sie ist die deutlich vielseitigste Organisationsform für Projekte. [27][1]

3.4.4 Welche PO für welches Projekt?

Vielleicht haben Sie sich beim Durchlesen der letzten Seiten schon für eine bestimmte Organisationsform entschieden – dann überspringen Sie dieses Kapitel einfach (wenn Sie mögen); vielleicht aber sind Sie noch unsicher – dann lesen Sie hier weiter...

Um für Ihr Projekt die geeignete Projektorganisation zu wählen, sollten Sie die folgenden Aspekte bedenken:

• Wie groß, umfangreich, zeitintensiv ist das Projekt?

• Welche strategische Bedeutung hat das Projekt?

• Wie stark ist interdisziplinäre Zusammenarbeit gefordert?

• Wie groß sind die Risiken des Projekts hinsichtlich der Erreichung der Projektziele, der Einhaltung von Kosten und Zeit?

• Welche Ressourcen sind wie, wann und wie lange verfügbar?

• Welche Struktur besteht in der Linie?

• Welche Vorerfahrungen mit Projektorganisation bestehen?

• Wie viel Projekte werden gleichzeitig in der Unternehmung/ in einem Bereich abgewickelt?

---

[1] Werfen Sie noch mal einen Blick auf die Abb. 29 auf S. 102: Als Variation könnten Sie an den durch Punkte dargestellten Schnittstellen nicht nur jeweils eine Person, sondern – wie ein Mobile an diesen Schnittpunkten aufgehängt – eine kleine (Teil-)Projektgruppe einrichten. Oder Sie stellen dem Projektleiter weitere Teilprojektleiter zur Seite, die sich jeweils mit bestimmten Teilprojekten beschäftigen – Sie können bei Bedarf beliebig variieren!

Letztlich obliegt die Entscheidung für eine Bestimmte PO-Form der Unternehmungsleitung. Als (designierter) Projektleiter werden Sie dazu aber vielleicht angehört und haben sich reiflich Argumente für Ihre für dieses Projekt bevorzugte Variante überlegt...

Noch etwas: Halten Sie nicht unbedingt an der einmal gewählten Variante fest. Es kann durchaus sein, daß – gerade bei Projekten mit mehreren Jahren Laufzeit – sich die beteiligten Personenkreise oder die Schwerpunkte ändern und deshalb eine Anpassung an die neuen Gegebenheiten notwendig werden. [4]; [20]

So, und jetzt ein Überblick über die wesentlichen Vor- und Nachteile der einzelnen Organisationsalternativen:

	Vorteile	Nachteile
Rei-ne PO	• straffe Projektleitung • klare und eindeutige Projektverantwortung • Einheit der Auftragserteilung	• starre Organisationsform • hohe Gemeinkosten • zeitlich begrenzte Eingliederung von Spezialisten problematisch
Ein-fluß-PO	• Eingliederung des PT ohne größere organisatorische Eingriffe möglich • flexibler Personaleinsatz • bessere Nutzung der Personalkapazitäten	• fehlende Weisungsbefugnis • keine umfassende Projektverantwortung des PL
Ma-trix-PO	• flexible Eingliederung der Projektmitarbeiter • Fachverantwortung des Projektleiters • institutionalisierte Konflikte zur Findung neuer Lösungen	• Keine Einheit der Auftragserteilung • Problematische Kompetenzabgrenzung • vorprogrammierte Konflikte zwischen Projekt und Linie

Tab. 9: Vor- und Nachteile von Projektorganisationsformen [52]

3.5　Aufbaustruktur externer Projekte

Was Sie nun erfahren haben, gilt für jeden, der ein Projekt abwikkelt, und zwar unabhängig davon, ob der Auftrag dazu von innen oder von außen kam.

Für *externe* Projekte ist allerdings zusätzlich die *Außenstrukturierung*, also die **Beziehung zwischen Auftraggeber und -nehmer** zu untersuchen – das mögen Sie zwar vielleicht gar nicht mitentscheiden, aber schließlich müssen Sie mit Ihren Partnern kommunizieren und da ist es vielleicht nicht schlecht, wenn Sie mehr über die in Frage kommenden **Projektformen** wissen. Außerdem entscheiden Sie vielleicht auch, daß eine Teilaufgabe Ihres Projekts durch andere erledigt wird...

Wir stellen Ihnen deshalb kurz die 3 klassischen Versionen vor:

■ **Die Einzelauftragsorganisation** [4]

Der Auftraggeber gliedert das Projekt in verschiedene Einzelaufträge, die er jeweils an verschiedene Unternehmungen vergibt. Die Koordination übernimmt er entweder selbst oder er beauftragt damit einen externen Berater:

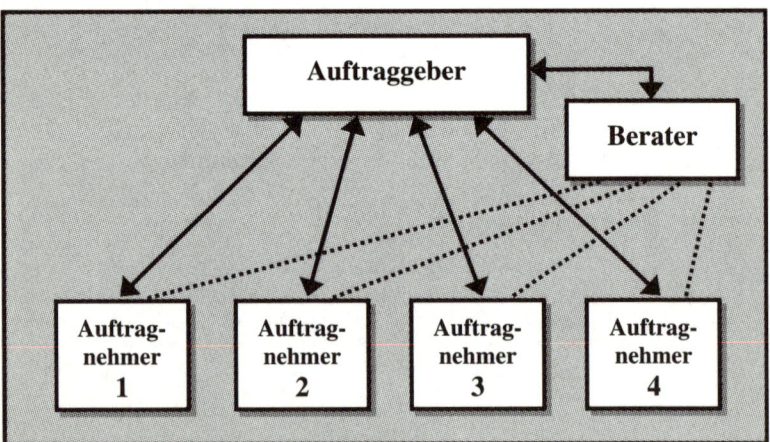

Abb. 33:　Einzelauftragsorganisation

Kritik: Die Einzelauftragsorganisation kommt nur dann in Frage, wenn zwischen den einzelnen Teilprojekten kaum Abstimmungsbedarf besteht und sie damit unabhängig voneinander abgewickelt werden können. Außerdem müssen klare Vorgaben seitens des Auftraggebers konzipiert worden sein.

Beispiel Betriebsfeier: Auftragnehmer 1 übernimmt das Catering, Auftragnehmer 2 das 2-stündige Showprogramm, Auftragnehmer 3 liefert die Beschallungs- und Beleuchtungstechnik usw.

■ **Der Generalunternehmer**

Bei der Generalunternehmerorganisation wird ein *Vertrag* zwischen dem Auftraggeber und dem Generalunternehmer über das Gesamtprojekt geschlossen, wobei letzterer die Gesamtverantwortung trägt und ggf. den Großteil der Einzelaufgaben übernimmt; zusätzlich vergibt er *Subaufträge* an Dritte.

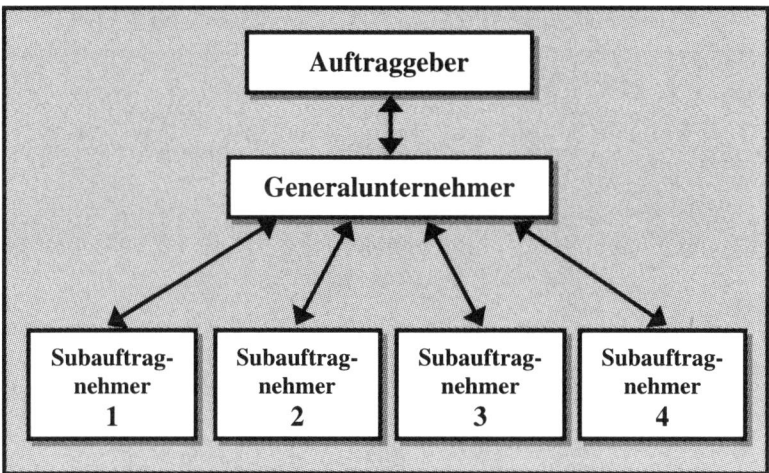

Abb. 34: Generalunternehmerorganisation

Kritik: Der Generalunternehmer übernimmt die gesamte Projektverantwortung und haftet für die Einhaltung der vertraglichen Bedingungen. Auch hier sollten die Subaufträge weitgehend unabhängig voneinander bearbeitet werden können. Der Generalunternehmer übernimmt seinerseits die Integration der Einzelaufträge. Beispiele: Bauprojekte (= sog. turn-key-Projekte; Subunternehmer sind hier z.b. verschiedene Handwerker), Bau eines kompletten Produktionsbetriebs, Bau einer neuen ICE-Trasse (Gleisbett, Gleiskörper, Elekrifizierung usw. erfolgen durch verschiedene Unternehmungen).

■ Die Konsortialorganisation

Das Gegenüber des Auftraggebers ist hier ein Konsortium[1], zu dem sich mehrere selbständige Unternehmungen zusammenschließen, um gemeinsam ein Projekt abzuwickeln. Die einzelnen Gesellschafter – die *Konsorten* – schließen einen Gesellschaftsvertrag ab, in dem u.a. die Organisation der Projektleitung geregelt wird. Gängigerweise übernimmt ein Konsorte die Federführung (= *Konsortialführer*; s. Abb.) oder es wird eine eigenständige Institution zur Projektleitung mit Führungskräften aller Konsorten gebildet.

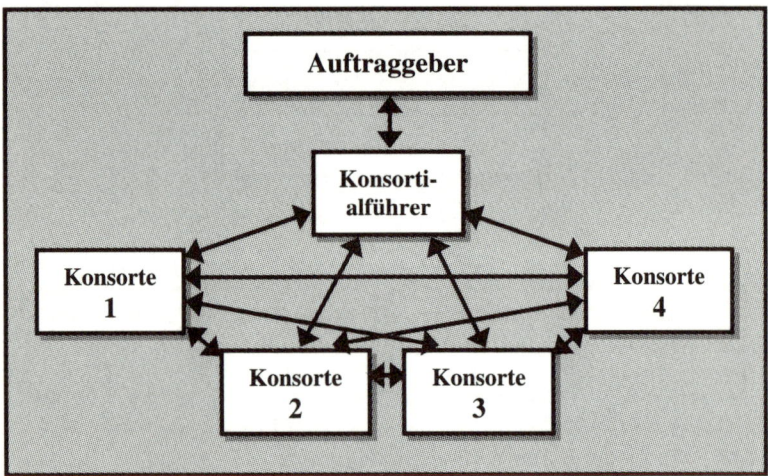

Abb. 35: Konsortialorganisation

---

[1] Das Konsortium hat die Rechtsform einer Arbeitsgemeinschaft, kurz ArGe, wobei jeder lt. BGB gesamtschuldnerisch haftet. Die ArGe ist eine Sonderform der Gesellschaft bürgerlichen Rechts (GdbR).

Kritik: Die Bildung eines Konsortiums lohnt nur bei längerfristigen oder kapitalintensiven Vorhaben. Typische Beispiele sind: Versicherungskonsortien (zur Versicherung von Großereignissen, z.b. einer WM), Baukonsortien (z.b. Autobahn- oder Staudammbau) sowie Bankenkonsortien; eine Unterform der letztgenannten sind Emissionskonsortien, z.b. für den Börsengang einer Aktiengesellschaft.

Welche Außenstrukturierung kommt für Sie in Frage? Die Vergabe von (Teil-)Projekten wird meist in Form einer Einzelauftrags-, gelegentlich auch als Generalunternehmerorganisation erfolgen (siehe o.a. Beispiele).

3.6 Ablauforganisation in Projekten

Das wird Sie freuen: Dieses Kapitel ist äußerst kurz. Warum? Nun, stellen wir uns zuerst die Frage, was (Projekt-)Ablauforganisation eigentlich will...

Ablauforganisation ist die Regelung von Aktivitäten, Arbeitsabfolgen, Prozessen usw. Diese müssen geplant und festgelegt werden. Ziel der Ablauforganisation ist es, die einzelnen Arbeiten zeitlich und sachlogisch so zu koordinieren, daß der Projektverlauf störungsfrei erfolgen kann. Dazu gehört die Einteilung in aufeinanderfolgende *Phasen* (das kennen Sie schon), die Bestimmung, mit welchen *Methoden* gearbeitet wird (darüber haben Sie ebenfalls schon etwas gelesen), wie *kommuniziert* wird, welche Berichte wann und in welcher Form fällig sind usw.

Soweit Sie darüber noch nichts gelesen haben, erfahren Sie darüber mehr in den einzelnen Aspekten der Projektplanung. Und damit haben Sie die Antwort auf obige Frage: Wir schließen dieses Kapitel jetzt ab und beantworten alle relevanten ablauforganisatorischen Fragen nachher im Zusammenhang.

Alles klar? Zeit, mal wieder das Buch aus der Hand zu legen? Dann wünschen wir viel Vergnügen!

4   Projektplanung

4.1   Was ist und was will Projektplanung?

Planung ist *die gedankliche Vorwegnahme zukünftigen Handelns* und impliziert immer ein systematisches Vorgehen in mehreren, logisch aufeinander aufbauenden Schritten.[1]
Projekte müssen sorgfältig geplant werden, um trotz der Vielzahl einfließender Faktoren zum gewünschten Projekterfolg zu gelangen. Projektplanung legt daher fest, wie die Projektabwicklung erfolgen soll.

Bevor die Projektplanung startet, muß das Zielkonzept[2] vorliegen und der Projektauftrag erteilt sein. Obwohl bereits in der Vorprojektphase[3] sowie in der Problemanalyse[4] erste Planungsansätze entworfen wurden, können Sie die detaillierte Projektplanung erst in Angriff nehmen, nachdem in der 2. Phase (der Konzeptphase) ein Grobkonzept entwickelt wurde.[5] Nachdem in der nächsten Phase das Feinkonzept vorliegt, wird das entworfene Planungskonzept weiter verfeinert.[6]
Die nachfolgenden Ausführungen betreffen somit vor allem diese beiden Phasen der Projektabwicklung. Nun wissen Sie ja bereits, daß jede Phase ein eigenständiger Problemlösungszyklus für sich ist, so daß auch aus dieser Mikrosicht Projektplanung stattfindet.[7]

Um es in kurzen Worten zusammenfassen: Projektplanung findet immer dort statt, wo die nachfolgend durchzuführenden Aktivitäten ermittelt und die Vorgehensweisen festgelegt werden. Dazu gehört die Aufteilung in Teilprojekte bzw. Aufgaben, die Terminierung der Projektphasen und Einzelaktivitäten, die Zuordnung der Personen und Sachmittel sowie die Planung der Kosten.

---

[1] Vgl. Kap. D 2.1
[2] Vgl. Kap. D 1.2.4
[3] Vgl. Kap. D 1.2.7
[4] Vgl. S. 68 f.
[5] Vgl. S. 69 f.
[6] Vgl. S. 70 f.
[7] Vgl. S. 76, Checkliste 2, Punkt 6: Durchführungsplanung.

Die Projektplanung betrifft einerseits den **Projektplan** für das gesamte Projekt, andererseits die einzelnen **Phasenpläne**. Letztere sind besser überschaubar und haben einen kürzeren Zeithorizont. Wie jede Planung sollte auch die Projektplanung *flexibel* gestaltet sein – nichts ist schlimmer als ein Festhalten an starren Plänen, die sich während der Bearbeitung als überholt erweisen! Dazu wird mit dem Projektplan auch ein Phasenplan für Phase 1 entwickelt, nach deren erfolgreichem Abschluß dann der Projektplan für die restliche Projektdauer überprüft und ggf. überarbeitet wird, dann der Phasenplan für die 2. Phase entworfen usw. Dazu eine Grafik...

F *Zwischenfrage: Vorher hieß es, daß am Ende einer Phase der PL entscheiden kann, daß z.B. zu Beginn dieser Phase zurückgesprungen wird, wenn die durch Meilensteine definierten Ergebnisse nicht befriedigend sind. Dann lag das doch vielleicht auch an der Planung, oder?*

A Sie haben recht. In diesem Fall einer Rückkoppelung[1] müssen Projekt- und Phasenplan revidiert werden.

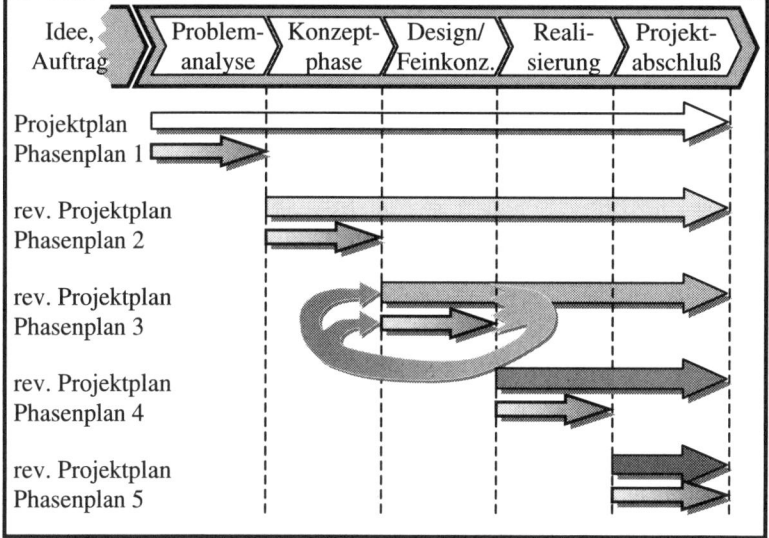

Abb. 36: Zweistufige Projektplanung

---

[1] Als Beispiel: der hell umrandete Pfeil in der Grafik. Vgl. auch S. 73.

Ein solch systematisches Vorgehen soll Bedingungen vermeiden, die als Qualitätsmängel, Terminverzögerungen, Kostenüberschreitungen, mangelhafte Ressourcennutzung und unkontrollierte Hektik bei der Abwicklung den Projekterfolg in Frage stellen.

Umgekehrt ermöglicht eine realistische Projektplanung: [27]

* höhere Erfolgswahrscheinlichkeit der Zielerreichung
* Verminderung des Projektrisikos
* Ermittlung der kritischen Arbeitspakete/Teilprojekte im Projekt
* zielgerichteten Einsatz aller Human- und Sachressourcen des Projekts
* rechtzeitige Beschaffung notwendiger Ressourcen
* reibungslose Koordination aller am Projekt Beteiligten
* sichere Aussagen zum Projektablauf
* laufende Standortbestimmung des Projektes
* effiziente Steuerung des Projektes
* nur explizite und meßbare Planungsdaten (im Zusammenhang mit definierten Zielen) ermöglichen ein begleitendes Projektcontrolling[1] und das Ergreifen von begründeten Maßnahmen im Abweichungsfall

Projektplanung zeigt somit den Weg zum (Projekt-)Ziel. Da zu Beginn noch keine Aussagen über Einzelheiten getroffen werden können, wird mit einer Grobplanung begonnen und diese mit zunehmendem Projektfortschritt verfeinert. Damit ist die Projektplanung ein dynamischer Prozeß, dessen Ergebnisse ständig überprüft, aktualisiert und immer mehr präzisiert werden.

4.2   Planungsarten der Projektplanung

Sie wissen nun um die Bedeutung von Projektplan und Phasenplänen. Wie aber werden diese erstellt? Dies geschieht als systematisches Vorgehen, in dem in einzelnen Schritten aufeinander aufbauend **Teilpläne** erstellt werden. Dieses Vorgehen als Übersicht:

---

[1] Kurzformel: Controlling = Planung + Kontrolle.

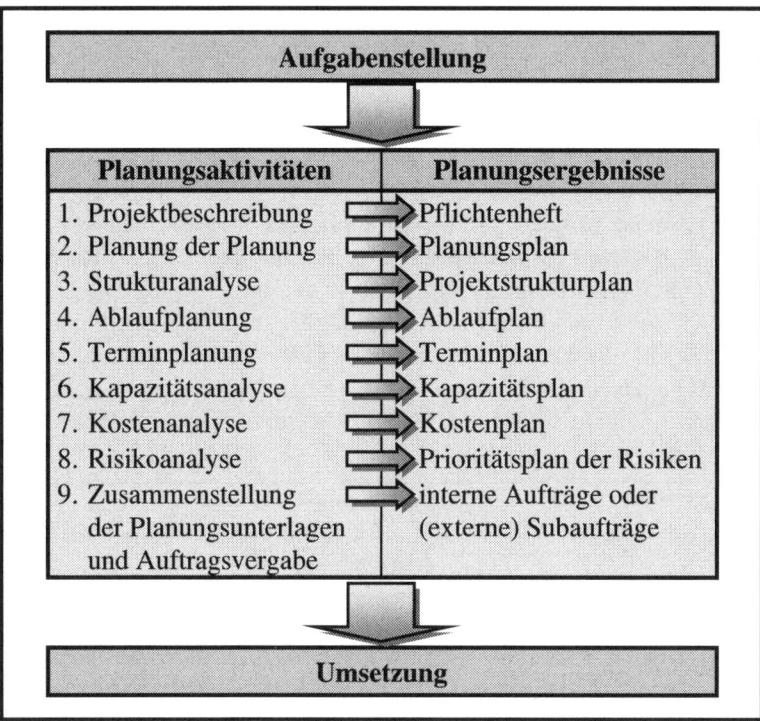

Tab. 10: Inhalte der Projektplanung[1]

Anmerkungen:

1. Gerade bei Dienstleistungsprojekten wird ein solch minutiöses Vorgehen in der Praxis nicht immer zu finden sein, speziell bei kleineren Projekten. Auch hier gilt: Sie entscheiden letztlich von Projekt zu Projekt, wie sorgfältig die Planung erfolgen muß.

2. Die Risikoanalyse ist keine einmalige Angelegenheit, sondern wird für jeden zu ergreifenden Schritt, der mit einem größeren Maß an Unsicherheit behaftet ist, angewandt.

Die Teilpläne der Punkte 3-8 kennen Sie noch nicht; wir präsentieren sie Ihnen ab der nächsten Seite...

---

[1] Grafik nach [47]; [39]

4.2.1 Strukturplanung

Damit ein Projekt planvoll, systematisch und unter koordinierter Beteiligung Vieler abgewickelt werden kann, muß es gut strukturiert sein. Basis einer Strukturplanung ist die in der Vorprojektphase erstellte grobe *Aufgabenformulierung* bzw. ein *Pflichtenheft*.

Die gesamte Aufgabe wird dazu analysiert, in **Teilaufgaben** zerlegt[1] und daraus **Arbeitspakete** abgeleitet – damit kann sich eine ganze Aufgabenhierarchie ergeben.

Das Gesamtprojekt wird also in logische, in sich abgeschlossene Teilprojekte aufgebrochen, diese bei Bedarf weiter aufgegliedert usw. Die jeweils letzte und kleinste Einheit bilden die o.a. Arbeitspakete, die nicht weiter aufgegliedert werden. Dieser Prozeß sieht allgemein so aus:

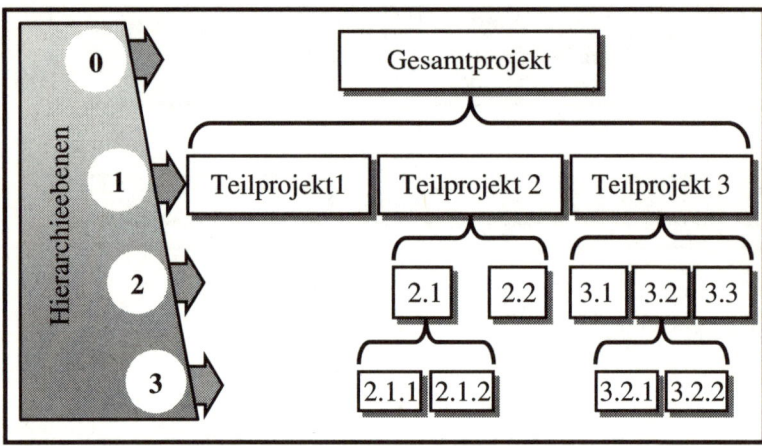

Abb. 37: Prinzip der Aufgliederung von Projekten[2]

Zusammengesetzt müssen die Teilaufgaben den Projektauftrag erfüllen. Wie tief Sie auch immer die Aufgaben aufsplitten: jeder Teilauftrag und jedes Arbeitspaket muß eindeutig definierte Er-

---

[1] Sofern das Projekt zu klein ist, um es in Teilprojekte aufzugliedern, können Sie direkt klären, wie das Projekt bearbeitet werden soll und definieren dazu die einzelnen Projektphasen. [52]

[2] Die geschweiften Klammern sind zu lesen als: „wird aufgegliedert in".

gebnisse als Ziele vorweisen sowie eindeutig den bearbeitenden Personen, Stellen oder externen Auftragnehmern zuordenbar sein – beides wichtig für die spätere Überwachung. Deshalb werden Arbeitspakete schriftlich festgehalten, bspw. so:

Arbeitspaketbeschreibung		
Projekt-Nr.:	Projektbezeichnung:	Projektleiter:
AP-Nr.:	AP-Bezeichnung:	AP- Verantwortlicher:
Ziele/Ergebnisse:		
Voraussetzungen für den Start des AP:		

Bearbeiter	Manntage	Pers.Einsatz in %	Bearbeit.dauer
_____	_____	_____	_____
_____	_____	_____	_____
Gesamtaufwand: ══════		ges. AP-Dauer: ══════	

....	....
Projektleiter	AP-Verantwortlicher

Formular 4: Arbeitspaketbeschreibung [46]

Sie sehen, zu jedem Arbeitspaket sind klare Ergebnis-, Zeit- und Kostenvorgaben definiert, so daß auch auf Basis der Teilprojekte bzw. Arbeitspakete eine Überwachung stattfinden kann.

Nachdem Sie nun die grundsätzliche Vorgehensweise zur Bildung von **Projektstrukturplänen** kennen, schauen wir uns kurz deren Varianten an: Diese werden i.d.R. nach Aktivitäten (Funktionen) oder nach Gegenständen (Objekten) aufgebaut, oft auch in einer Mischform aus beiden Merkmalen:[1]

---

[1] Der 1. Entwurf dazu kann mittels Mind Mapping erfolgen; vgl. S. 188 f.

Diese drei Versionen eines Projektstrukturplanes zeigen wir Ihnen nun grafisch anhand des Beispielprojekts „Wochenendseminar":

■ Objektorientierter Projektstrukturplan:

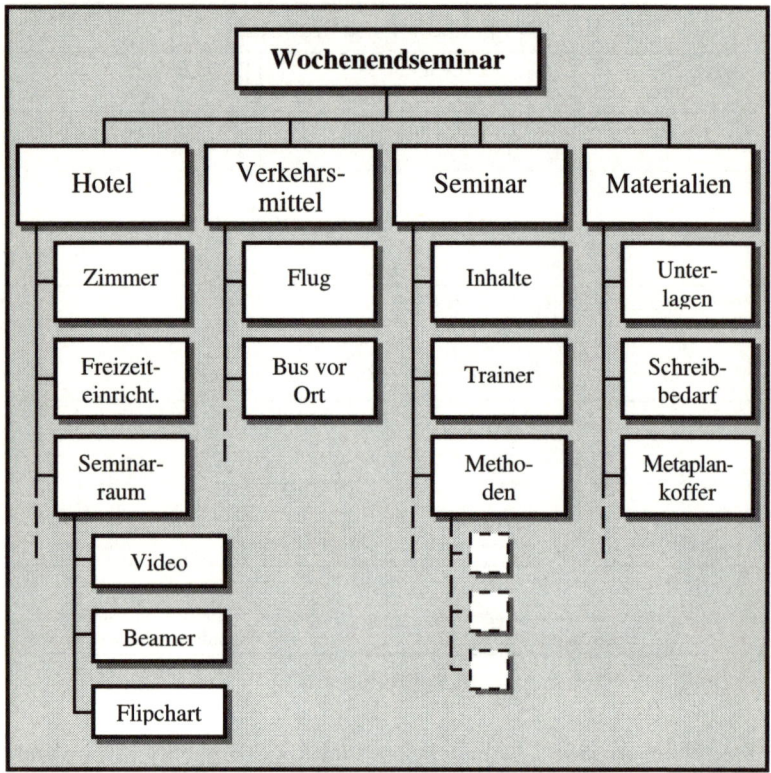

Abb. 38: Objektorientierter Projektstrukturplan[1]

Diese Variante wird (nicht nur) bei technischen Projekten gewählt, da sie einen deutlichen Überblick über die zu berücksichtigenden *Objekte* gibt.[2] Sie vernachlässigt allerdings die *Aktivitäten*, die Grundlage zur Bildung von Arbeitspaketen sind. [3]

---

[1] Dies ist (wie bei den folgenden Beispielen) nur ein Ausschnitt.

[2] Bei Produkten angewendet ergibt sich so letztlich eine Stückliste, eine Übersicht über die einzelnen Bau- und Bestandteile.

■ Funktionsorientierter Projektstrukturplan:

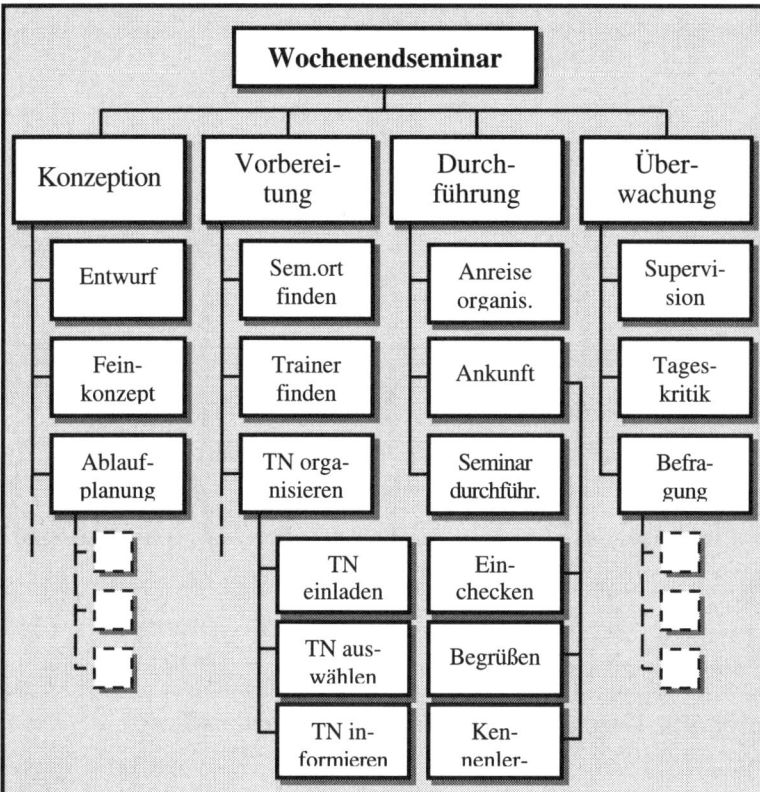

Abb. 39: Funktionsorientierter Projektstrukturplan

Sie sehen den Unterschied: hier ist die Projektstruktur nach *Tätig-keiten* aufgesplittet. Gerade für Dienstleistungsprojekte können so leicht Arbeitspakete entwickelt werden. Außerdem läßt sich damit gut erkennen, welche Funktionsbereiche mit einzelnen Aufgaben zu betrauen sind.

I.d.R. sind beide Versionen nicht konsequent durchführbar, weshalb die Praxis meist eine *Mischung* von beiden bevorzugt. Auf der 1. Ebene können Sie nach Objekten (wie im Beispiel) *oder* nach Funktionen gliedern – das hängt davon ab, wie Sie die Kosten zuordnen wollen.

■ Gemischtorientierter Projektstrukturplan:

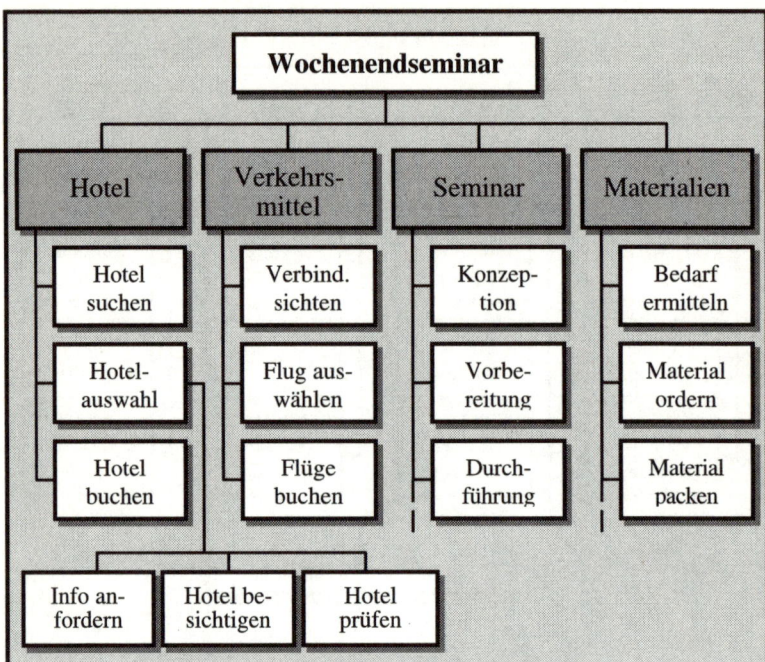

Abb. 40: Gemischtorientierter Projektstrukturplan[1]

Wenn Sie z.B. gerade die unteren 3 Aktivitäten nehmen, so merken Sie, daß diese noch weiter aufzugliedern sind.[2]

Jedenfalls, wenn Sie in dieser Weise vorgehen, haben Sie eine übersichtliche Struktur Ihres Projektes geschaffen, aus dem sich die Detailaufgaben gut erkennen lassen. Darauf baut die weitere Planung auf.

Haben Sie sich für eine Struktur entschieden, erfolgt eine systematische **Numerierung** der einzelnen Kästchen im Strukturplan; so

---

[1] Die dunkelgrauen Felder der 1. Ebene sind nach Objekten gegliedert, die weißen ab der 2. Ebene nach Funktionen.

[2] Überlegen Sie sich mal eben, was „Info anfordern", „Hotel besichtigen" bzw. „Hotel prüfen" alles beinhalten kann...

kann jedes Arbeitspaket eindeutig zugewiesen und seine Stellung innerhalb des Gesamtpakets identifiziert werden.

Vorteile einer derartigen stufenweisen Zerlegung eines Projektes sind: [17]

- bessere Übersicht über die auszuführenden Aufgaben
- Transparenz hinsichtlich Kapazitäten und Kosten
- Zuordnung der Kosten auf die einzelnen Kostenstellen
- mehr Systematik in der Projektplanung
- Hilfe bei der Projektabwicklung und Steuerung
- kann zur Ableitung von Meilensteinen herangezogen werden, die eine grobe Vorgabe für die Terminplanung bilden
- Entscheidungsgrundlage für Projektentscheider
- mehr Transparenz/Klarheit für alle Projektbeteiligten hinsichtlich Leistung und Verantwortung
- gemeinsamer und gleicher Informationsstand aller Beteiligten über die Projektaufgaben
- einfachere Projektdokumentation

Nachdem jetzt die Projektstruktur und die einzelnen Arbeitspakete definiert sind, folgt als nächster Schritt die Ablaufplanung.

4.2.2 Ablaufplanung

Wozu Ablaufplanung? Es geht darum, daß zwischen den einzelnen Arbeitspaketen *Abhängigkeiten* bestehen: Manche der Aktivitäten können parallel erfolgen, andere erst, wenn bestimmte Arbeiten abgeschlossen wurden. Dies überprüfen Sie (als Vorstufe zur folgenden Terminplanung) anhand eines Ablaufplans.

Vielleicht stellen Sie dabei fest, daß für den Start einer bestimmten Tätigkeit gewisse Vorarbeiten erledigt sein müssen, die Sie bislang noch nicht berücksichtigt haben: dann müssen Sie den Ablaufplan ergänzen.

Damit erfolgt mit dem Erstellen des *Ablaufplans* gleichzeitig eine Überprüfung auf Vollständigkeit und Schlüssigkeit.

Vorgehen: Die Arbeitspakete werden weiter untergliedert und nunmehr als Vorgänge und Ereignisse bezeichnet; sie sind die Grundelemente eines Projektablaufs. Als Ergebnis erhalten Sie so eine **Vorgangsliste** – eine tabellarische Auflistung aller Vorgänge. Die Vorgänge müssen in einer logischen Reihenfolge angeordnet (und später abgearbeitet) werden, so daß ein Vorgang *Vorgänger* des folgenden und *Nachfolger* des vorhergehenden ist. [28]

Eine Vorgangsliste enthält für jeden Vorgang: [13]
- Vorgangsnummer
- Vorgangsbezeichnung
- Vorgangsdauer
- die jeweiligen Vorgänger (also Vorgänge, die bis zum Beginn des betrachteten Vorgangs abgeschlossen sein müssen)
- die Nachfolger (= Vorgänge, die danach starten)

Beispiel: Zu einem Sektempfang sollen Canapés gereicht werden. Es werden 50 Personen erwartet. Beginn ist 19.30 Uhr: [47]

Vorgangsliste: Sektempfang				
Vor-gangsnr.	Vorgangsbez.	Vorgänger	Nachfolger	Vorgangs-dauer
A	Sekt und Canapé-bedarf einkaufen	–	B, C	40 Min.
B	Sekt kühlen	A	E	50 Min.
C	Canapés vorbe-reiten	A	D	30 Min.
D	Sektbar aufbauen	C	E	30 Min.
E	Sekt einschenken	B, D	F	20 Min.
F	Gäste bedienen	E	–	

Abb. 41: Vorgangsliste „Sektempfang"

Die Vorgangsliste als *Instrument der Ablaufplanung* zeigt die Anordnungsbeziehungen von Aktivitäten. Damit stellen Sie die personellen, fachlichen und terminlichen Abhängigkeiten zwischen den Vorgängen dar. Außerdem liegt Ihnen so die Grundlage für die nun folgende *Terminplanung* vor.

4.2.3 Terminplanung

In diesem Schritt soll der Projektablauf terminiert werden; dazu
muß für jeden Vorgang eine *Zeitdauer* (in Arbeitsstunden, Manntagen, Mannmonaten usw.) geschätzt werden, womit Anfang und
Ende der Aktivität feststehen.[1]
Anschließend wird überlegt, wie viele *Personen* an jedem Arbeitspaket mitarbeiten, ob dies parallel erfolgt oder ob sie auf Zwischenergebnisse angewiesen sind. [20]
Schließlich müssen Sie die *Bedingungen* der Abwicklung bedenken: es können Wartezeiten entstehen, Verzögerungen (z.B. durch
Feiertage, Streiks usw.). Es gilt: Bleiben Sie bei den Terminierungen realistisch!

Wenn nun sämtliche Zeiten der Arbeitspakete feststehen, können
Sie daraus einen grafischen Terminplan erstellen. Dieser geht als
sog. **Vorwärtsrechnung** vom Projektbeginn aus und zeigt dann
die logisch und zeitlich folgenden Vorgänge. Somit ermitteln Sie
den *Projektendtermin*.
Umgekehrt geht die **Rückwärtsrechnung** vor: Sie geht vom vereinbarten oder gewünschten Endtermin aus und ermittelt rückwärts
den *Projektanfangstermin*. In beiden Fällen gilt: Wenn Sie die
Maximaltermine überschreiten, müssen Sie weitere Ressourcen
einsetzen und Ihren Plan überarbeiten.

Und wie sieht jetzt so ein grafischer Terminplan aus? Da gibt es
mehrere Möglichkeiten.[2] Wir beginnen mit der einfachsten, dem
sog. **Balkendiagramm** (auch Gantt-Diagramm genannt), das für
einfachere Projekte i.d.R. ausreicht.
Diese Technik zeigt über einer Zeitachse alle Vorgänge in Form
von (horizontalen) Balken. Wir zeigen Ihnen dies am Beispiel des
Sektempfangs: [47]

---

[1] Die Schätzung kann auf unterschiedliche Arten erfolgen. Sinnvoll ist,
daß die späteren Bearbeiter der Arbeitspakete daran beteiligt sind.

[2] Wieder einmal hängt die Wahl der Methode von Umfang und Komplexität des Projekts ab sowie von der Frage, ob Sie die Terminplanung manuell oder mit Hilfe von Software vornehmen.

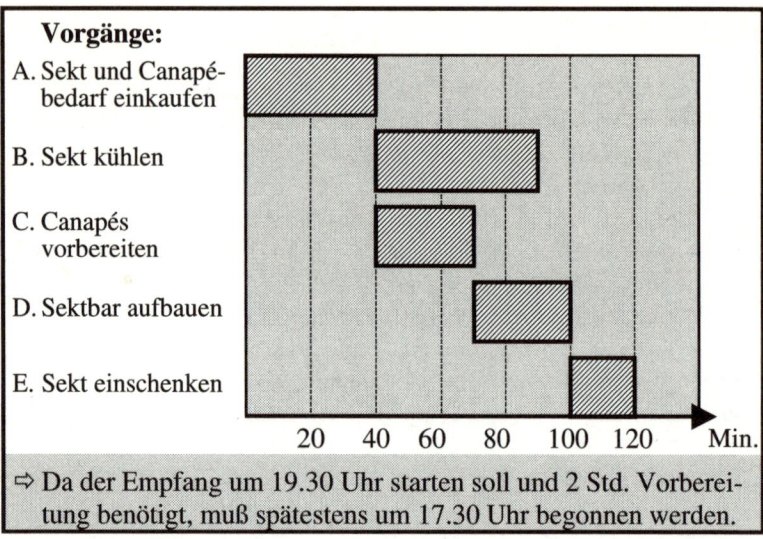

Vorgänge:

A. Sekt und Canapé-
   bedarf einkaufen

B. Sekt kühlen

C. Canapés
   vorbereiten

D. Sektbar aufbauen

E. Sekt einschenken

20   40   60   80   100 120   Min.

⇨ Da der Empfang um 19.30 Uhr starten soll und 2 Std. Vorbereitung benötigt, muß spätestens um 17.30 Uhr begonnen werden.

Abb. 42: Balkendiagramm „Sektempfang"[1]

Na, sieht übersichtlich aus und ist ganz einfach zu erstellen. Allerdings sollten die Vorgänge wenige Abhängigkeiten haben. Balkendiagramme existieren in unterschiedlichsten Versionen,[2] u.a. können Sie damit die Ergebnisse der (später beschriebenen) Netzplantechnik gut visualisieren.

Durch Einfügen von Meilensteinen in das Balkendiagramm erhalten Sie einen sog. **Meilensteinplan.** Darin werden die einzelnen
Arbeitspakete Projektphasen zugeordnet und ihre Dauer angezeigt
(wobei übrigens nicht jedes Arbeitspaket mit einem Meilenstein
enden muß). Sie als Projektleiter, Ihre Mitarbeiter, Ihr Auftraggeber haben damit eine gute Übersicht über die terminliche Abfolge
der Arbeitspakete sowie über die Meilensteine als Eckpunkte der
Projektphasen – so weiß jeder sofort, zu welchem Meilenstein sein
Arbeitspaket beiträgt. Beispiel gefällig? Hier kommt es...

---

[1] Zur Kontrolle könnten Sie die Soll-Balken im Laufe des Projektablaufs durch darunterliegende Ist-Balken ergänzen.

[2] Fühlen Sie sich frei! Fügen Sie wichtige Termine, Entscheidungssi-
tuationen als Punkte o.ä. in Ihre Grafik ein.

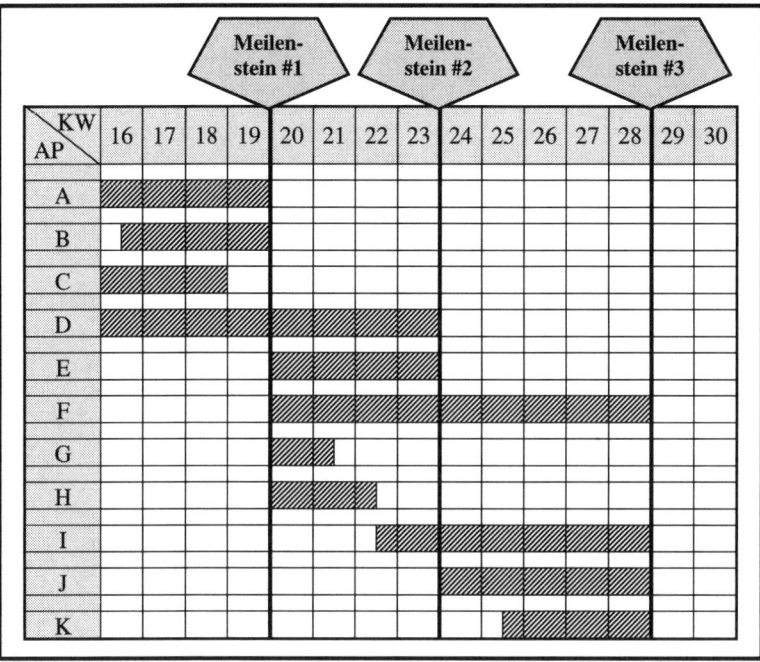

Abb. 43: Meilensteinplan [17]

Falls Ihr Projekt sehr umfangreich und komplex ist, sollten Sie zur Erstellung der Terminplanung besser die **Netzplantechnik** verwenden.[1] Genauer gesagt: es gibt nicht *die* Netzplantechnik, sondern mehrere Varianten. Bevor wir Ihnen die wichtigsten vorstellen, seien ein paar Grundlagen gegeben:

Basis dieser Methoden ist eine Darstellung von Vorgängen und/oder Ereignissen; letztere sind Zustände, Resultate o.ä. Zwischen beiden besteht die folgende Beziehung: Jeder Vorgang ist eingebettet zwischen 2 Ereignisse (Input und Output), umgekehrt haben Ereignisse einen Vorgang vor und einen nach dem Ereignis (außer am Anfang und am Ende). Daraus ließe sich eine solche Kette bilden (Ausschnitt aus dem Beispiel Sektempfang):

---

[1] Um deren Ergebnisse dann später optisch darzustellen, können Sie durchaus Balkendiagramme oder Meilensteinpläne verwenden.

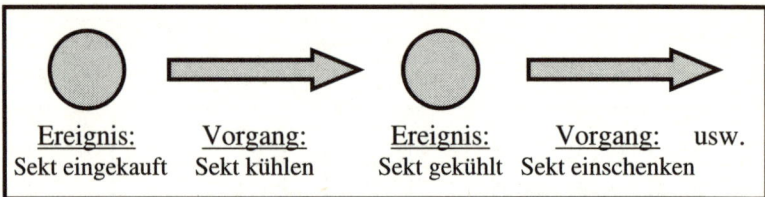

Ereignis: Vorgang: Ereignis: Vorgang: usw.
Sekt eingekauft Sekt kühlen   Sekt gekühlt Sekt einschenken

Abb. 44: Vorgänge und Ereignisse

Nun kann man aus zweierlei Blickwinkel solche Ketten schauen:
① betrachtet die Vorgänge (mit je 1 Ereignis davor und danach),
② die Ereignisse (mit vorausgehendem + nachfolgendem Ereignis):

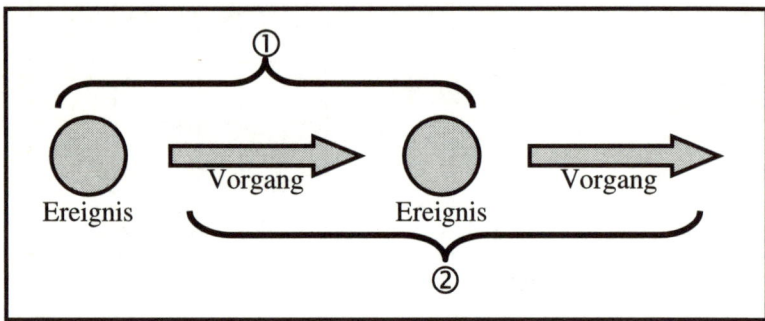

Abb. 45: Blickwinkel auf Vorgangs-Ereignis-Ketten

Einmal stehen also die *Aktivitäten* im Vordergrund, ein andermal
die *Resultate* bzw. *Zwischenziele*. Beide Varianten werden in den
Methoden der Netzplantechnik aufgegriffen:

■ **Vorgangspfeiltechnik**[1]
Sie ist die älteste Version[2] und basiert auf obiger Darstellung ①:
Vorgänge werden als *Pfeile*, Ereignisse als *Knoten* abgebildet.
Jeder Vorgang enthält seine Bezeichnung und Dauer, jeder Knoten
wird numeriert und gibt Zeitpunkte an. Es gelten folgende Regeln:

---

[1] Und nachfolgend vgl. [43]
[2] Bereits 1957 entwickelt; auch bekannt als „Kritische Pfad-Methode"
bzw. „Critical Path Method" (CPM).

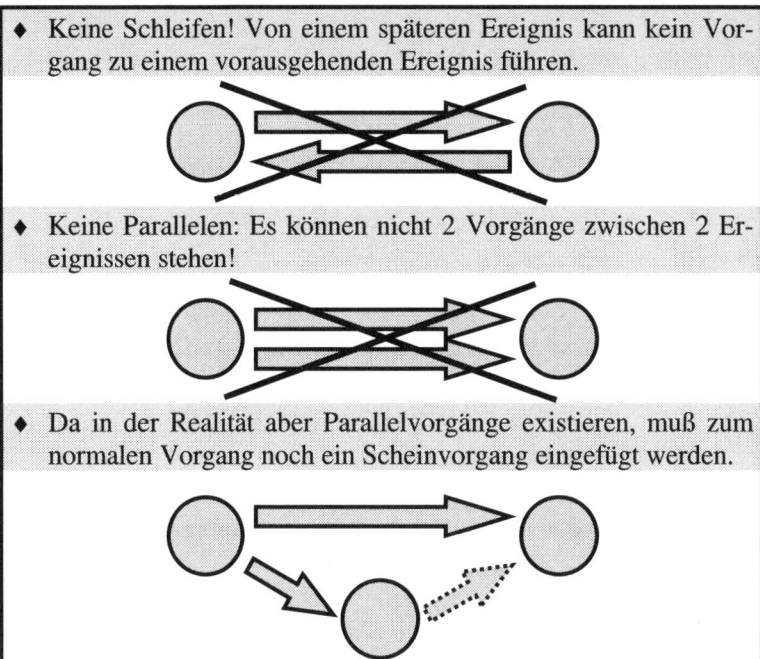

◆ Keine Schleifen! Von einem späteren Ereignis kann kein Vorgang zu einem vorausgehenden Ereignis führen.

◆ Keine Parallelen: Es können nicht 2 Vorgänge zwischen 2 Ereignissen stehen!

◆ Da in der Realität aber Parallelvorgänge existieren, muß zum normalen Vorgang noch ein Scheinvorgang eingefügt werden.

Abb. 46: Regeln zur Erstellung von Vorgangspfeilnetzplänen

Ein **Vorgangspfeilnetzplan** (VPN) sähe für unser Projektbeispiel „Sektempfang" so aus:

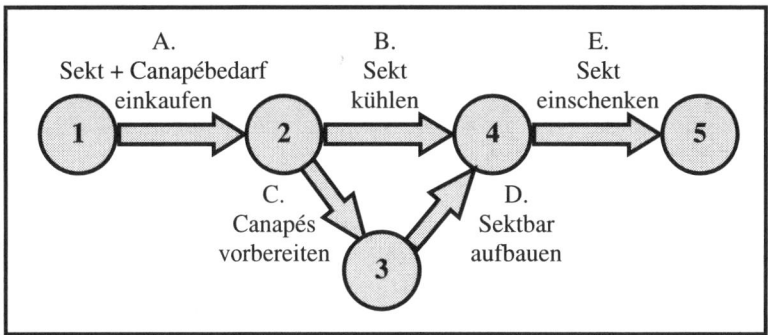

Abb. 47: Vorgangspfeilnetzplan „Sektempfang"

Ereignis 3 wäre hier „Canapés fertig", so daß Vorgang D („Bar aufbauen") starten kann. Ereignis 4 wäre „Sekt ist gekühlt" und „Sektbar ist aufgebaut" usw.

F *O.k., ich kann mir vorstellen, wenn da noch mehr Vorgänge eingezeichnet sind, daß der Begriff „Netzplan" berechtigt ist. Aber eine Terminierung ist daraus noch nicht ersichtlich...?*

A Stimmt, das war nur ein Grundmodell. Im nächsten Schritt kommen die zeitlichen Aspekte ins Spiel:

Dazu werden den Ereignisknoten Zeitpunkte zugeordnet; das sehen Sie erst einmal an unserem Beispiel, dann erklären wir die Details:

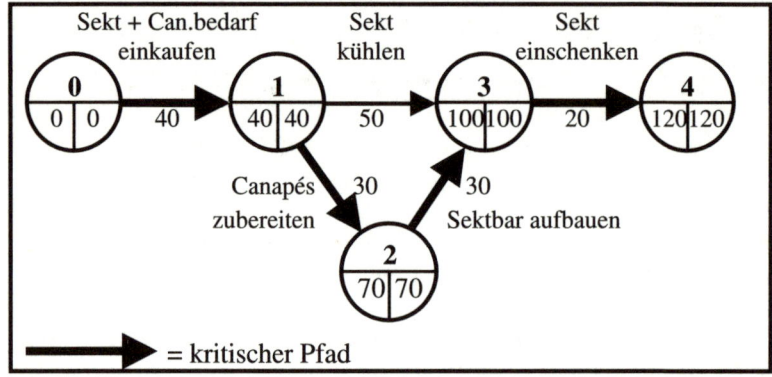

Abb. 48: Terminierung im VPN, Beispiel „Sektempfang"

Die Pfeile einer solchen Darstellung werden benannt und die Dauer der Vorgänge angegeben (z.B. „Sekt kühlen: 50 Min."). In den Ereignisknoten steht oben die Ereignisnummer, unten links steht der früheste Zeitpunkt, rechts unten der späteste.[1]

Vorwärtsterminierung: Die Zeitpunkte links unten (früheste Zeitpunkte = FZ) ergeben sich, indem Sie vom Start weg die Dauer der einzelnen Vorgänge addieren. Wenn dabei unterschiedliche Werte möglich sind, so wird der größere, also spätere Zeitpunkt

---

[1] Daß sich diese im Beispiel nicht unterscheiden, ist reiner Zufall; es liegt daran, daß der Plan nicht komplexer ist.

eingetragen: bspw. ergäbe sich nach dem Vorgang „Sekt kühlen" für das Ereignis 4 ein FZ von 90 Min.; allerdings dauern die Vorgänge „Canapés zubereiten" und Sektstand aufbauen" insgesamt 60 Min., so daß als FZ der höhere Wert von 100 Min. eingetragen wird. Warum? Weil Sie vorher nicht den folgenden Arbeitsschritt erledigen können.

Rückwärtsterminierung: Als nächstes rechnen Sie das Ganze noch einmal durch, diesmal aber vom Ende ausgehend! Ergeben sich durch Verzweigungen wiederum unterschiedliche Zeitpunkte, nehmen Sie den jeweils niedrigsten.[1] Die Ergebnisse – die spätesten Zeitpunkte (SZ) – tragen Sie in die rechten unteren Kreisviertel ein.

In beiden Fällen haben Sie einen sog. **Puffer**[2] von 10 Min. für die Sektkühlung, d.h., Sie könnten damit auch max. 10 Min. später beginnen und trotzdem die nachfolgenden Arbeiten rechtzeitig beginnen. Die Pfeilstrecken, die keine Puffer enthalten, bilden den sog. **kritischen Pfad**; hier führen Verzögerungen eines Vorgangs zwangsläufig zu Verzögerungen der nachfolgenden Vorgänge, was natürlich nicht erwünscht ist. Achten Sie deshalb besonders auf den kritischen Pfad!

■ Vorgangsknotentechnik

Die Vorgänge werden hier als rechteckige „Knoten" dargestellt, die Pfeile zeigen nur die Ablaufbeziehung auf. Ein Knoten enthält folgende Daten:

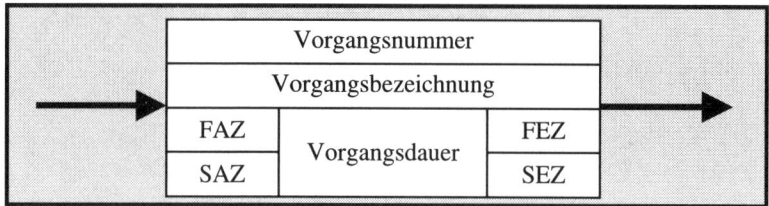

Abb. 49: Vorgangsknoten

---

[1] Für Ereignis 2 also nicht 50 Min. (was sich durch den Vorgang „Kühlung" ergäbe), sondern den niedrigeren Wert von 40 eintragen.

[2] Ein weitere Art Puffer ist immer dann gegeben, wenn sich für ein Ereignis FZ und SZ unterscheiden.

Auch hier findet eine *Vorwärtsterminierung* nach der Rechnung FEZ (e) = FAZ (e) + Dauer (e),[1] im Klartext also: frühester Endzeitpunkt eines Ereignisses = dessen frühester Anfangszeitpunkt + die Ereignisdauer.

Bei der Rückwärtsterminierung wird analog vorgegangen, also: SEZ (e) – Dauer (e) = SAZ (e). Für unser Beispiel sieht das so aus:

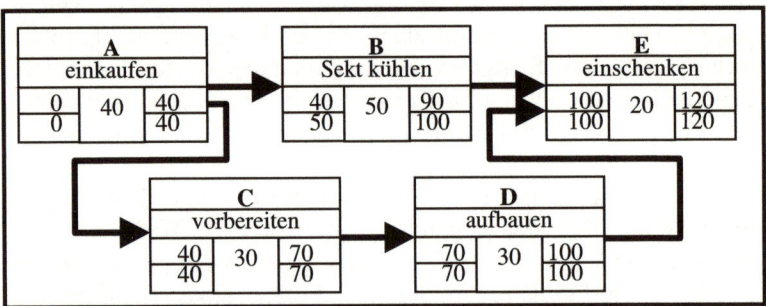

Abb. 50: Vorgangsknotennetzplan „Sektempfang"

Der Puffer ergibt sich bei dieser in der Praxis häufig anzutreffenden Variante als Differenz im Vorgangsknoten B: Zwischen FAZ und SAZ bzw. FEZ und SEZ sind jeweils 10 Min. Pufferzeit.

■ **Ereignisknotentechnik**
Diese sei nur kurz grafisch anhand desselben Beispiels dargestellt:

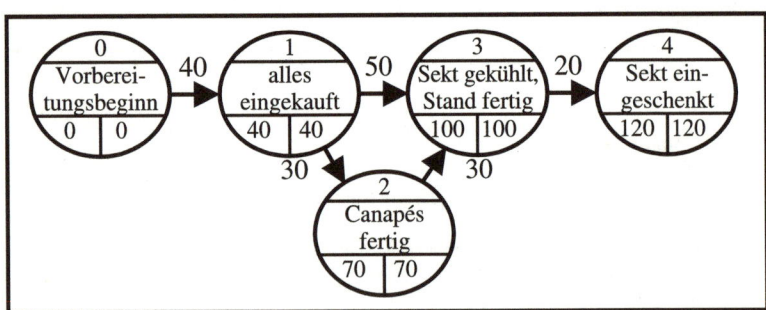

Abb. 51: Ereignisknotennetzplan „Sektempfang"

---

[1] (e) = ein bestimmtes Ereignis; mathematisch korrekt wäre eine Bezeichnung „i" für das 1., das 2., das 3. Ereignis usw.

Auch beim Vorgangsknotennetzplan wird die Dauer der Vorgänge (hier: über den Pfeilen) angegeben. Die Knoten zeigen die Ereignisse bzw. Resultate (z.b. „Sekt eingeschenkt, Empfang beginnt") mit Angabe des frühesten (links unten) und spätesten Zeitpunkts des Ereignisses (rechts unten). Die Terminrechnung erfolgt hier wie bei der Vorgangspfeiltechnik.[1]

Bleibt die Frage, welche Methode Sie nun wählen. Für kleinere, linear ablaufende Projekte reicht i.d.R. ein Balkendiagramm aus. Für komplexere Projekte sollten Sie eine der vorgestellten Netzplantechniken verwenden, ab ca. 20-25 Vorgängen dazu eine entsprechende Software einsetzen.[2] [43]

Vergleich von Netzplantechniken			
Kriterium	VPN	VKN	EKN
Entwurf	• schwierig	• einfach	• einfach
Änderungen	• schwierig	• einfach	• einfach
Lesbarkeit	• einfach	• einfach	• schwierig
Besonderheiten	• Schein-vorgänge	• keine	• Vorgänge fehlen
Einsatz	• häufig	• sehr häufig	• selten

Tab. 11: Vergleichende Übersicht über Netzplantechniken [43]

4.3.4 Aufwandsschätzung und Ressourcenplanung

Nachdem die Terminierungen vorliegen, müssen Sie nun die benötigten Ressourcen schätzen. Dazu gehören die verschiedensten *Sachmittel* (von geeigneten Räumlichkeiten, über div. Kommunikationsmittel bis hin zu Büromaschinen) sowie *Personen* als Humanressource. An den Mitarbeitern soll die Ressourcenschätzung verdeutlicht werden:

---

[1] Vgl. S. 130 ff.

[2] Es gibt am Markt eine Vielzahl von EDV-Programme zur Erstellung von Netzplänen, wie z.B. MS-Project.

Ausgehend vom Projektstrukturplan[1] wird der **Aufwand** für jedes Arbeitspaket einzeln geschätzt, bspw. in folgenden Schritten:

① Abschätzen der voraussichtlichen Arbeitsmenge, z.B. in Mannstunden, Manntagen, Mannmonaten[2] usw.

Achtung: Erfahrung wichtig! Beteiligen Sie die betroffenen Mitarbeiter an der Schätzung

② Abschätzen der maximalen Intensität, mit der ein Mitarbeiter am Projekt arbeiten kann. Die Angabe erfolgt in Prozent.

Restriktionen beachten! Bspw. können nicht 2 Personen am selben Werkstück, PC usw. arbeiten. Urlaube usw. bleiben vorerst außen vor.

③ Durch Division von ① : ② steht der tatsächliche Gesamtbedarf ③ in Zeiteinheiten fest (Ergebnis wird unten übersprungen).

Aufwandsschätzung beendet; es folgt die Ressourcenplanung

④ Der Gesamtbedarf wird nun durch ④ die gleichzeitig zur Verfügung stehenden Projektmitarbeiter dividiert und Sie erhalten ⑤ die Zeitdauer in Tagen, Wochen o.ä.

Beispiel: Sie veranschlagen die Arbeitsmenge auf 300 Mannstd.; die Intensität schätzen Sie auf 80%. Das ergibt einen Gesamtbedarf von 375 Mannstd. Da Sie für dieses Arbeitspaket 5 Mitarbeiter einsetzen können, ergibt dies eine Zeitdauer von 75 Std.; zusammengefaßt also:

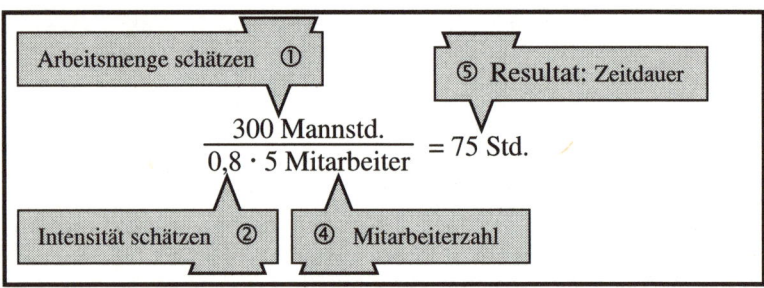

$$\frac{300 \text{ Mannstd.}}{0{,}8 \cdot 5 \text{ Mitarbeiter}} = 75 \text{ Std.}$$

---

[1] Die Schätzung kann auch *nach* der Terminierung erfolgen, falls die Zeitvorgaben determinierend sind. Bei Abweichungen muß der Netzplan dann überprüft und abgeändert werden.

[2] Natürlich soll die Formulierung nicht diskriminierend sein: geschlechterneutral sollte es Personenstd., -tage, -monate usw. heißen. Aber „Mann-" ist schlichtweg kürzer. Also verzeihen Sie bitte.

Mit diesen Zeitwerten können Sie die Netzplanterminierung überprüfen. Allerdings ist die reale Zeitdauer damit i.d.r. (außer bei sehr kurzen Arbeitspaketen wie beim Sektempfangsbeispiel) noch nicht bekannt – Sie müssen z.b. die Wochenarbeitszeit, Wochenenden, Feiertage, Betriebsferien und dgl. einbeziehen.

Im Beispiel beträgt die tägliche Arbeitszeit (angenommen) 7,5 Std.; Bei 75 Std. müßte also 10 Tage am Projekt gearbeitet werden. Da aber noch arbeitsfreie Tage zu berücksichtigen sind, sieht der nächste Schritt bspw. so aus:

Projekt X – Abwicklungsmonat: Juni						
KW	Mo	Di	Mi	Do	Fr	Sa	So
22					1	2	3
23	4	5	6	7	8	9	10
24	11	12	13	14	15	16	17
25	18	19	20	21	22	23	24
26	25	26	27	28	29	30	

Abb. 52: Planung der Arbeitstage

Wenn Sie Ihr Projekt in der 23. Kalenderwoche (KW) starten, wird es erst mit dem 19. Juni abgeschlossen sein, da Pfingstmontag (4.) und Fronleichnam (14.) als arbeitsfreie Tage zu berücksichtigen sind. Soll das Projekt am 15. Juni beendet sein, müssen Sie entsprechend früher (am 31. Mai) beginnen.

Sie sehen, auf die vorher beschriebenen Schritte ①–④ der Ressourcenermittlung folgen – wie gezeigt – noch die Schritte...

⑤ Einrechnen der Tages-, Wochenarbeitszeit usw. sowie

⑥ Berücksichtigen von arbeitsfreien Tagen und ggf. anderer zeitlicher Faktoren

Das bisherige Vorgehen bestand aus 2 Hauptschritten: zunächst die Ermittlung des Arbeitsaufwands (bis Schritt ③) und dann die

Zuordnung von genügend Ressourcen (Schritt ④; im Beispiel Personal). Sie haben damit die Kapazität der benötigten oder zur Verfügung stehenden Ressourcen festgelegt. Dazu wieder das Beispiel Sektempfang:
Bei 50 erwarteten Gästen, 3 veranschlagten Canapés pro Person und einer geschätzten Herstellungsdauer von 36 Sek.. pro Canapé benötigt die Zubereitung insgesamt 90 Min. Ihnen stehen 3 Mitarbeiter in der Küche zur Verfügung, die mit einer Intensität von 75% arbeiten; Ergebnis: 30 Min.

F Alles klar, aber da ich doch jetzt erst die Ressourcen kenne, kann das Balkendiagramm oder der Netzplan doch auch erst jetzt erstellt werden – wieso kam dann das Kapitel über die Terminierung zuerst dran?
A Gut beobachtet. Die Visualisierung der Terminierung wollten wir Ihnen zuerst vorstellen. Solange Sie darin mit Manntagen o.ä. arbeiten, hat diese Reihenfolge auch ihre Ordnung. Wenn Sie aber am Ende ihrer Berechnung mit realen Arbeitstagen o.ä. rechnen, sollten sie jetzt Ihre Grafik entsprechend ergänzen bzw. abändern.[1]

Wenn Sie nun ihre benötigte Kapazitäten wissen, stellen Sie i.d.R. fest, daß Ihnen diese nicht in gewünschter Menge oder nicht die ganze Zeit zur Verfügung stehen. Dann sollten Sie: [39]

* unkritische Aktivitäten innerhalb der Zeitpuffer verschieben
* Personal innerhalb des Projekts oder (falls möglich) innerhalb der Unternehmung verschieben
* zusätzliche Ressourcen (Personal und Sachmittel) beschaffen
* ggf. Arbeitspakete als Subaufträge nach außen vergeben
* kritische Aktivitäten (falls möglich) vorziehen und nur im Notfall nach hinten verschieben – dann ändert sich allerdings Ihr Endtermin

---

[1] Insofern war die Grafik auf S. 128 etwas zu früh, da dort der Zeitbedarf bereits Kapazität und Intensität berücksichtigt. Außerdem veranschaulicht dies, daß Planung durchaus fortwährend angepaßt wird.

4.2.6 Kostenplanung

Aufbauend auf die bisherigen Planungsschritte (Struktur-, Termin- und Kapazitätsplanung) werden nun die Kosten geplant. [13] Kosten fallen in verschiedenen Stadien eines Projekts an: zu Beginn noch relativ niedrig, steigen sie mit zunehmendem Projektfortschritt (vor allem in der Realisierungsphase) an.[1] Kosten müssen frühzeitig geplant werden, da Planungsfehler oder -versäumnisse später umso höhere Kosten bewirken. [17]

Eine akkurate Kostenplanung bietet die Basis für...:

* Wirtschaftlichkeitsberechnung und -kontrolle,
* die Entscheidung, ob das Projekt durchgeführt werden soll,
* das Kostenbudget für die Projektsteuerung und
* das Wissen um den zeitlichen Anfall der Kosten im Projektverlauf; dazu müssen die Kosten allerdings in Bezug zur Terminplanung ermittelt werden.[2]

Welche Kosten fallen mit einem Projekt an? Allgemein sind das:

* Personalkosten
* Materialkosten (z.B. Büromaterial)
* Fremdleistungskosten für Berater, Subauftragnehmer usw.
* Kommunikationskosten
* Kapitalkosten (z.B. Abschreibungen, Zinsen, Miete)

Manche der genannten Kostenarten fallen unabhängig von der Inanspruchnahme für einen bestimmten Zeitraum an (z.B. Gehälter, Miete, Abschreibung) – sog. *fixe* Kosten –, andere fallen mit der Inanspruchnahme an – die *variablen* Kosten –, wie z.B. Büromaterial, Kopierkosten, Honorare. [14]
Letztere können Sie relativ leicht zuordnen, die fixen Kosten werden oft pauschal zugeschlagen oder (wie bei externen Projekten) vom Auftragnehmer auf Stunden-, Tagessätze usw. umgerechnet.

---

[1] Vgl. Abb. 4 auf S. 18

[2] Das wiederum ist eine wichtige Erkenntnis für die Finanzierung des Projekts: wann fallen Kosten in welcher Höhe an?

Es gibt unzählige Versionen der Kostenerfassung; stellvertretend sehen Sie hier eine Musterkalkulation einer 1 ½-tägigen Produktpräsentation für 200 Händler: Bei 850.000 € Gesamtkosten sind das 4.250 € je TN. Die direkt zurechenbaren TN-Kosten betrugen nur 635 €, der Differenzbetrag ergibt sich aus der Umlage.

Kostenplanung „Produktpräsentation"					
	€ je TN	T€ ges.		€ je TN	T€ ges.
Anreise + Hotel			ÜBERTRAG	635	380
• Anreise per ICE	150	30	Location		
• Hotel, 1 Üb.	200	40	• Hallenmiete		30
Zwischensumme	350	70	• Technik		75
Catering			• Security		12
• 2x Mittagessen	80	16	• Sanitätsdienst		3
• 1x Abendessen	55	12	*Zwischensumme*		120
• 1x Frühstück	15	4	Rahmenprogramm		
• Getränke, pausch.	70	14	• Live Acts		130
• Service		20	• Moderation		16
Zwischensumme	220	66	• Preise		54
Prod.präsentation			*Zwischensumme*		200
• Stände		110	Verwaltungskosten		
• Prod.kosten Film		90	• Organisation		58
• Gastreferent		18	• Einladungen		3
• Produktmappen	20	4	• Betreuung		50
• Mappenerstellung		8	• Hinweisschilder		6
• Händlerbefragung		5	• Buttons		3
• Giveaways	45	9	• Transporte		30
Zwischensumme	65	244	*Zwischensumme*		150
ZWISCHENSUMME	635	380	GESAMTKOSTEN	635	850

Tab. 12: Kostenplanung „Produktpräsentation"

Problem: Einerseits sollen die Kostenziele eingehalten werden, andererseits ist es aufgrund der Einmaligkeit des Projekts nicht leicht, die Kostenhöhe zu bestimmen. Sie sollten dazu auf jeden Fall mit der Abt. „internes Rechnungswesen" zusammenarbeiten.

Vorgehensweise: Die Kostenplanung ist – wieder einmal – ein schrittweiser Prozeß...

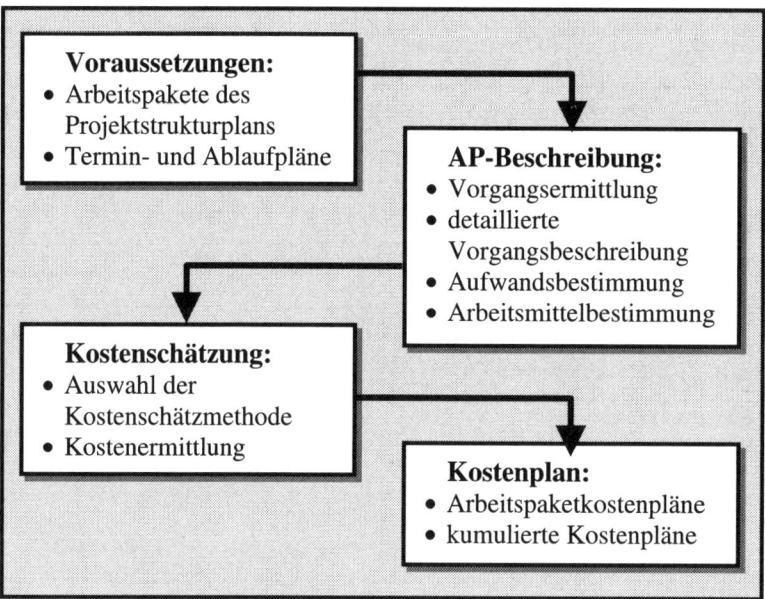

Voraussetzungen:
- Arbeitspakete des Projektstrukturplans
- Termin- und Ablaufpläne

AP-Beschreibung:
- Vorgangsermittlung
- detaillierte Vorgangsbeschreibung
- Aufwandsbestimmung
- Arbeitsmittelbestimmung

Kostenschätzung:
- Auswahl der Kostenschätzmethode
- Kostenermittlung

Kostenplan:
- Arbeitspaketkostenpläne
- kumulierte Kostenpläne

Abb. 53: Prozeß der Kostenplanung[1]

Letztlich werden so die Kosten für jedes Arbeitspaket einzeln ermittelt und anschließend als gesamte Projektkosten zusammengefaßt. Zu den Kosten jedes Arbeitspakets sollten Sie angeben: [30]

- die durchführende Kostenstelle
- die Kostenart
- Beginn und Ende der Zeit, in der die Kosten anfallen

Dazu dienen Formulare, wie umseitig abgebildet.

Denken Sie daran: Eine saubere (Kosten-)Planung zu Beginn kostet zwar etwas mehr, lohnt sich aber. Nur so können Sie das Projekt hinsichtlich der Erreichung der Kostenziele überprüfen.

---

[1] In Anlehnung an [13]

Ermittlung der Arbeitspaketkosten					
Projekt-Nr.:	Projektbezeichnung:		Projektleiter:		
AP-Nr.:	AP-Bezeichnung:		AP- Verantwortlicher:		
Kostenart	Ressource		Menge	EUR/Einht.	Σ EUR
Personal-kosten:					
Material-kosten:					
Fremd-leistungs-kosten					
Sonstige Kosten:					
.... Projektleiter		.... AP-Verantwortlicher			

Formular 5:   Ermittlung der Arbeitspaketkosten [46]

4.2.7 Risikoanalyse

Aufgrund von Einmaligkeit und (hoher) Komplexität sind Projekte besonders großen Risiken und Unsicherheiten unterworfen.[1] Die Aufgabe der Risikoanalyse ist es, diese Risiken aufzuzeigen und zu bewerten. Sie wird speziell in der Planungsphase, aber auch in nachfolgenden Phasen angewandt.

Zunächst ein Blick über mögliche **Projektrisiken**:

---

[1] Strenggenommen ist das ‚Risiko‘ die Gefahr einer Fehlentscheidung, die einen Schaden nach sich ziehen kann, während Unsicherheit bereits vor der Entscheidung die Möglichkeit gefährdender Entwicklungen meint [22]. Nachfolgend sei allgemein von ‚Risiko‘ gesprochen.

Kategorien	Beispiele
inhaltliches Risiko	• falsche Projektauswahl • nicht passend zur CI, zu den Strategien
Planungs- und Steuerungs- risiko	• ungeeignete Projektorganisation • unqualifizierte Projektleitung • gravierende Planungsmängel • Nichterkennen von Fehlentwicklungen des Projekts bzw. mangelnde Korrekturmaßnahmen
technisches Risiko	• fehlerhaftes Material • Projektziel wird vorher von anderer Unternehmung erreicht (z.B. F&E-Projekt)
wirtschaftliches Risiko	• Finanzierungsrisiko • Risiken aus der Zusammenarbeit mit Subauftragnehmern u.ä.
politisches Risiko	• Änderung von Gesetzen usw. • bei Auslandsprojekten zusätzlich: Importrestriktionen, Einflüsse ausländischer Interessensgruppen usw.
soziokulturelles Risiko	• Risiko, den Geschmack der Zielgruppe nicht zu treffen oder gar Entrüstung zu erzeugen[1] • bei Auslandsprojekten zusätzlich: Verstöße gegen Wertvorstellungen, Tradition usw.

Tab. 13: Risikokategorien[2]

Die 1. Gruppe ist auf der Metaebene anzusiedeln, die 2. betrifft die Gestaltung des Projektmanagement. Die übrigen Gruppen betreffen Risiken, die aus der Unternehmungsumwelt drohen.

Risikoanalyse will mögliche Projektrisiken erkennen, bewerten und auswerten. Dazu wird, basierend auf dem Erfahrungswissen geeigneter Experten schrittweise (mal wieder!) vorgegangen, und zwar werden zunächst die Projektrisiken in einem *Risikokatalog* erfaßt, bewertet und auf Auswirkungen untersucht:

---

[1] Beispiel: frühere Werbekampagnen von Benetton.
[2] In Anlehnung an [30]

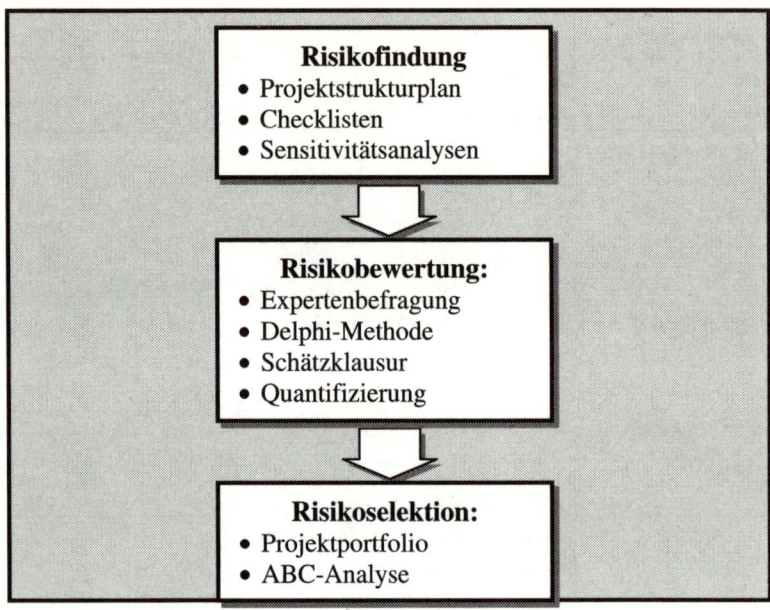

Abb. 54: Schritte und Methoden der Risikoanalyse [13]

Zur Durchführung der Risikoanalyse stehen mehrere Methoden zur Auswahl. Wir stellen exemplarisch die vom Projektstrukturplan ausgehende **Arbeitspaketanalyse** vor. Dabei sind folgende Detailschritte zu durchlaufen: [30]

- Ermittlung der risikoreichen Arbeitspakete
- Detailsicht: Ermittlung und Quantifizierung möglicher Risiken
- Auffindung möglicher Risikoursachen
- Folge: Vermeidung/Verminderung der größten Risiken

Im Detail sollten Sie alle risikoreichen Arbeitspakete auflisten und jeweils auf diese Fragestellungen hin untersuchen: [30]

- Können Probleme hinsichtlich der Sachaufgaben auftreten? ⇨ **sachliches Risiko**
- Sind Terminschwierigkeiten möglich? ⇨ **terminliches Risiko**
- Sind die finanziellen Mittel sehr knapp? ⇨ **finanzielles Risiko**

Außerdem muß überlegt werden, welche Auswirkungen die erkannten Risiken auf andere Arbeitspakete haben. Für alle risikoreichen Arbeitspakte werden dann die Risiken skizziert, die Wahrscheinlichkeit für den Risikoeintritt[1] angegeben und schließlich die voraussichtlichen Kosten für die Behebung bemessen. Diese Kosten pro Arbeitspaket quantifizieren das Realisierungsrisiko. Gleichzeitig sollten Sie die Ursachen der kostenverursachenden Probleme aufdecken und Abwehrmaßnahmen einleiten.

Auswirkungen und Ursachen von Risiken können Sie anhand einer solchen **Ursachen-Folge-Kette** darstellen:[2]

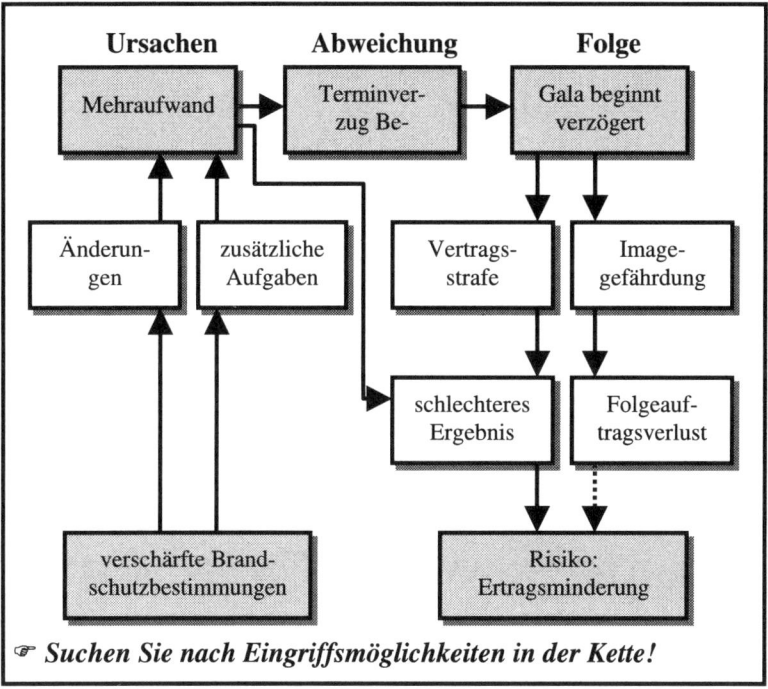

Abb. 55: Ursachen-Folge-Kette „Galaabend"

---

[1] Zur Bestimmung der Eintrittswahrscheinlichkeit eignet sich u.a. die im Kap. E vorgestellte Delphimethode; vgl. S. 185 ff.
[2] Grafik in Anlehnung an [48]

Die erkannten Risiken können Sie bspw. mit Hilfe eines solchen **Risikoportfolios** darstellen:[1]

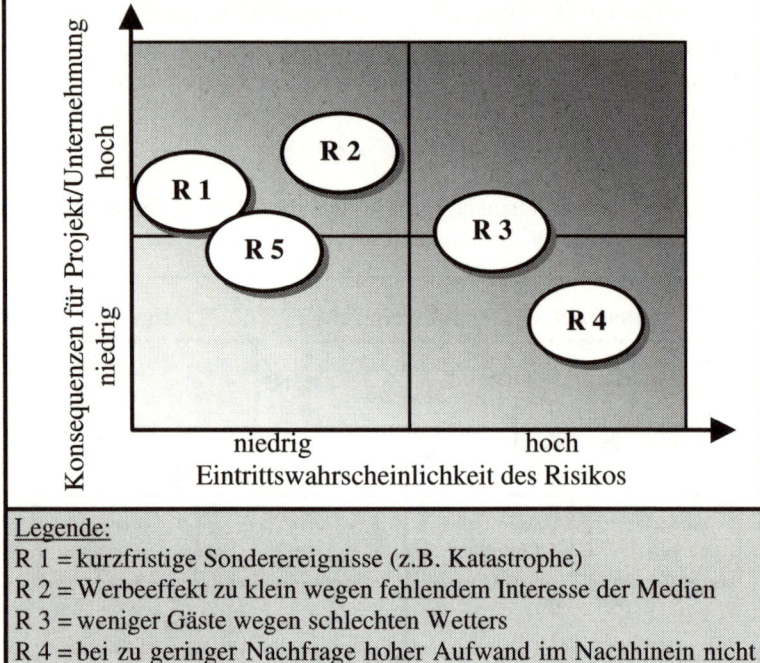

Legende:
R 1 = kurzfristige Sonderereignisse (z.B. Katastrophe)
R 2 = Werbeeffekt zu klein wegen fehlendem Interesse der Medien
R 3 = weniger Gäste wegen schlechten Wetters
R 4 = bei zu geringer Nachfrage hoher Aufwand im Nachhinein nicht
      gerechtfertigt
R 5 = chaotische Zustände bei großem Nachfrageransturm

Abb. 56: Risikoportfolio

Statt des Risikoportfolios können Sie hier auch die ABC-Analyse[2] einsetzen. Dabei werden die einzelnen Risiken nach der Höhe ihrer verursachten Kosten geordnet und den gesamten Risikokosten gegenübergestellt. [13] Zusätzlich können die Risiken mit ihren Eintrittswahrscheinlichkeiten gewichtet werden. In beiden Fällen sind die ersten 3-5 Risiken mit den höchsten Werten sog. A-Risiken, die

---

[1] Grafik in Anlehnung an [17]
[2] Vgl. in Kap. E, S. 198 f.

es besonders zu vermieden gilt; für C-Risiken wird dagegen der geringste Aufwand betrieben.

Da für jeden Schritt unterschiedliche Kenntnisse nötig sind, sollten Sie die Risikoanalyse unbedingt im Team durchführen. Achten Sie darauf, daß die Risikoanalyse *frühzeitig* und *immer wieder* durchgeführt wird.

Jetzt dürfte mal wieder ein Päuschen rufen... Sie kennen nun die Schritte der Projektplanung, so daß wir zur Abrundung diese als Grundlage eines Projektcontrolling betrachten.

4.3 Projektplanung als Basis für effizientes Projektcontrolling

Projektplanung ermöglicht einen geregelten Projektablauf und ist die Grundlage für die Überwachung des Projekts. Ohne Planung kann keine sinnvolle Überwachung erfolgen. Voraussetzungen dafür sind zunächst die Aufgabenstellung und der Projektstrukturplan, darauf aufbauend die Ablauf, Termin-, Kapazitäts- und Kostenplanung. Üblicherweise wird in dieser Reihenfolge vorgegangen, da die einzelnen Pläne aber sowieso aufeinander abgestimmt werden, sind auch andere Reihenfolgen möglich. [52]

Das Zusammenspiel von Planung und Überwachung eines Projekts und die wesentlichen Informations- und Kommunikationsströme zeigt die Grafik auf der nächsten Seite. Darin wird deutlich, daß z.b. die Kapazitätsplanung Änderungen der Ablaufplanung bewirken kann, die Kostenplanung Justierungen aller anderen Teilpläne nötig machen kann usw.

Bis ein stimmiger Gesamtplan steht, ist viel Kommunikation und Zeitaufwand nötig.[1] Doch letztlich rechnet sich das!

---

[1] Das gilt durchaus auch für kleinere Projekte: Nehmen Sie z.B. das Projekt „Urlaub machen" und entwerfen Sie ein Raster aller Ablauf-, Zeit-, Kapazitäts- und Kostenaspekte. Überlegen Sie dann, welche der Aspekte Änderungen der anderen nach sich ziehen können... Beispiel: Ihr Ablauf steht, dann stellen Sie fest, daß bei Abflug einen Tag früher die Flugpreise deutlich günstiger sind o.ä.
☞ Hilfestellung: starten Sie mit einer Mind Map, vgl. S. 188 ff.

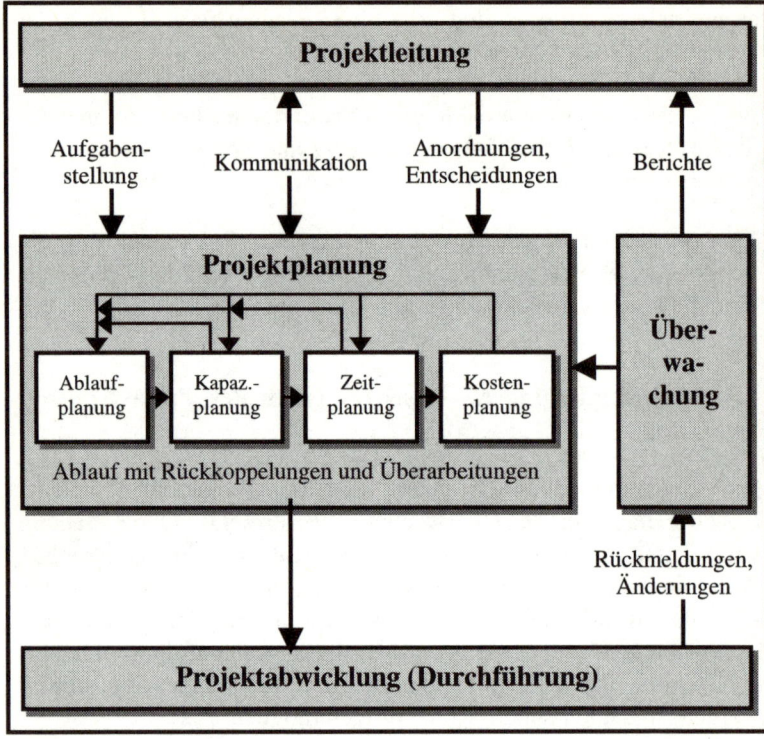

Abb. 57: Projektmanagement: Planung und Überwachung [52][1]

Sie wissen, daß Pläne nicht starr, sondern flexibel sein sollen: während der Abwicklung ergibt sich häufig ein Änderungsbedarf bzw. die Rückmeldung, daß die Planung in bestimmten Punkten vom Soll abweicht. Dies ist Aufgabe der *Überwachung*, die damit Zeit-, Kosten-, Kapazitäts- und Ablaufabweichungen durch Soll-/Ist-Vergleiche erfaßt und dann die Planung auffordert, ihre Pläne anzupassen bzw. geeignete Maßnahmen zu ergreifen (z.B. durch Besorgen zusätzlicher Ressourcen). Das Ganze bildet einen Regelkreis aus Planung, Durchführung und Überwachung:

---

[1] Da Planung und Überwachung Funktionen der Projektleitung sind, ist keine zusätzliche Kommunikationsbeziehung zwischen PL und Projektarbeit anzugeben.

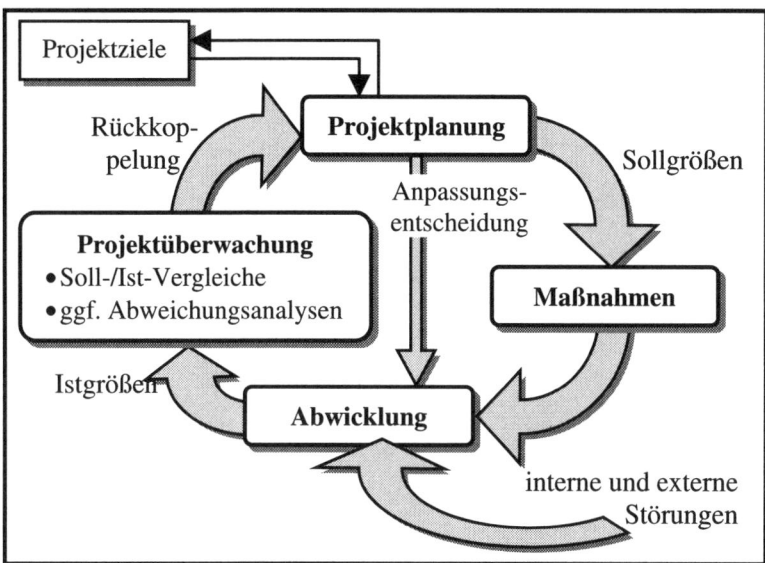

Abb. 58: Regelkreis des Projektcontrolling[1]

Wo stehen wir jetzt?

Die (erste) Planung ist abgeschlossen, die Durchführung der Projektabwicklung kann (endlich) beginnen: Mit dem Kick-off startet das Projekt und die einzelnen Phasen[2] werden durchlaufen, während denen die Planung weiter verfeinert wird. Erst mit den detaillierten Plänen (als Resultat der Feinkonzeptphase)[3] kann die Realisierungsphase beginnen, also die Umsetzung der Pläne; bei Dienstleistungsprojekten werden dann z.B. Hotels und Hallen gemietet, Technik und Künstler besorgt, Reden geschrieben, Plakate gedruckt, Einladungen verschickt usw.

Während dieser Phasen der Projektabwicklung hat die Projektleitung die Aufgabe, das Projekt und seine Mitarbeiter zu steuern, zu

---

[1] Grafik nach [52]; dies ist eine stark vereinfachte Darstellung; es fehlen u.a. die *Vorkoppelungsbeziehungen* von der Projektabwicklung zur Planung und zu den Zielen.
[2] Vgl. Kap. D 2.1
[3] Vgl. S. 70 f.

koordinieren, zu überwachen, erforderliche Maßnahmen einzuleiten und Entscheidungen zu treffen. Dies alles beinhaltet Projektcontrolling – unser nächstes größeres Kapitel.

5 Projektcontrolling

5.1 Was ist Projektcontrolling?

Um es unmißverständlich zu sagen: ‚Controlling' heißt *nicht* (nur) Kontrolle – wenn es auch oft so verstanden wird.[1] Der Begriff ist aus dem englischen ‚to control' abgeleitet und bedeutet *auch* kontrollieren, überwachen, beaufsichtigen, aber ebenso steuern, lenken (z.b. ein Fahrzeug), leiten, führen, beherrschen (z.b. Gefühle oder ein Kriegsgebiet), regulieren. [7]; [52]

Sie sehen, Controlling umfaßt die klassischen Managementaufgaben der *Steuerung, Führung und Überwachung* und ist daher eng mit der Planungsaufgabe gekoppelt. Diese Funktionen sind mittels Informationsflüssen miteinander verbunden, so daß **Controlling** definiert werden kann als...

- Steuerungskonzeption und Führungsaufgabe mit dem Ziel,
- Planung und Überwachung mit der Informationsversorgung zu koordinieren, wozu eine
- laufende Abstimmung zwischen Planungs-, Überwachungs-, Steuerungs- und Informationsprozessen gehört (z.b. bei Abweichungen geeignete Maßnahmen einleiten),
- als auch deren Systemgestaltung.

Projektcontrolling impliziert also Überwachung und Steuerung eines Projektes. Auf Basis der Projektplanung soll Projektcontrolling sicherstellen, *daß Projekte zielgerichtet abgewickelt werden.* Wenn Ziele nicht erreicht werden, kann dies mehrere Ursachen haben: Zum einen waren dann die Planvorgaben unrealistisch (das sollte nicht vorkommen) oder es traten im Projektablauf *Störungen* innerhalb der Unternehmung oder von außerhalb auf, wie bspw.:

- falsche Einschätzung von Problemen, Umweltbedingungen und Auswirkungen (z.b. entscheidende Marktveränderungen aufgrund außergewöhnlicher Aktionen der Konkurrenz)
- nicht plangemäße Durchführung aufgrund mangelnden Kön-

---

[1] Deshalb wird Controlling in diesem Buch nicht erst mit dem Projektabschluß behandelt (obwohl da natürlich auch Controlling stattfindet).

nens oder Wollens der Beteiligten
- unvorhersehbare Ereignisse (Katastrophen, höhere Gewalt)
- unerwarteter Ausfall von Experten, Zulieferern usw.

Kleinere Abweichungen sind oft ohne großen Aufwand korrigierbar. Andererseits sind Abweichungen denkbar, die eine Korrektur der Pläne oder gar der Ziele auslösen. Projektcontrolling muß diese Abweichungen frühzeitig erkennen und Maßnahmen ergreifen, um die Abweichungen zu kompensieren. Dies geht nicht ohne eine gut entwickelte Informations- und Kommunikationskultur.

Aufgabenträger im Projektcontrolling ist zunächst die Projektleitung: Sie entscheidet über Maßnahmen und verantwortet diese. Aber auch Projektteams und der Lenkungsausschuß sind in Controllingprozesse eingebunden: Erstere z.B. durch frühzeitiges Erkennen späterer Abweichungen, der Lenkungsausschuß z.B. dadurch, daß ihm ständig über den Projektfortschritt berichtet wird und er bei Bedarf in den Steuerungsprozeß eingreifen kann. [13]

Detailaufgaben des Projektcontrolling sind: [52]

■ **Projektüberwachung:**
- Überwachung des Projektfortschritts
- Überwachung des Leistungsumfangs (Quantität und Qualität)
- Termine, besonders die kritischen Termine
- Kostenüberwachung; lfd. Soll-/Ist-Vergleiche
- Kapazitätsüberwachung; lfd. Soll-/Ist-Vergleiche über die eingesetzten Ressourcen

■ **Projektsteuerung:**
- Koordination der Projektarbeiten
- Koordination aller Projektbeteiligten
- Förderung der Kooperation der Projektbeteiligten
- Anleitung, Führung und Motivation der Projektmitarbeiter
- Fällen von Entscheidungen (durch PL und LA)

Diese Aufgaben schauen wir uns jetzt genauer an...

5.2   Projektüberwachung

Projektüberwachung soll das Erreichen der Projektziele sichern; dazu müssen Störungen frühzeitig erkannt und es muß ihnen mit Maßnahmen begegnet werden.

Durch die anfängliche (und ggf. später ergänzte) Zielsetzung sowie die Projektplanung sind Vorgaben hinsichtlich der zu erbringenden Leistung, Kapazitäten, Termine und Kosten festgelegt. Diese Parameter werden durch den gesamten Projektverlauf hindurch überwacht. Von daher müssen Sie sich permanent fragen: [30]

- Stimmen die aktuellen Werte mit den geplanten überein?
- Wo und wann treten Abweichungen auf und welchen Einfluß haben sie hinsichtlich der Erreichung der Projektziele?
- Welche Ursachen sind dafür verantwortlich?

Diese Fragen beziehen sich auf die Teilprojekte und Arbeitspakete – und damit auf das gesamte Projekt und dessen Erfolg. Da sich die Parameter Leistung, Kapazität, Kosten und Zeit wechselseitig beeinflussen,[1] muß die Projektüberwachung sie auch im Verbund untersuchen. Die Zusammenhänge zeigt die umseitige Grafik.

Der **Überwachungsvorgang** erfolgt i.d.R. aus einer (möglichst) schriftlichen Abfrage der *Projektfortschrittsdaten*. Für die Richtigkeit der Angaben sind – je nach gewähltem Organisationskonzept – die erstellenden Projektmitarbeiter bzw. die Fachabteilungen verantwortlich.

Zur Überwachung der einzelnen Parameter nun ein par Worte:
Die **Terminlage** können Sie durch 1. Abfragen und 2. Durchführen von Soll-/Ist-Vergleichen feststellen. Falls keine Terminabweichungen vorliegen, sollten Sie mit einer *Termin-Trendanalyse*[2] überprüfen, ob nach dem bisherigen Kenntnisstand künftige Verzögerungen erkennbar sind. Falls ja, sind sofort Maßnahmen einzuleiten, damit es überhaupt nicht erst zu den Verzögerungen kommt, bzw. die Planung entsprechend anzupassen.

---

[1] Die Kapazität beeinflußt z.B. die Zeit als auch die Kosten (und umgekehrt). Und alle können auf die Qualität der Dienstleistung wirken.

[2] (Termin-)Trendanalysen finden Sie ab S. 156.

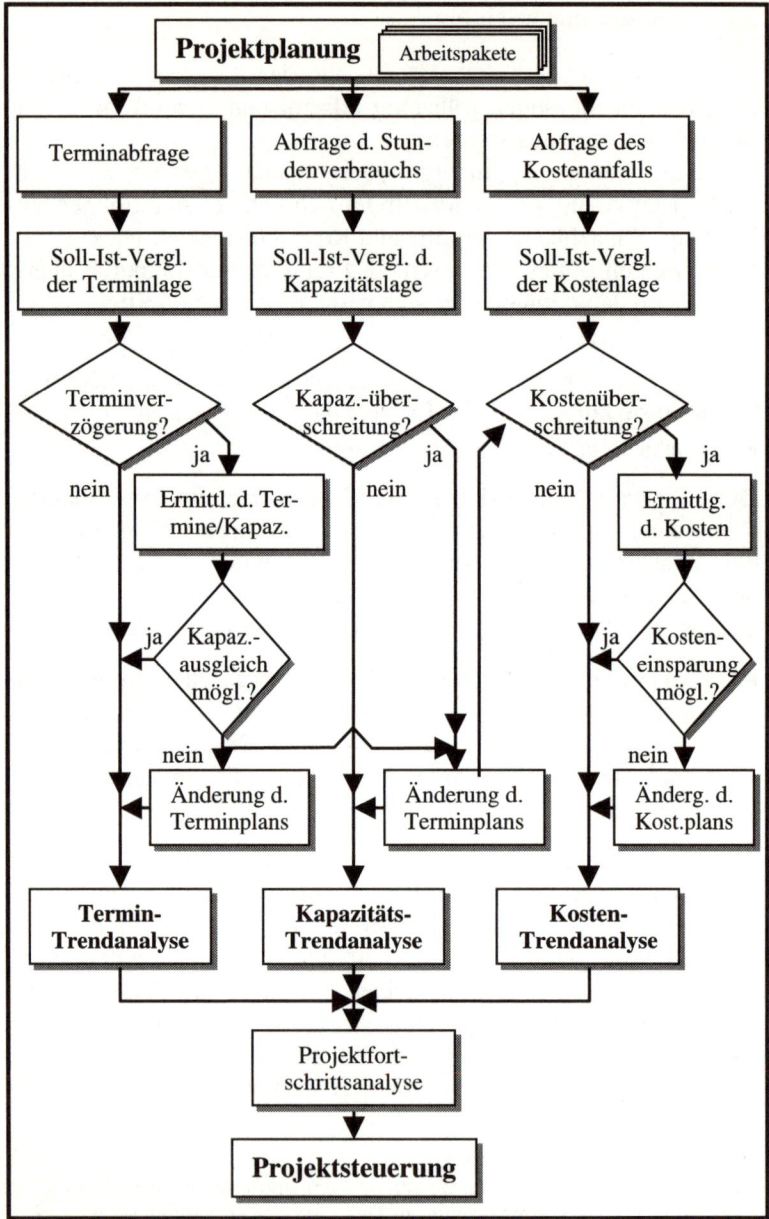

Abb. 59: Interdependenzen der Projektüberwachung [52]

Falls der Soll-/Ist-Vergleich allerdings Verzögerungen aufzeigt, müssen Sie die Ergebnisse analysieren, dann ermitteln, ob Kapazitätsreserven vorhanden sind und so eine Engpaßbeseitigung möglich ist. Daraufhin muß wiederum eine Termin-Trendanalyse zeigen, ob damit zukünftige Verzögerungen ausgeschaltet sind. Außerdem sind mögliche Auswirkungen auf die gesamte Projektkapazität festzustellen.

Falls aber keine Kapazitäten frei sind, müßte der Terminplan (inkl. Termin-Trendanalyse) geändert werden. Auch eine Abänderung der Leistungsziele käme ggf. in Frage.[1] Als weitere Alternative könnte evtl. ein Arbeitspaket als Subauftrag extern vergeben werden – mit entsprechender Auswirkung auf die Kosten.

Damit wird deutlich, daß zwischen Leistung, Kapazität, Terminen und Kosten enge Wechselbeziehungen bestehen.

Die Überwachung der Kapazität ist abhängig von der Art der zu überwachenden Kapazität (also z.b. Sachmittel oder Personal). Bezüglich der Humanressourcen gilt, daß ein Soll-/Ist-Vergleich zeigt, ob die geplanten Arbeitsstunden (oder Tage o.ä.) eingehalten wurden oder nicht.

Lief alles nach Plan, erfolgt eine *Kapazitäts-Trendanalyse* um zu erfahren, ob zukünftig mit Abweichungen zu rechnen ist (Sie merken, die Vorgehensweise ist analog zur Terminüberwachung).

Liegt eine *Unter*schreitung vor, sollten Sie überlegen, wie die freie Kapazität anderweitig genutzt werden kann.

Liegt eine *Über*schreitung vor, wird eine Änderung des Kapazitätsplans nötig, wiederum mit einer folgenden Trendanalyse. Evtl. wäre auch hier an eine Fremdvergabe zu denken.

Die Kostenüberwachung geschieht durch Soll-/Ist-Vergleich. Das weitere Vorgehen kennen Sie: Liegt keine Kostenüberschreitung vor, so soll die *Kosten-Trendanalyse* zukünftige Abweichungen aufzeigen. Falls die Kosten jedoch überschritten wurden, müssen

---

[1] Bei technischen Projekten weniger, bei Dienstleistungsprojekten dafür eher; denken Sie bspw. an eine bestimmte Dekoration, für die Sie aus Zeitgründen eine schneller beschaffbare Alternative wählen.

Sie diese analysieren und untersuchen, ob Kosteneinsparungen möglich sind (+ anschließender Kosten-Trendanalyse).

Alle drei genannten Trendanalysen sind Bestandteile der **Projektfortschrittsanalyse**, die permanent Information über den aktuellen Projektstand liefert und mögliche Zukunftsentwicklungen aufzeigt. Mit diesem Instrument haben Sie eine wesentliche Grundlage zur *Steuerung* von Projekten [52] – und mit diesem Thema geht's im nächsten Kapitel gleich weiter..

Doch zuvor noch ein paar **Instrumente**, die Sie im Rahmen der Projektüberwachung einsetzen können:

■ Trendanalysen:

Trendanalysen sollen die zukünftige Entwicklung von untersuchten Parametern aufzeigen. Insofern werden die alten Planwerte mit den neuen Plandaten (nach den erfolgten Korrekturen) verglichen. Achtung: Eine Trendanalyse ist kein Soll-/Ist-Vergleich; der wurde bereits durchgeführt und hatte die Abweichungen aufgezeigt! Den Zusammenhang zeigt die nachstehende Grafik:[1]

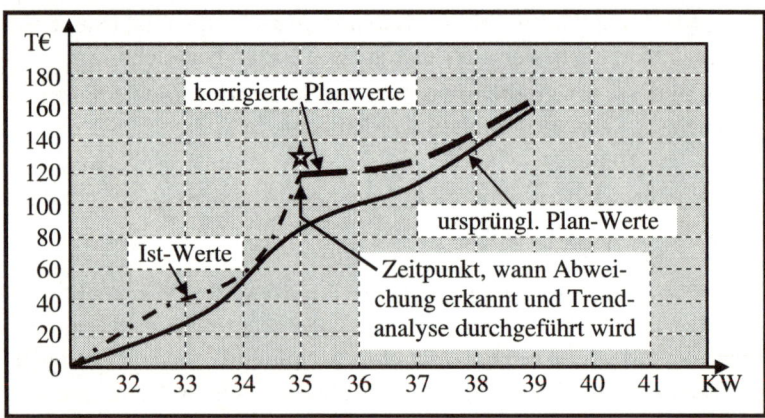

Abb. 60: Kosten-Trendanalyse

---

[1] Wobei Sie sowohl absolute als auch kumulierte Werte nehmen können; wir legen hier kumulierte Kosten zugrunde.

Wenn Sie eine nicht-kumulierte Darstellung wählen, erkennen Sie die Planeinhaltung daran, daß sich der Trend auf die Zielgröße des Arbeitspakets o.ä. zubewegt. Bewegt sich der Trend oberhalb dieser (gedachten) Linie, so liegt eine Überschreitung vor, weicht er nach unten ab, eine Unterschreitung.

Natürlich können Sie Trendanalysen auch für die Termine (in Abhängigkeit zu den Aufgaben oder Arbeitspaketen) oder für Kapazitäten bilden...

■ Kosten-Termin-Diagramm:

Aufgrund der engen Verzahnung der einzelnen Parameter ist es sinnvoll, diese gleichzeitig zu analysieren – schließlich beeinflussen sie sich gegenseitig: wenn Sie bspw. ein kostenintensives Arbeitspaket vorgezogen haben (weil z.B. Kapazitäten frei waren), so darf es Sie nicht verwundern, daß die Kosten deshalb überschritten wurden.

Die Beziehungen zwischen (im Bsp. vorgezogenem) *Sachfortschritt* (dargestellt durch Meilensteine), *Kosten* und *Zeit* können Sie – quasi als „kombinierte" Kostenkontrolle – in einem **Kosten-Termin-Diagramm** abbilden: [6]

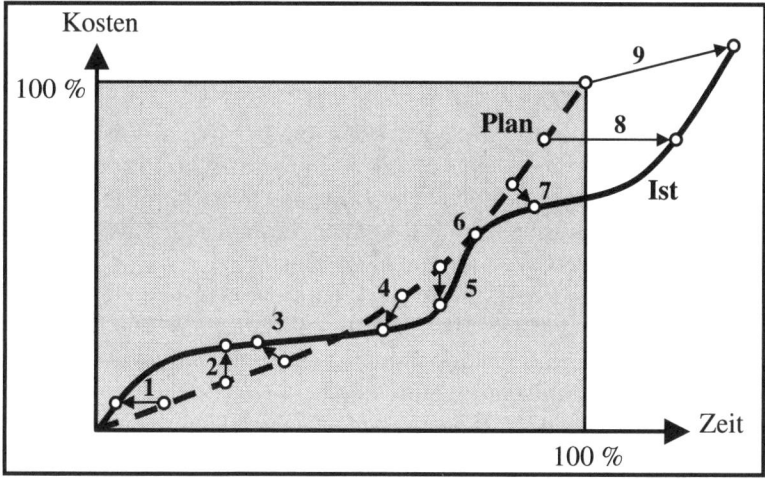

Abb. 61: Kosten-Termin-Diagramm [6]

Die numerierten Meilensteine zeigen die 9 möglichen „Wanderungsrichtungen" an, und zwar:

1. Planmäßige Kosten bei Terminunterschreitung
2. Kosten über Plan bei Termineinhaltung
3. Kosten über Plan bei Terminunterschreitung
4. Kosten unter Plan bei Terminunterschreitung
5. Kosten unter Plan bei Termineinhaltung
6. Kosten und Termin nach Plan
7. Kosten unter Plan bei Terminverzug
8. planmäßige Kosten bei Terminverzug
9. Kosten über Plan und Terminverzug

Kosten	Termine		
	I > P	I = P	I < P
I > P	9	2	3
I = P	8	6	1
I < P	7	5	4

Legende:
P = Plan, I = Ist; die Ziffern zeigen die obigen Beispielfälle an.

Mit Hilfe des Kosten-Termin-Diagramms sehen Sie sehr deutlich, wo bezüglich der beiden Parameter Über- oder Unterschreitungen im Projektverlauf waren. Damit eignet es sich zur (nachträglichen) Dokumentation oder auch als Entwurf der zukünftigen Trends.

■ Meilenstein-Trendanalyse:

Die Meilenstein-Trendanalyse zeigt auf, inwieweit Arbeitspakete zur Erreichung eines Meilensteins (voraussichtlich) fristgerecht abgearbeitet werden. Damit erkennen Sie sehr frühzeitig Verzögerungen und können entsprechend frühzeitig Korrekturmaßnahmen einleiten (also zusätzliche Kapazitäten besorgen, Fremdvergabe, ggf. Leistungsmerkmale wegfallen lassen usw.).
Wie andere Trendanalysen auch erfolgt die Meilenstein-Trendanalyse am besten grafisch; dazu wird eine Matrix angelegt, die (im Beispiel) links den Planungszeitraum, rechts den Projektfortschritt (und damit den Berichtszeitraum) angibt.
Anhand des folgenden Beispiels soll die Erstellung einer Meilenstein-Trendanalyse verdeutlicht werden:

Für die beiden Arbeitspakete #1 und #2 gelten die nachstehend aufgelisteten Aussagen zu verschiedenen Zeitpunkten, wann die Meilensteine aus jeweils momentaner Sicht erreicht werden.

Zeitpkt.	Arbeitspaket #1	Arbeitspaket #2
Januar	„im September"	„im Mai"
März	„im Okt." (1 Monat Verzug)	„im Juni" (1 Monat Verzug)
April	(keine Änderung)	„im Mai" (1 Monat aufge-holt)
Mai	„doch schon September" (1 Monat aufgeholt)	„Meilenstein plangemäß erreicht"
Juli	„im Nov." (2 Mon. Verzug)	–
August	„Oktober" (1 Mon. aufgeholt)	–
Sept.	„Nov." (2 Monate Verzug)	–
Nov.	„Meilenstein mit 2 Monaten Verzug erreicht"	–

Dies wird dann als Kurve eingetragen (beginnend mit der Information vom Januar) und laufend fortgeschrieben:

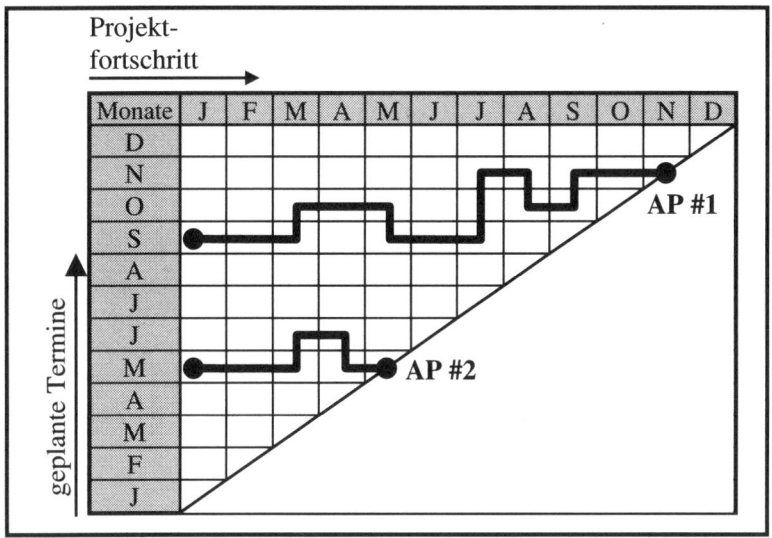

Abb. 62: Meilenstein-Trendanalyse

Je mehr die Kurve nach oben abweicht, desto größer ist die Verzögerung. Sobald die Kurve die Diagonale erreicht, ist der Meilenstein erfüllt und das Arbeitspaket abgeschlossen.

Sie sehen: eine klare und übersichtliche Darstellung, mit welchem Projektverlauf zu *verschiedenen* Zeiten gerechnet wird.

Die Richtung des Kurvenverlaufs gibt Ihnen außerdem Auskunft über die **Planungsgüte.** Dazu die klassischen Grundmuster:[1]

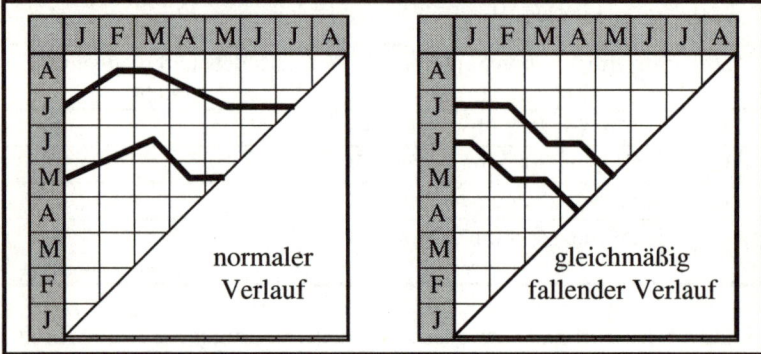

Abb. 63: Meilenstein-Trendanalyse: Kurvenverläufe I

Hier ist links ein normaler Verlauf gegeben, mit leichten, sich später ausgleichenden Schwankungen[2] – insgesamt Ausdruck realistischer Planung. Der Verlauf rechts zeigt bei allen Arbeitspaketen Terminunterschreitungen; wahrscheinlich wurde durchgängig mit zu großen Zeitpuffern gearbeitet, die zukünftig (im Sinne einer realistischen Planung) zu vermeiden sind.

Bei den beiden folgenden Abbildungen sieht's wie folgt aus: Links ist der Umkehrfall zur Situation von eben: Es kommt ständig zu (kleineren Terminverzögerungen) – die Zeitvorgaben waren zu knapp bemessen. Würden die Kurven noch stärker ansteigen, wäre die Zeitplanung extrem optimistisch gewesen und der Endtermin würde sich entsprechend stark nach hinten verschieben. Die rechte

---

[1] Vgl. nachfolgend [6]

[2] Die untere der beiden Kurven entspricht dem Arbeitspaket #2 der vorherigen Abb., nur sind hier die Abweichungs*spitzen* als Linie verbunden.

Kurve zeigt den durch völlige Planungsunsicherheit geprägten Zick-Zack-Verlauf; Zukunftsaussagen über die Einhaltung des Projektendtermins sind mit großer Unsicherheit behaftet:

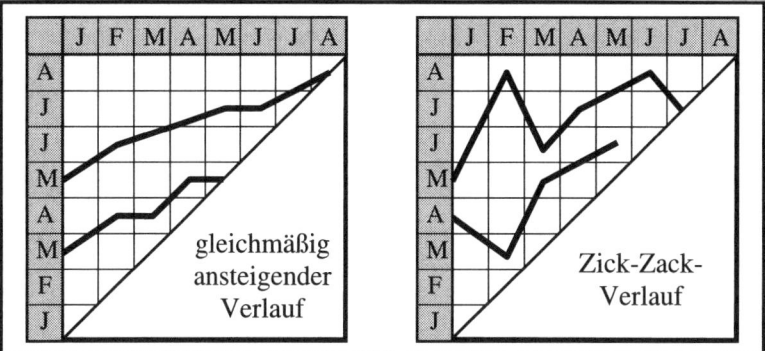

Abb. 64: Meilenstein-Trendanalyse: Kurvenverläufe II

Ein divergierender Verlauf wie in der folgenden Grafik links zeigt, daß ein Arbeitspaket nach Plan abgearbeitet wird (hier das obere), ein anderes sich aber stark verzögern wird. Das läßt 2 Schlüsse zu: entweder enthält ein Arbeitspaket tatsächlich Planungsmängel oder einer der Trends ist nicht realistisch; die Trendanalyse sollte daher insgesamt überprüft werden:

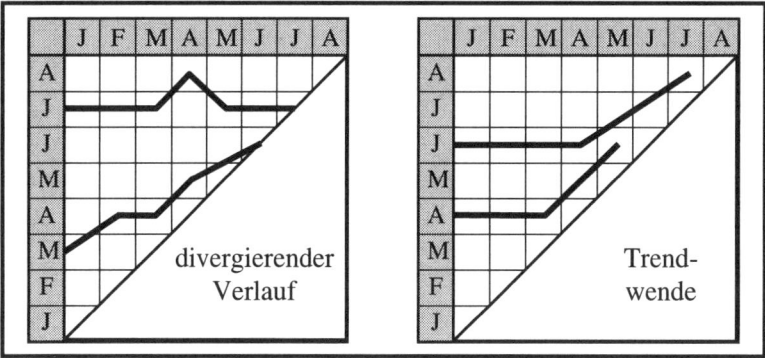

Abb. 65: Meilenstein-Trendanalyse: Kurvenverläufe III

Eine Trendwende (rechts) kann darauf zurückzuführen sein, daß gegen Ende der Arbeitsprojekte unerwartete Schwierigkeiten auftraten. Da aber alle Arbeitspaketkurven diesen Trend zeigen, ist ein andere Annahme zu vermuten: Da in beiden Fällen zunächst eine planmäßige Terminerfüllung prognostiziert war und erst kurz vor Ende der Aufgaben schlagartig deutliche Terminverzögerungen „zugegeben" wurden, mangelte es hier an realistischen Terminaussagen; rechtzeitige Eingriffe der Steuerung wurden damit unmöglich gemacht.

■ Stichtagskontrolle

Ähnliche Aussagen soll auch die Stichtagskontrolle liefern, allerdings erfaßt diese direkt nur das *bisherige* Geschehen, und das aus Sicht *eines* Zeitpunkts (deshalb ist die Meilenstein-Trendanalyse unbedingt vorzuziehen). Sie können sie allerdings zu einem späteren Zeitpunkt mit den dann aktuellen Erkenntnissen ergänzen.

Hier werden die Arbeitspakete wie in einem Balkendiagramm eingetragen, und zwar einmal mit ihren Planzeiten (hell) und zum Stichtag, inwieweit sie bereits abgearbeitet sind (dunkelgrau):

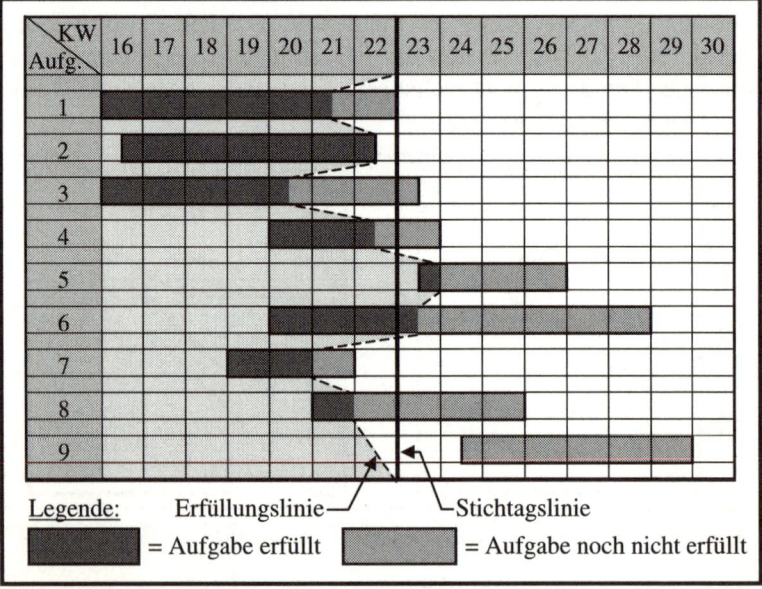

Abb. 66: Stichtagskontrolle (in Anlehnung an [17])

Zwar ist recht gut zu erkennen, welche Aufgaben (oder Arbeitspakete) derzeit im Plan (hier: Aufgabe 2) sind, wo Terminüberschreitungen bestehen (Aufgaben 1, 3, 4, 7 und 8) oder wo gar Unterschreitungen existieren (Aufgaben 5 und 6. Aufgabe 5 wurde vorgezogen, Aufgabe 9 wird nach Plan erst später gestartet). Die (gestrichelte) Erfüllungslinie deutet die insgesamt erbrachten Projektleistungen an.

Allerdings sagt dies alles noch nichts über den wirklichen *Stand des Projekts*; dazu müßten Sie untersuchen, welche der noch nicht erledigten Aufgaben welche Auswirkungen haben könnten usw.

In allen Fällen sollten Sie wesentliche erkannte Abweichungen dokumentieren; z.B. anhand eines **Projektstatusberichts**, der auch bei Erreichen von Meilensteinen oder periodisch erstellt wird:

Projektstatusbericht				
Projekt-Nr.:	Projektbezeichnung:		Projektleiter:	
Stand-Datum Projekt:	Anlaß des Statusberichts: ☐ gravierendes Problem ☐ Meilenstein erreicht ☐ periodischer Bericht		erstellt am: .... erstellt von: .... Kopie an:	

Projektstatus:	Qualität	P-Endtermin	Ges.aufwände	Ges.kosten
Änderung nötig - **Rot**	☐	☐	☐	☐
gefährdet - **Gelb**	☐	☐	☐	☐
in Ordnung - **Grün**	☐	☐	☐	☐

Soll-/Ist-Vergleich:	P-Starttermin	P-Endtermin	Ges.aufwände	Ges.kosten
Soll				
Ist				
erwartet				
vorauss. ± Abweich.				

Meilenstein-Termine:	Soll	Ist	erwartet	Status (Rot/Gelb/Grün)

Probleme:

Entscheidungen:

weiteres Vorgehen/Aktionen:	Verantwortlicher	zu erledigen bis
1.		
2.		
3.		

----------------------	----------------------
Projektleiter	Auftraggeber

Formular 6: Projektstatusbericht [46]

5.3 Projektsteuerung

Während der Projektabwicklung stellt die Projektüberwachung Abweichungen zwischen geplanten und tatsächlich erreichten Werten fest. Aufgrund dieser Information ergreift die Projektsteuerung Maßnahmen, um die Projektziele bestmöglich zu erreichen.

Zu den Aufgaben der Steuerung gehören diese 5 Dimensionen:

- **Steuerung** des Projektablaufs mit Blick auf die Ziele
- Anleitung und **Führung** der Projektbeteiligten
- **Koordinierung** der Zusammenarbeit
- Fällen von **Entscheidungen** durch die Verantwortlichen
- Förderung von **Information** und Berichterstattung [30]

Diese Aufgabenbereiche betrachten wir nun der Reihe nach.

5.3.1 Steuerung des Projektablaufs

Wie der Steuermann eines Schiffes, muß auch die Projektleitung permanent „Kursanpassungen" vornehmen... Bleiben wir kurz bei diesem Beispiel: Der Steuermann hat sein *Ziel* (den anzulaufenden Hafen) vor Augen. Aufgrund von internen (z.B. Maschinenschaden) und äußeren Einflüssen (rauhe See, Winde) kommt es aber immer wieder zur *Kursabweichungen*, auf die er mit *Kurskorrekturen* reagiert. Insofern jongliert er mit Terminen, Kosten und Kapazitäten (auf einem Segelschiff muß die Mannschaft aus den Betten, wenn Unwetter aufkommt). Es gibt unerwartete Probleme (Leck im Schiffsrumpf), für die *Kapazitäten* umverteilt werden, ggf. zusätzliche *Kosten* anfallen (im nächsten Hafen neue Pumpe kaufen) und *Verzögerungen* entstehen (Zwischenstopp für die Ausbesserungsarbeiten). Und wenn der Navigator weitsichtig und *informiert* ist (da mag auch eine Portion Intuition, gepaart mit Erfahrung eine Rolle spielen), wird er z.B. rechtzeitig ein Sturmtief weiträumig umfahren...
So ähnlich funktioniert auch die Steuerung eines Projekts!

Bei Abweichungen von den Sollwerten kann der Projektleiter Änderungen der vier Parameter Leistungsziel, Kosten, Zeit und Kapazität vornehmen: Er kann bspw. den Produktionsfaktoreinsatz[1] erhöhen, indem er Überstunden anordnet, zusätzliche Mitarbeiter einstellt oder Subaufträge extern vergibt. Oft werden solche Maßnahmen eingeleitet, wenn das Projekt terminlich nicht im Plan liegt. Allerdings kann die Verzögerung nicht nur an den „harten" Faktoren[2] (unsere 4 Parameter) liegen, sondern ebenso an „weichen" Faktoren – also mangelhafte Kommunikation, gestörtes Betriebs- bzw. Projektklima, Antipathien usw. und damit letztlich an einer mangelhaften Koordination und Führung der Beteiligten. Zu diesen Aspekten später mehr.

Sie wissen nun längst, daß die 4 Paramter eng miteinander verbunden sind: durch die Erhöhung des Produktionsfaktoreinsatzes werden wahrscheinlich die Kosten erhöht. Es bleibt die Frage, ob diese Mehrkosten gerechtfertigt sind; speziell bei externen Projekten, bei denen Terminverzug mit Konventionalstrafen belegt wird, ist ein direkter Vergleich zwischen Mehrkosten und vermiedener Vertragsstrafe möglich.[3]

Auch bei Projekten, die nur innerhalb der Unternehmung wirken, besteht die Gefahr, daß durch Verzögerungen Schäden entstehen: so mag z.B. Terminverzug bei einem großen Reorganisationsprojekt dazu führen, daß die Mitarbeiter (noch mehr) verunsichert werden mit den Folgen von „innerer Kündigung", also Dienst nach Vorschrift, keine Identifikation mit dem Arbeitgeber und der zu

---

[1] Dazu gehören u.a. das Personal, Verbrauchsmaterialien als auch Betriebsmittel (Räume, Fahrzeuge, Maschinen, PCs usw.).

[2] Harte Faktoren sind quantitativ (oder zumindest quantifiziert) und damit leicht meßbar, während weiche Faktoren qualitativer Natur und damit schwerer meßbar sind.

[3] Bei internen Projekten fällt die Beurteilung oft weniger leicht: da müßte der Verzugsschaden in Geld beziffert werden; Frage: wie hoch ist der Schaden durch ausbleibende Kundschaft usw., wenn die angekündigte Leistung zum erwarteten Termin nicht vorliegt und z.B. der Tag der offenen Tür verlegt wird?

verrichtenden Arbeit mehr, evtl. sogar Abwanderung, womit die Unternehmung wichtiges Know-how verliert. Oder Sie haben ein großartiges Firmenjubiläum geplant, welches nicht verschoben werden kann, evtl. aber wird die Zeit nur durch Abstriche bei der Gestaltung eingehalten. Folge: Das mit großem Tamtam angekündigte Fest erweist sich als mittelmäßiges Betriebsfest, die Mitarbeiter sind enttäuscht: Auswirkung: Motivationsverlust, innere Kündigung usw. (siehe oben). In jedem Fall: Schäden mit hohen Folgekosten!

Damit solche Effekte nicht eintreten, muß die Steuerung nach anderen Wegen suchen; die *Nutzung von Pufferzeiten* stellt eine solche Möglichkeit dar, bei festgestellten Abweichungen von geplanter Leistung und Terminen doch noch die Ziele zu erreichen. Aufgaben, die auf dem kritischen Pfad liegen, müssen vorrangig bearbeitet, dazu evtl. Kapazitäten von unkritischen Aufgaben abgezogen werden.

Durch Nutzung der Pufferzeiten können Leistungssteigerungen erzielt werden, ggf. aber auch höhere Kosten (Tarifvertrag!). Aus den genannten Gründen ist es wichtig, daß Sie Ihr Projekt nach *frühesten* Terminen steuern, um so Planabweichungen auffangen zu können. [30]

Eine weitere Möglichkeit ist, daß Sie entscheiden, bestimmte Arbeitspakete vorzuziehen und sie parallel zu anderen zu bearbeiten. Damit können Sie die Projektlaufzeit verkürzen und ggf. Kapazitäten (und damit Kosten) einsparen – z.B. werden Räume und Einrichtungen fürs Projekt weniger lang benötigt.

Das nachstehende Beispiel zeigt Ihnen die wesentlichen Aspekte anhand einer Problemsituation eines Beratungsprojekts auf.

☞ Denken Sie sich hinein, finden Sie weitere Lösungsansätze und Querverbindungen!

Anmerkungen zur umseitigen Grafik:
Die eingezeichneten Maßnahmen-Wirkungs-Ketten sind nicht ganz vollständig; so sind z.B. die Kosten der einzelnen Maßnahmen zur Erhöhung des Personaleinsatzes nicht eingetragen. Oder nehmen

wir die Maßnahme „neue Mitarbeiter einstellen": diese verursacht Kosten für Anzeigen, Bewerbungsgespräche usw., dann Schulungskosten, außerdem werden dafür wieder Ressourcen gebraucht, was wiederum mit Kosten verbunden sein wird (soweit keine Ressourcen frei sind). Außerdem besteht insofern eine Querverbindung, als das Projekt und die dafür zu erbringenden Qualitätsmerkmale (Leistung!) den neuen Mitarbeitern nahe gebracht werden müssen.

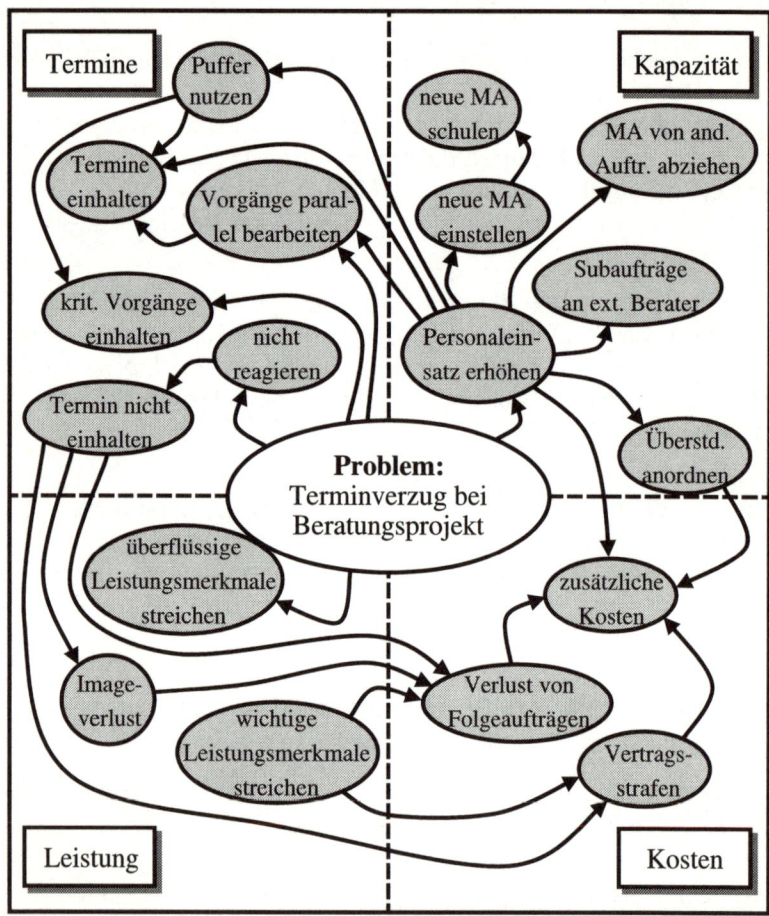

Abb. 67: Ansatzmöglichkeiten der Steuerung

5.3.2 Führung der Beteiligten

Eine weitere Aufgabe der Steuerung ist Führung – schließlich kann der Projektablauf nicht nur durch Einwirken auf die 4 Parameter beeinflußt werden, sondern auch durch „weiche" Faktoren. Der Projekterfolg hängt sogar ganz wesentlich von der Führung ab: die Zielerreichung ist äußerst fraglich, wenn die Projektleitung es nicht versteht, die Bereitschaft der Mitarbeiter zu sichern, ihr ganzes Wissen und Können in den Dienst des Projektes zu stellen.

Dazu ist auch wichtig, daß die Mitarbeiter entsprechend *geschult* werden – sie können nur geben, was sie auch haben! Die Projektleitung muß spezielle fachliche Unterweisungen geben oder veranlassen und die benötigten Kenntnisse systematisch festigen und weiterentwickeln.

Neben dem „*Können*" entscheidet wesentlich das „*Wollen*" der Mitarbeiter über den Projekterfolg: fühlen sich die Mitarbeiter im Projekt wohl, stimmt die Kommunikation, erfahren sie Anerkennung? Die Projektmitarbeiter werden ihre Arbeitskraft nur dann effizient einsetzen, wenn sie das Gefühl haben, daß sich Leistung, Initiative, Engagement, Einsatz (auch über das geforderte hinaus)[1] lohnen.

Dazu sollte der Projektleiter einerseits *günstige Rahmenbedingungen* schaffen, die die verschiedensten *Arbeitsmotivatoren* fördern, wie z.B. interessante und anspruchsvolle Aufgaben mit der Möglichkeit der Selbstverwirklichung, deutlich positionierte Eigenleistung und deren Anerkennung, soziale Kontakte und kreatives, angstfreies Projektklima usw. (→ nächste Grafik).

Andererseits kann er gezielt *Anreize* schaffen und so den Projektverlauf erfolgreich lenken, wenn er (oder sie) Leistungen persönlich anerkennt, viele Aufgaben delegiert und somit den Mitarbeiter in seiner Verantwortungsrolle stärkt, Beförderungsmöglichkeiten während und nach dem Projekt sondiert und damit auch letztlich Einkommensverbesserungen unterstützt.[2] [30]

---

[1] Auf Neudeutsch „Commitment", also sich mit Hingabe für eine Idee oder Sache einsetzen.

[2] Der letzte Aspekt gilt vor allem für größere, umfassendere Projekte.

Diese Möglichkeiten der direkten und indirekten Einflußnahme
durch die Projektleitung hier noch einmal zusammengefaßt:

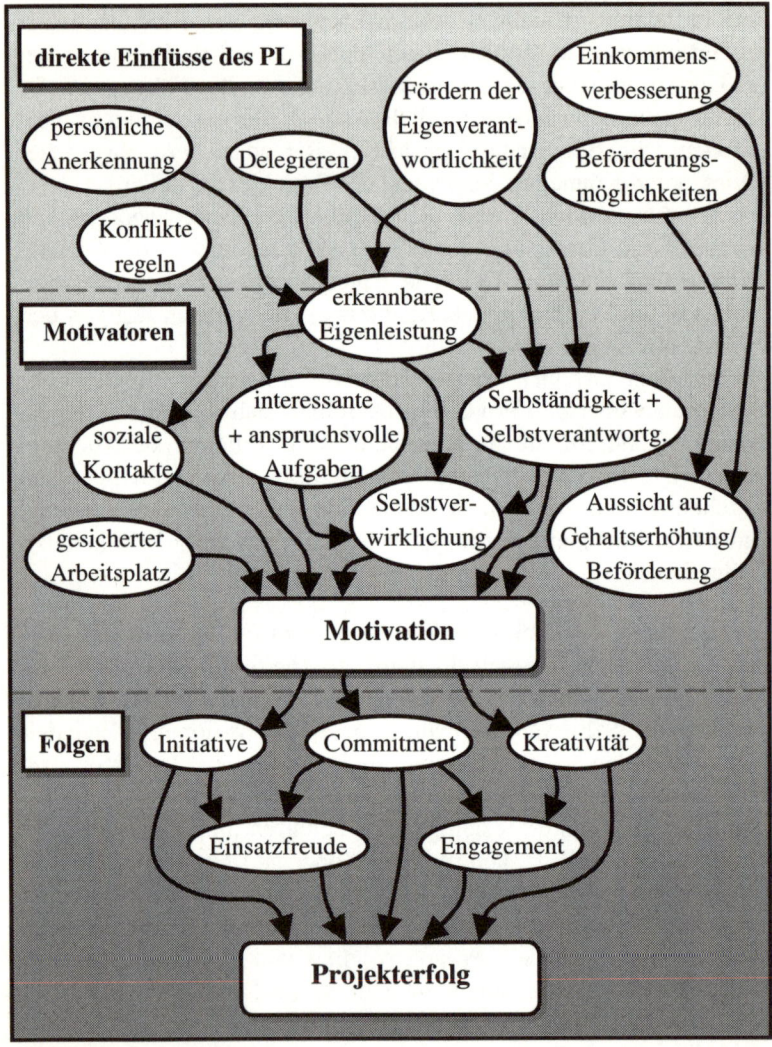

Abb. 68: Arbeitsmotivatoren für den Projekterfolg

Delegieren, die Schaffung eigenverantwortlicher Aufgabengebiete, selbständiges Arbeiten sind Faktoren, die Sie bereits in der Projektorganisation als auch in der Projektplanung bedenken sollten. Darüber hinaus benötigen Sie als PL ein feines Gespür für mögliche Über- oder Unterforderung von Mitarbeitern, Sie sollten gerechtfertigt Anerkennung zollen und (versteckte) Potentiale der Mitarbeiter entdecken und fördern – und wieder sind wir bei den weichen Faktoren!

„Motivation schaffen!" heißt die Devise. Dies ist immer dort möglich, wo Menschen zusammenkommen, sei es bei Meetings, wo Mitarbeiter Vorgehensweisen oder Resultate vorstellen, Informationen ausgetauscht werden oder über die nächsten Schritte beraten wird. Oder sei es beim direkten Gespräch unter vier Augen, wenn der PL sich in der Abteilung erkundigt, berät, koordiniert – also in der täglichen Zusammenarbeit.

Nutzen Sie als PL diese Möglichkeiten, den Projektablauf positiv zu beeinflussen – der Projekterfolg wird es Ihnen danken!

5.3.3 Koordination der Zusammenarbeit

Eine weitere, wichtige Aufgabe der Projektsteuerung ist die Koordination: Während der Projektabwicklung sind mehrere Personen und – je nach gewählter PO-Form – Abteilungen beteiligt. Damit sind die einzelnen Teilaufgaben sachlich, terminlich und ggf. kapazitätsmäßig aufeinander abzustimmen; werden mehrere Projekte bearbeitet, ist zusätzlich deren Koordination nötig.

Koordination ist die Aufgabe der Projektleitung: Sie zielt auf die Vermeidung von Doppelarbeit, der vollen Nutzung der Ressourcenpotentiale sowie der Einhaltung/Verkürzung von Bearbeitungszeiten.

Koordination ist eine *permanente* Aufgabe, die außerdem regelmäßig, z.B. in wöchentlich (zum gleichen Zeitpunkt) stattfindenden Projektbesprechungen gelöst wird: auftretende Probleme, der Projektstatus und die für das nächste Zeitintervall geplanten Arbeiten (und deren Ressourcen) werden besprochen, diskutiert, beurteilt und gemeinsam vereinbart. [30]

Die einzelnen Facetten der Koordination sehen Sie nun: [43]

- **Fachliche Koordination:**
  Die einzelnen Arbeitsergebnisse müssen fachlich (inhaltlich, technisch) zusammenpassen. Evtl. müssen Daten und Prozesse, Zwischenergebnisse oder Darstellungen und Dokumentation angepaßt werden.

- **Lösungskoordination:**
  Die Meinungen der Projektbeteiligten sind immer wieder auf einander anzupassen und auf eine gemeinsame Lösung auszurichten, damit nicht Lösungsteile entwickelt werden, die nicht zueinander passen.

- **Qualitative Koordination:**
  Die einzelnen Teilaufgaben und Arbeitspakete müssen von der Qualität her zum Projektziel passen. Von daher sind ihre Teil- und Zwischenergebnisse stets darauf zu untersuchen, ob sie in puncto Ausarbeitung und Ergebnis den gewünschten Qualitätsanforderungen entsprechen.

- **Terminliche Koordination:**
  Um die Projekttermine einhalten zu können, müssen bei auftretenden Störungen, wie Krankheit von Mitarbeitern, Verzug eines Vorgängervorgangs oder projektexternen Einflüssen, die Aufgaben terminlich neu abgestimmt werden.

- **Kapazitäten-Koordination:**
  Eng verbunden mit der terminlichen Koordination ist die Koordination der Kapazitäten, also einer Abstimmung der benötigten und der zur Verfügung stehenden Human- und Sachressourcen.

5.3.4 Information und Berichterstattung

Damit Steuerung, kooperative Führung durch Motivation und Koordination der Abläufe überhaupt möglich werden, ist eine ständige, umfassende und schnelle Information notwendig. Auch sie ist Aufgabe der Projektleitung und stellt *das* Bindeglied zwischen allen am Projekt Beteiligten dar: Fehlarbeiten, nichtkompatible Arbeitsergebnisse und demotivierende Ereignisse können durch rasche und vollständige Information vermieden oder bereits im Ansatz entdeckt und so den kostenverursachenden Auswirkungen entgegengewirkt werden.

Information benötigt daher einerseits die Projektleitung, aber auch alle anderen Beteiligten, also die Teammitarbeiter, die relevanten Fachabteilungen, den Lenkungsausschuß, die Unternehmungsleitung und ggf. externe Berater und Auftraggeber. Umgekehrt nehmen diese nicht nur Information auf, sondern sie liefern auch welche – insgesamt ergibt sich so ein ständiges Netz vielschichtiger Informationsbeziehungen.

Natürlich benötigt nicht jeder Beteiligte die gleiche Information: das Teammitglied braucht detaillierte Vorgaben für seine Teilaufgabe, der Berater muß wissen, welche Grobschritte demnächst angegangen werden, damit er sein Methodenwissen entsprechend vermittelt, und die Unternehmungsleitung bzw. der Lenkungsausschuß benötigen von Zeit zu Zeit einen verdichteten Gesamtüberblick über das Projektgeschehen.

Deshalb muß Information *organisiert* werden, d.h., die Informationsgewinnung, -aufbereitung und -weitergabe muß systematisch geplant und durchgeführt werden:[1] Verträge, Spezifikationen, Pläne, Berichte usw. müssen zentral erfaßt, verwaltet und aufgabenbezogen weiter verteilt werden.

Neben der Funktion, die Informationsversorgung zu sichern, dient Projektinformation auch der...[2]

- Motivation der Mitarbeiter, weil sie laufend über den Projektfortschritt unterrichtet werden und über die Arbeit anderer im Bilde sind,

- schnelleren Lösungsfindung, da die zu lösenden Probleme allen relevanten Personen bekannt sind,

---

[1] „Und", mögen Sie denken, „überwacht und gesteuert werden." Recht haben Sie – das ist wiederum ein Managementprozeß für sich...

[2] Und nachfolgend vgl. [30]

- besseren Nutzung von Wissen und Erfahrung der Mitarbeiter,
- einer fast automatischen Weiterbildung der Projektbeteiligten in fachfremde Gebiete.

Gut, wir wissen jetzt, für wen und wofür Information benötigt wird. Wie aber muß Information beschaffen sein? Sie sollte...

- regelmäßig und rechtzeitig bereitstehen,
- einheitlich und vergleichbar sein,
- übersichtlich, klar formuliert und verständlich sowie
- vollständig und wahr sein.

Dazu ein paar Tips:

☞ Klären Sie, wann und wie oft Arbeitspaket-, Projektstatus-, und Meilensteinberichte angefertigt werden.

☞ Achten sie dabei auf terminliche Übereinstimmung mit der Überwachung von Kosten, Leistung und Kapazitäten.

☞ Einigen Sie sich auf bestimmte Formatvorgaben und auf gleiche Darstellungsart.

☞ Fördern Sie die Veranschaulichung von Sachverhalten durch Diagramme, Schaubilder und Tabellen.

☞ Entwickeln Sie so ein einheitliches Berichtswesen.

☞ Gewinnen Sie darüber hinaus informelle Information: Seien Sie für Ihre Mitarbeiter ansprechbar, würgen Sie den Gesprächswunsch von Mitarbeitern nicht mit einem „keine Zeit!" ab, fragen Sie Ihre Mitarbeiter nach ihrem Befinden, signalisieren sie, daß Sie interessiert sind. Und schließlich: bleiben Sie nicht in Ihrem Elfenbeinturm sitzen, sondern zeigen Sie sich, schauen und hören Sie sich um!

Warum? Letztlich dient Projektinformation dazu, das Projekt steuern zu können und unter Berücksichtigung der 4 Parameter das Projektziel zu erreichen. Dazu wird ständig und unverzögert (die richtige) Information gebraucht.

Informationsmanagement soll sicherstellen, daß Entscheidungen getroffen werden und Steuerungsmaßnahmen rechtzeitig greifen können – bevor irreparable Schäden (also Terminverzug, zusätzliche Kosten usw.) entstehen. Information ist damit immer auch ein Kampf gegen die Zeit – je später eine benötigte Information vorliegt, desto später können Korrekturmaßnahmen wirken:

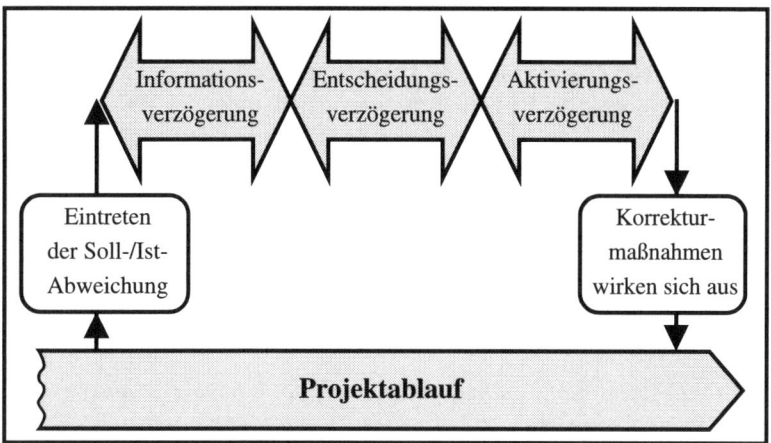

Abb. 69: Zeitverzögerungen bei Steuerungsmaßnahmen[1]

5.3.5 Das Treffen von Entscheidungen

Im Projektablauf müssen vielfältige Entscheidungen getroffen werden: Abweichungen zwischen Plan- und Ist-Daten wurden bereits ausführlich diskutiert; darüber hinaus gibt es viele unberechenbare Situationen innerhalb (z.B. Teammitarbeiter stört die Arbeit) und außerhalb des Projekts (z.B. projektexterne Mitarbeiter verweigern Information oder Subauftragnehmer fällt aus). Auch hier müssen Entscheidungen getroffen werden.

Dies geschieht teilweise intuitiv, aus der Erfahrung heraus oder aufgrund sorgfältiger Abwägungen. Für letztere steht eine Reihe von Methoden zur Verfügung, die später vorgestellt werden.[2]

---

[1] Nach [38]

[2] Vgl. in Kap. E ab S. 196.

Die Frage ist: *Wer entscheidet?* Grundsätzlich ist dies Aufgabe der Projektleitung. Allerdings gibt es auch Fälle, wo andere in den Entscheidungsprozeß mit einbezogen werden (müssen), wie bspw. bei erheblichen Kosten- oder Terminabweichungen, wo der (interne oder externe) Auftraggeber an der Entscheidung beteiligt wird. Genauso sind z.b. Fachabteilungsleiter bei jenen Entscheidungen einzubeziehen, wo sie Fachkompetenz haben.

In jedem Fall muß die Projektleitung dafür sorgen, daß Entscheidungen rasch erfolgen, um weitere Verzögerungen (und als Folgen z.B. brachliegende Ressourcen, Verunsicherung der Mitarbeiter) zu vermeiden. Und weitere Aufgabe der Projektsteuerung ist anschließend zu gewährleisten, daß die getroffenen Entscheidungen unverzüglich umgesetzt werden sowie – Controlling! – zu überprüfen, ob die Entscheidungen und die Maßnahmen geeignet waren.

5.4   Projektabschluß

F Projektabschluß? Darüber habe ich doch beim Phasenkonzept schon alles gelesen. Was hat das Thema hier zu suchen?

A Ganz einfach: Die Projektleitung hat das Projekt begonnen (und begleitet), also beendet sie es auch, zumal gerade am Ende eines Projekts große Gefahren lauern, wenn Sie das Projekt ohne Steuerung „einfach so" auslaufen lassen.

Potentielle Gefahren wären: [18]

- Nichterreichen der Projektziele
- Nachbesserungsbedarf und damit Verzögerung des Projektabschlusses und zusätzliche Kosten
- mangelnde Dokumentation
- mangelnde Sicherung des angesammelten Know-how
- verspätete Freigabe wichtiger Ressourcen für Folgeprojekte oder für Linienarbeiten
- fehlende Abschlußerfolgskontrolle
- fehlende Auswertung der Projektphasen, der Projektorganisation und Projektsteuerung (Gesamtkritik)

- fehlende Wartung und Begleitung/Anleitung bei der Einführung neuer Techniken usw.

So wie die Projektüberwachung und -steuerung *während* der Abwicklung unverzichtbar war, um z.b. Abweichungen zu erkennen und Maßnahmen einzuleiten, ist dies ihre Aufgabe auch zum Ende eines Projekts: Das Gesamtprojekt wird analysiert und ausgewertet – nur die Maßnahmen betreffen dann...? Genau: Falls der finale Meilenstein nicht erfüllt wurde, muß evtl. weiter am Projekt gearbeitet oder ein *Folgeprojekt* eingeleitet werden. In jedem Fall sind die im Projektabschluß gewonnenen Informationen und Maßnahmenvorschläge für *zukünftige* Projekte von Interesse.[1]

Selbst wenn die Projektziele erreicht sind, ist das Projekt damit noch nicht abgeschlossen, denn dies ist ein formaler Akt, der erst vonstatten gehen kann, wenn die Abschlußkontrolle vorliegt, die Gesamtdokumentation erstellt ist und die Projektstrukturen aufgelöst sind.

Wie diese Phase der **Nachbereitung** aussieht, hängt sehr stark von der Art des Projektes ab: Bei einem Projekt „Einführung der Metaplantechnik"[2] in der Unternehmung ist das Projekt mit entsprechenden Schulungen noch nicht abgeschlossen; vorher muß noch sichergestellt werden, daß die Methode effektiv und effizient (also für die richtigen Zwecke und richtig durchgeführt) angewandt wird. Immer, wenn das Projekt neues Wissen oder neue Systeme (auch organisationeller Art) zum Gegenstand hatte, ist eine begleitende Einführung und Erfolgskontrolle wichtig.

Bei manch anderem Dienstleistungsprojekt, wie bspw. einem Betriebsjubiläum, einer Präsentationsveranstaltung für den neuen

---

[1] Simples Beispiel: Bei Ihrem Betriebsjubiläum traten Künstler auf, die von einer Agentur vermittelt waren. Sie stellten fest, daß die Agentur die Fähigkeiten der Künstler weit übertrieben dargestellt hatte. Für zukünftige Anlässe würden Sie wohl nicht mehr mit dieser Agentur zusammenarbeiten. Und damit sind wir beim Punkt: Damit das beim nächsten Mal noch bekannt ist, müssen solche Erfahrungen eben ausgewertet und dokumentiert werden.

[2] Vgl. S. 203 f.

Formel 1-Rennwagen, einer Befragungsaktion usw. fällt eine solche Nachbetreuung in aller Regel weg: das Projekt endet dann mit dem offiziellen Abschlußbericht.

Speziell für IT-Projekte bildet die *Testphase* einen wichtigen Bestandteil der Abschlußphase, um vor der endgültigen Implementierung Erfahrungen zu sammeln, das System auf Alltagstauglichkeit zu prüfen und daraufhin letzte Korrekturen vorzunehmen.

Für Betriebsfeiern u.ä. fällt eine solche Testphase weg, da mit der Realisierung der Grund für das Projekt wegfällt. Allerdings kann hier ggf. eine *vorgezogene* Testphase sinnvoll sein (z.B. ein Soundcheck) oder regelrecht Pflicht, bevor Sie z.B. ein neues Produkt/ eine neue Dienstleistung am Markt einführen.

Zum ordnungsgemäßen Projektabschluß gehört auch die Auflösung der (zeitlich befristeten) Projektstrukturen: Die Sachmittel müssen anhand von *Verwertungsplänen* weitergegeben, die Projektmitarbeiter zurück in die Linie eingegliedert oder mit neuen Projektaufgaben betraut werden. Die dafür zu erstellenden *Transferpläne* beinhalten: [18]

- ausführliche Darstellung der individuellen Leistung jedes Projektmitarbeiters
- das Ausstellen entsprechender Zeugnisse
- die Vergabe von Leistungsprämien und Belobigungen
- die Besorgung von Folgetätigkeiten mit dem Ziel, die Motivation des Mitarbeiters zu erhalten und sein Know-how weiter im Dienst der Unternehmung zu nutzen

Schließlich müssen noch sämtliche Unterlagen archiviert und ihre spätere Auffindbarkeit gesichert sowie die Projektkonten aufgelöst werden.

Als letzter Schritt empfiehlt sich eine **Projektabschlußsitzung**, in der das Projekt von allen Beteiligten bewertet wird. Diese Rückschau sollte nicht vom PL moderiert werden, da er selbst Beteiligter war. Das Projekt wird hier diskutiert, positive und negative

Erfahrungen mitgeteilt und Verbesserungsvorschläge für zukünftige Vorhaben erarbeitet und schriftlich festgehalten. Diese Inhalte
könnte eine Projektabschlußsitzung haben: [18]; [46]

1. Rückschau:
- was war gut?
- was war weniger gut?
- welche Ziele wurden erreicht, welche nicht?
- wer hatte wann und womit Schwierigkeiten?

2. Erfahrungssicherung für künftige Projekte:
- Was wurde aus dem Projektverlauf gelernt?
- Welche Maßnahmen werden konkret empfohlen, um erkannte
  Mängel zukünftig nicht zu wiederholen?

3. Anerkennung und Kritik an Projektbeteiligten
(aber bitte sachlich vortragen, ohne jemanden zu verletzen)

4. Überführung der Projektmitarbeiter in neue Arbeitsgebiete

5. Information über den Projektabschluß:
- wer bekommt den Abschlußbericht?
- wer wird nur kurz über den Projektabschluß informiert?
- wo sind künftig Informationen über dieses Projekt abrufbar?

6. Abschlußfeier
(auch das muß sein – schließlich hat man über eine evtl. längere
Zeit im Team zusammengearbeitet, hat vielleicht neue Freunde
gewonnen und jedenfalls einige Kollegen besser kennengelernt.
Und bei erfolgreichem Projektabschluß (evtl. mit explizitem
Lob des Auftraggebers) darf sogar ein bißchen Stolz dabei sein
– und Freude über das gemeinsam Geleistete.

Checkliste 4: Projektabschlußsitzung[1]

Was fehlt noch? Genau: ein Abschlußbericht. der wird i.d.R. etwas
umfangreicher geraten, eine Kurzversion finden Sie umseitig:

---

[1] In Anlehnung an [46]

Projektabschlußbericht		
Projekt-Nr.:	Projektbezeichnung:	Projektleiter:
erstellt am:	erstellt von:	Kopie an: ....

Wurden die im Projektauftrag bzw. die in der letzten genehmigten Änderung vereinbarten Ziele/Ergebnisse erbracht?

| | ja | nein |

Abweichungen vom Projektauftrag:

Soll-/Ist-Vergleich:	P-Starttermin	P-Endtermin	Ges.aufwände	Ges.kosten
Soll				
Ist				
erwartet				
± Abweich.				

**gravierende Probleme im Projektverlauf
(fachlich, methodisch, Beteiligte usw.):**

weitere Betreuung der P-Ergebnisse:	Aufbewahrungsort der P-Doku:

empfohlene weitere Schritte/Aktionen:	Verantwortlicher	zu erledigen bis
1.		
2.		
3.		
4.		

--------------------------   --------------------------
       Projektleiter   Auftraggeber

Anlagen:
☐ Projektauftrag
☐ genehmigte Änderungen
☐ freigegebene und letzte Projektplanung
☐ Übergabeprotokoll
☐ usw.

Formular 7: Projektabschlußbericht [46]

So, lieber Leser, jetzt wissen Sie fast alles über Projektmanagement um loslegen zu können. Als Extra-Schmankerl bekommen Sie im nächsten Kapitel die wichtigsten *Methoden für den Projektalltag*.

E   Methoden & Techniken

Sie wissen bereits,[1] daß in den einzelnen Projektphasen die unter-schiedlichsten Methoden benötigt werden, um beste Ergebnisse zu erzielen. Einige wurden bereits im Kontext beschrieben (Netz-plantechnik, Trendanalyse usw.), die wichtigsten anderen werden Ihnen jetzt vorgestellt.

1   Kreativitätstechniken

Mit Hilfe von Kreativitätstechniken soll das kreative Potential aller Projektbeteiligten entfaltet werden, um so möglichst viele, neue und ungewöhnliche Ideen zu generieren. Insofern werden sie gene-rell zu *Beginn eines Projektes* als auch zu *Beginn jeder Phase* ein-gesetzt, speziell für *Konzeption* und *Feinkonzept*.

Sie lernen hier diese in der Praxis bewährten Methoden kennen:
- Brainstorming, Brainwriting & Co.
- Synektik
- Delphi-Methode
- Morphologischer Kasten
- Mind Mapping

■ Brainstorming[2]

Dies ist die wohl bekannteste und gängigste Methode zur Ideenfin-dung. Zu einem klar umrissenen Thema kommen Fachleute aus unterschiedlichen Bereichen zusammen, Im Gegensatz zu her-kömmlichen Sitzungen, wo Konkurrenzkämpfe, Profilierungs-süchte, Verzettelung in Unwichtiges u.ä. an der Tagesordnung sind, soll Brainstorming ohne solche Störungen schnell zum We-sentlichen kommen – und das bedeutet, neue beste Ideen kreieren. Dazu sind ein paar **Regeln** zu beachten, die vor jedem Brainstor-ming den Teilnehmern als verbindlich und unbedingt einzuhalten vermittelt werden:

---

[1] Vgl. S. 68 ff. und Kap. D 2.3 ab S. 78
[2] Vgl. nachfolgend [2]; [6]

- Möglichst *viele* Ideen äußern – egal wie verrückt sie klingen mögen. Quantität geht vor Qualität.
- Setzen Sie Ihrer Phantasie keine Grenzen, äußern Sie Ihre Gedanken frei und ungehemmt!
- Jegliche Kritik ist absolut untersagt! Killerphrasen wie „das geht nicht!", „das hatten wir schon!", „zu teuer!" sind kreativitätsfeindlich und würden gerade neue Wege verhindern.
- Greifen Sie die Ideen anderer auf und spinnen Sie sie fort! Oft nennt jemand eine „Rohidee", die ein anderer weiterspinnt, mit anderen Ideen vermischt usw.

Eine Brainstorming-Sitzung durchläuft meist 3 Phasen:

1. **Vorbereitung:** Sitzung nicht spontan einberufen, sondern vorbereiten – also das Thema umreißen, die Einzuladenden interdisziplinär auswählen, den (ca. 4-10) Teilnehmern mit der Einladung schon das Thema bekanntgeben.

2. **Durchführung:** Der Moderator nennt das Thema und erinnert an die Regeln. Alle Ideen werden für alle sichtbar notiert, z.B. auf Flipchart, Metaplanwand o.ä. sowie ggf. eine Tonbandaufzeichnung. Die Ideen werden in Rohfassung geäußert, also ohne explizite Erklärung und Ausformulierung. Der Moderator sollte seine eigenen Ideen zurückhalten, um die anderen Teilnehmer nicht zu bremsen. Dauer 30 Min. max. 1 Stunde.

3. **Auswertung:** Eine 1. Auswertung kann direkt im Anschluß mit den Teilnehmern vorgenommen werden, ansonsten kann dies später, auch unter Zuziehung von Fachleuten geschehen. Dabei werden ähnliche Ideen zu Themenkomplexen gruppiert, an der Lösung vorbeigehende Ideen ausgesondert. Die Ergebnisse werden anschließend dokumentiert.

Anwendung: *Zielfindung, Ideensammlung, Risikoidentifikation,* Eventideen, Name für ein Produkt/eine Dienstleistung, usw.

Destruktiv-konstruktives Brainstorming (Stop-and-Go-Technik) ist eine Variante [41], um bestehende Lösungen, Produkte usw. einer kritischen Überprüfung zu unterziehen. Dazu kommen wiederum ausgewählte Teilnehmer zusammen. Zunächst wird ① der Sachverhalt geschildert. In der ② destruktiven Phase nennen die TN alle Mängel, Schwachstellen, Nachteile usw. (ohne Diskussion der Beiträge!), die per Flipchart o.ä. mitgeschrieben werden. Dann folgt ③ die konstruktive Phase, in der nach Verbesserungsmöglichkeiten der vorher genannten Negativa gesucht wird. Dieser letzte Prozeß wird wie das klassische Brainstorming durchgeführt.

■ Brainwriting [2]; [6]

Brainwritung ist eine schriftliche Form des Brainstorming, wobei es hierzu viele Varianten gibt; die gängigste ist die Methode 635: Dabei kommen 6 Teilnehmer zusammen und schreiben jeweils 3 Ideen auf, die 5 mal weitergegeben werden.

Sinn ist es, daß jeder Teilnehmer ungestört seine eigenen Ideen generiert, aber auch die Ideen der anderen reihum aufgreift.

Vorgehensweise: ① Das Thema/die Problemstellung wird vorgestellt, dann erhält ② jeder TN[1] ein Formular und trägt in die oberste Zeile seine 3 Ideen ein. ③ Nach 5 Minuten werden die Formulare im Uhrzeigersinn weitergegeben und jeder TN schreibt ④ in der 2. Zeile seine nächsten 3 Ideen auf; er kann dabei die Vorgängerideen aufgreifen und variieren oder völlig neue Ideen nennen. ⑤ Nach 5 Min. wiederum Austausch usw. bis jeder TN jedes Formular einmal hatte.

Methode 635			Blatt-Nr. 5
Problemstellung:			Datum:
Ideen			TN
...	...	...	5
...	...		6
...			1
			2
			3
			4

Formular 8: Methode 635

Mit dieser Methode werden max. (6 x 3 x 6 =) 108 Lösungen produziert. Vorteile sind außerdem, daß alle Ideen automatisch protokolliert werden und nachweisbar ist, von wem welche Idee stammt. Allerdings kennt nicht jeder alle anderen Ideen und es sind keine Verständnis(rück)fragen möglich.

---

[1] TN = Teilnehmer

Brainwriting kommt grundsätzlich in denselben Phasen und zu den gleichen Problemstellungen in Frage wie Brainstorming.

Das Brainwriting kennt einige **Varianten**, wie z.B.:

Der **Brainwriting-Pool** [41] ist etwas einfacher durchzuführen; hier werden keine vorbereiteten Formulare benötigt. Statt dessen liegen bei Sitzungsbeginn ein paar Blätter mit ersten Lösungen auf der Tischmitte. Jeder TN entwirft nun mehrere eigene Ideen, die ihm gerade einfallen. Zur erneuten Stimulierung tauscht er (beliebig oft) seine bisherigen Papiere mit anderen aus der Tischmitte (Pool) aus.

Vorteil ist, daß die Taktfrequenz des klassischen Brainwriting wegfällt und jeder solange an seiner Idee wirken kann, wie er möchte.

Die **Kärtchentechnik** [2]; [41] ist mehr am Brainstorming angelehnt, nur daß hier die Ideen nicht mündlich, sondern während 10-15 Min. mit Filzstift auf Kärtchen (groß und leserlich!) geschrieben werden. Anschließend sammelt der Moderator die Kärtchen ein, liest sie vor, klärt ggf. durch Rückfragen Unklarheiten und pinnt sie dann an vorbereitete Stellwände, und zwar grob geordnet nach Ideenrichtungen, Themengebieten usw. Es kann sich ergeben, daß Kärtchen umgesteckt werden, wenn sich herausstellt, daß sie mehr zu einem anderen Ideenkomplex passen.

Vorteile: Damit ist gleichzeitig eine Strukturierung der späteren Problemlösung erreicht. Außerdem können sich mehr (bis zu 30) TN beteiligen.

Das **Collective Notebook (CNB-Methode)** [2]; [6] kann sich über mehrere Wochen erstrecken: Der Koordinator bereitet das „Notizbuch" vor und beschreibt das Problem auf 1-2 Seiten. Dann wird es (mit einer Reihenfolgeliste) an ausgewählte Personen verschickt, die es nach einer genannten Zeit an die nächste Person weiterschicken usw.

Zum Schluß erstellt der Initiator eine Zusammenfassung der Ergebnisse, ggf. werden diese in einem abschließenden Treffen gemeinsam diskutiert.

Vorteil: Die TN müssen nicht gesondert zusammentreffen, sondern führen die Ideenfindung während Arbeitspausen o.ä. durch. Nachteil: Es fehlt die kreative Atmosphäre und das „sich gegenseitige Befruchten", so daß originelle Ideen eher selten auftauchen.

■ Synektik

Die Synektik hilft, völlig neue Lösungsansätze zu finden bzw. Lösungen aus anderen Bereichen vom Prinzip her zu übernehmen. Sie arbeitet dabei stark mit Analogiebildung, also z.b. mit der Frage „wie löst die Natur unser technisches Problem?" Die eigentliche Fragestellung wird dazu teils extrem verfremdet. Ein klassisches Beispiel hierfür ist Kartonpappe, die nach dem Prinzip des Wabenbaus von Bienenstöcken konstruiert wurde.

Synektik läuft in **3 Phasen** ab: [2]; [6]

① „Mach Dir das Fremde vertraut!" Klären, worum es geht und welche Ansätze woanders bestehen. ② „Verfremde das Vertraute!" Analogien bilden zum ursprünglichen Problem, z.b. vom Problem „neue Ansaugvorrichtung" wird auf saugende Nahrungsaufnahme im Tierreich gewechselt. ③ „Kombiniere das Verfremdete und das Vertraute miteinander!" Analyse der Analogien und Ableiten von konkreteren Ideen.

Wichtig ist, daß die Teilnehmerzahl klein gehalten wird (max. 6), daß Moderator und Teilnehmer einen ähnlichen intellektuellen Hintergrund (z.b. Physiker, Biologen und Ingenieure), aber durchaus unterschiedliche Erfahrungen und Kenntnisse mitbringen.

Die Synektik kann wie Brainstorming und Brainwriting zur *Ideenfindung* eingesetzt werden, speziell auch bei festgefahrenen Problemen.

■ Delphi-Methode

Die Delphi-Methode ist ebenfalls ein intuitiv-kreatives Verfahren und kann zur *Ideenfindung* als auch zur *Problemanalyse/-lösung* eingesetzt werden. Der Ablauf erfolgt so:

Phase	Bearbeiter	Befragte
Vorbe-reitungs-phase	♦ Fragebogen ausarbeiten ♦ Pretest ♦ zu Befragende auswählen	♦ Zusagen zur Teilnah-me an *allen* Runden
1. Runde	**1. Fragebogen:** ♦ Bewertungsfragen ♦ offene Fragen	♦ Beantwortung
	Auswertung	
2. Runde	**2. Fragebogen:** ♦ Resultate der 1. Runde ♦ Fragen erneut gestellt ♦ neue, von Experten gefor-derte Fragen eingebaut	♦ Lesen der Resultate ♦ Begründen der Mei-nung zur 1. Runde ♦ erneute Bewertung ♦ Beantwortung der neuen Fragen
	Auswertung	
3. Runde	**3. Fragebogen:** ♦ Resultate der 2. Runde ♦ Vorstellen der Argumente ♦ Fragen erneut gestellt	♦ Lesen der Resultate ♦ neue Beantwortung ♦ weitere Argumente pro/contra anführen
	Auswertung	
End-phase	♦ Endgültige Auswertung der Befragung ♦ Schlußbericht ♦ Zukunftsvisionen, korri-gierte Szenarien, Strategie- und Maßnahmenempfehlun-gen	

Abb. 70: Ablauf einer Delphi-Befragung[1]

---

[1] Quelle: Zimmermann, F.: Tourismus zur Jahrtausendwende, eine Ex-pertenbefragung zur Zukunft des Fremdenverkehrs in Österreich, in: Zimmermann, F./Klemm, K./Mielitz, G. (Hrsg.): Tourismusforschung und Tourismuspraxis in Österreich, Berichte und Materialien Nr. 5 des Institut für Tourismus, Berlin 1989, S. 35 f.

Die Delphi-Methode ist eine Form der *Expertenbefragung*: es werden – räumlich getrennt voneinander[1] – mehrere Experten systematisch mehrfach befragt; dadurch, daß die Experten die Ergebnisse der anderen Mitwirkenden aus der Vorrunde erfahren, können sie ihre eigenen Ergebnisse/Ideen/Schätzungen überprüfen und ggf. abändern sowie Gedanken anderer aufgreifen.
Die Delphi-Methode ist viel aufwendiger als Brainstorming/-writing, dafür eignet sie sich aber auch für alle Probleme, wo es um *Einschätzungen* (zukünftiger) Situationen geht, wie z.B. dem Entwurf von Zukunftsvisionen („wie sieht das Fortbewegungsmittel im Jahr 2020 aus?"), dem Beimessen von *Eintrittswahrscheinlichkeiten* von Risiken (in der Risikoanalyse) oder bei der *Zukunftstauglichkeit* gefundener Lösungen („wird sich das zu entwickelnde Produkt X am Markt durchsetzen?").

Als Variante schaltet die **Breitband-Delphi-Methode** nach jeder (schriftlichen) Befragungsrunde ein gemeinsames Treffen der Experten zwischen, um die geäußerten Lösungen/Einschätzungen und deren Abweichungen zueinander zu diskutieren. [2]; [6]

■ Morphologischer Kasten

Der Morphologische Kasten (morphologische Analyse) ist eine analytische Methode, die Probleme systematisch in Bestandteile zerlegt und dafür Einzellösungen sucht. Insofern wird sie bei der *Ideenfindung* bzw. Findung von Lösungsalternativen eingesetzt.

Vorgehen: [2]; [6] Das Lösungsteam kommt zusammen. Zunächst wird ① das Problem diskutiert, ggf. in Teilprobleme aufgesplittet und gemeinsam definiert, dann erfolgt ② eine Festlegung der Parameter/Teilaspekte des Problems. Es folgt ③ der kreative Teil, nämlich das Finden von möglichen Parameterausprägungen (also der Einzellösungen). Diese werden dann ④ im morphologischen Kasten eingetragen und sinnvolle Kombinationsmöglichkeiten gesucht (in der Grafik die beiden Zick-Zack-Linien). Schließlich ⑤ Auswahl der geeignetsten Lösung(en):

---

[1] Dabei können Sie auch externe Personen einbeziehen.

Parameter	Ausprägungen (Einzellösungen)				
Ort	im Haus	Hotel	Berghütte	Seminar-zentrum	
Zeit	1 Woche	3 Wochen-enden	5 Samstage	10 halbe Tage	
Methodik	Vorträge	Gruppen-arbeit	Workshops mit Trainern	Referate + Übungen	Selbst-studium
Rahmen-programm	Outdoor-training	Besichti-gungen	Survival-training	keine freie Zeit	selbstdisp. Freizeit
Konzept-erstellung	PL	interne Trainer	externe Trainer	Seminar-veranstalter	Projektteam
Kosten-übernahme	Unterneh-mung	TN	50% Zuschuß	ext. Auf-traggeber	
Legende:	Lösung A ◆		Lösung B ○		

Abb. 71: Morphologischer Kasten „Seminarplanung"

■ **Mind-Mapping**

Mind Mapping ist eine einfache Technik, sozusagen „aus dem Bauch heraus". Mit ihr können Ist-Situationen als auch Lösungen festgestellt, strukturiert, analysiert und ausgearbeitet werden. [43] Sie eignet sich deshalb für alle Phasen, in denen solche Probleme auftreten, speziell zu *Beginn* jeder Phase.

Sie benötigen dazu wenige Teilnehmer (ca. 1-5),[1] Papier im Poster-format, Filzstifte und Stellwände. Vom in der Mitte (im Kreis) ein-getragenen Problem werden Äste für die Hauptaspekte (hier z.B. Projektplanung) eingezeichnet, von diesen aus führen Zweige (z.B. Kapazitäten) zu Ausprägungen (z.B. Sachmittel). Jeder genannte (Unter-)Aspekt kann weiter unterteilt werden – wie es gerade ein-

---

[1] Diese Technik eignet sich auch hervorragend, um sich selbst ein Problemfeld zu erschließen.

fällt (z.B. Einrichtung und weiter: Flipchart). Damit entsteht ein verästeltes Gebilde, das die unterschiedlichen Dimensionen und Teilaspekte anschaulich geordnet aufzeigt:

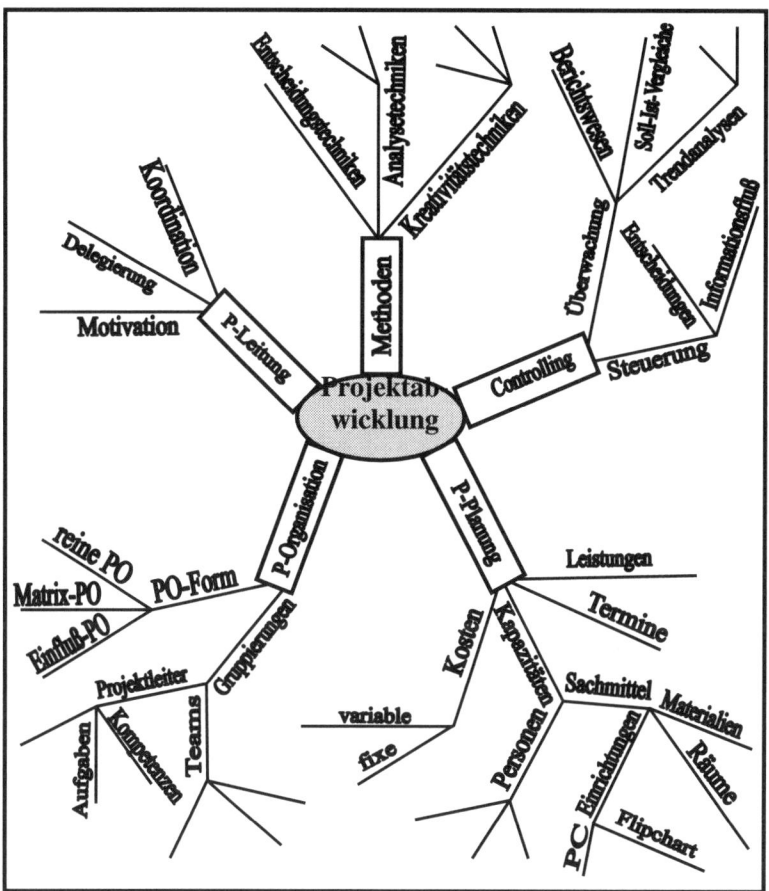

Abb. 72: Mind Map „Projektabwicklung"

Eine verwandte Version ist das **TOP-Mapping**, wobei hier bewußt eine Analogie zu einer topographischen Landkarte stattfindet. TOP-Mapping wird zur *Veranschaulichung von Prozessen* im Ist- oder Planungsstadium oder einer neuen Prozeßalternative eingesetzt.

Auch hier findet eine thematische Gliederung statt, wobei zusammenhängende Aspekte gemeinsam eine „Insel" bilden. Um diese herum dürfen Sie ruhig Wellen als Wasser einzeichnen, wie überhaupt viele Symbole verwendet werden, wie Autobahnen (z.B. für schnelle Informationswege), Brücken (die Hindernisse überwinden), Stoppschilder und Ampeln (die eine Sperre oder freie Fahrt anzeigen), Engpässe, Baustellenschilder usw.

Durch die Symbole werden nicht nur die Teilprozesse, sondern auch die Auswirkungen von Störungen, von überflüssigen Prozessen usw. erkannt.

Damit eignet sich diese Methode immer dann, wenn es gilt, Prozesse zu untersuchen, also wenn z.B. Abläufe Gegenstand des Projekts sind bzw. zur Untersuchung der Projektkommunikation usw.

2   Analysetechniken

Analysetechniken untersuchen Ist-Situationen und werden daher in Projekten vor allem für die Problemanalyse eingesetzt. Diese kann zu Beginn eines Projektes oder einer Phase stehen. Sie sollen helfen, daß eine fachliche Basis für das weitere Vorgehen (beginnend mit einem Grobkonzept) entsteht.

Dazu gehören verschiedene Techniken, wie z.B.:[1]

• Interview & Fragebogen
• Dokumentenanalyse
• Portfolio-Analyse
• Delphi-Methode
• Szenariotechnik
• Relevanzbaum
• Ursache-Wirkungs-Diagramm

Anmerkung: Die Zuordnung einzelner Methoden (hier: Delphi-Methode) ist nicht überschneidungsfrei, da einzelne Techniken für verschiedene Problemstellungen einsetzbar sind.

---

[1] Die ersten 3 Methoden zählen (auch) zu den Kommunikationstechniken, die anderen zu den Problemlösungstechniken.

■ Interview

Sie kennen Interviews: Sie dienen dem Zweck, etwas über das Handeln, die Motive, Einstellungen und Empfindungen von Personen zu erfahren. Für Projektzwecke ist dies z.b. bei Reorganisationsvorhaben oder zur Markteinführung eines Produktes von Interesse.

Dabei müssen Sie jedes Interview gut vorbereiten, inhaltlich strukturieren, die Fragen ggf. in einem Pretest überprüfen als auch den zu befragenden Personenkreis sorgfältig auswählen. Soweit Sie *offene* Fragen stellen (also mit freier Antwortmöglichkeit), müssen Sie darauf achten, daß Sie auch tatsächlich die Antworten zu den Problemen bekommen, die Sie untersuchen.

■ Fragebogen

Ein Fragebogen kann z.b. verschickt und schriftlich beantwortet werden oder er dient als Raster für ein fragebogengestütztes Interview. In jedem Fall müssen die Antwortmöglichkeiten, insbesondere die Skalierungen („trifft voll zu/trifft zu/teilweise/trifft kaum zu/trifft nicht zu", „sehr gut/gut/mittel/schlecht/eher schlecht" oder statt dessen „-2/-1/0/+1/+2" oder lieber „-3/..../+3") wohl überlegt sein.

Achten Sie darauf, daß die Ausfüllzeit kurz ist (max. ½ Stunde), daß die Fragen kurz, eindeutig und verständlich sowie nach Themenkomplexen geordnet sind und erklären Sie in einem Begleitschreiben kurz Aufgabe und Zweck des Fragebogens. [6]

Wie beim Interview werden Fragebögen zur *Ist-Analyse* von Situationen eingesetzt.

■ Dokumentenanalyse

Die Dokumentenanalyse ist eine spezielle Form der *Beobachtung* durch einen Organisator, der Berichte, Protokolle, Statistiken, Pläne, Ablaufdarstellungen, Organigramme usw. auswertet, um anschließend nach festzulegenden Kriterien eine Inhaltsanalyse durchzuführen. [41]

Besonderes Merkmal der Dokumentenanalyse ist, daß Organisator und Untersuchungsobjekte nicht in Kontakt treten, und deshalb die Auswertung unbeeinflußt erfolgt.

Anwendungsbeispiel ist die Untersuchung, wie lange es dauert, bis Entscheidungen umgesetzt werden, oder in welche Teilprozesse sich ein Gesamtprozeß aufgliedert.

Damit kann die Dokumentenanalyse in jeder *Problemanalysephase* genauso eingesetzt werden, wie z.B. bei der *Überprüfung* von Überwachungs- und Steuerungsmaßnahmen.

■ Portfolio-Analyse

Die Portfolio-Analyse haben Sie bereits kennengelernt;[1] in einer matrixartigen Darstellung bilden 2 Kriterien x- und y-Achse eines Koordinatensystems. Danach werden die untersuchten Aspekte, Projektkandidaten, Lösungsvorschläge o.ä. in die Matrix eingetragen und zwar so, wie sie die einzelnen Kriterien erfüllen. Damit sind die Positionen/Wirkungsgrade der untersuchten „Kandidaten" deutlich erkennbar.

Sie haben schon gemerkt, wofür die Portfolio-Analyse eingesetzt werden kann: zur Untersuchung und Darstellung von Ist- als auch von zukünftigen Situationen, bei der *Problemanalyse* und als *Entscheidungshilfe*. Im letzteren Fall nicht nur, um zu beurteilen, für welche der generierten Lösung Sie sich entscheiden wollen, sondern (ganz am Anfang) auch für die Auswahl des zu bearbeitenden Projekts (falls mehrere zur Auswahl stehen).

■ Szenariotechnik

Die Szenariotechnik ist eine Prognosemethode, mit deren Hilfe Sie Aussagen über das *Umfeld des zu lösenden Problems* als auch über *entwickelte Lösungen* erhalten. Szenarien werden für weltweite

---

[1] Vgl. Abb. 2 auf S. 9 sowie Abb. 56 auf S. 146. Außerdem kennen Sie sicher die klassische Marktwachstum-/Marktanteils-Matrix der Boston Consulting Group mit den 4 Quadranten „Fragezeichen", „Stars", „Melkkühe" und „arme Hunde" – *das* Portfolio schlechthin.

Entwicklungen („Umwelt im Jahr 2030"), aber auch nur für strategische Geschäftseinheiten einer Unternehmung erstellt. Wesentliches Merkmal ist, daß *gegensätzliche* (z.B. optimistische/ pessimistische) Szenarien entworfen werden, denn der Grundgedanke von Szenarien ist, daß es nicht nur *eine* Zukunft, sondern *mehrere plausible Zukünfte* gibt. Dann werden mögliche Störungen und deren Auswirkungen untersucht, wobei die bestehenden, gegensätzlichen Grundannahmen erhalten bleiben. Schließlich werden aus den Erkenntnissen Maßnahmen abgeleitet:

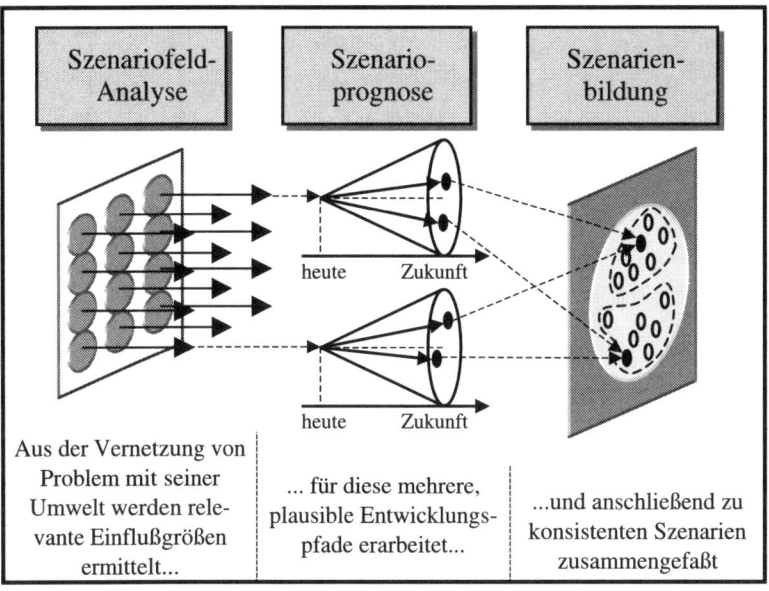

Abb. 73: Schema der Szenarioerstellung [12]

Das Vorgehen wird in der Grafik kurz skizziert. Ein kompletter Szenarioprozeß umfaßt hingegen ca. 8 Schritte (je nach Autor); Sie können diese Technik nur nach gründlicher Einarbeitung, am besten aber unter Anleitung eines Experten durchführen.

■ Relevanzbaum

Der Relevanzbaum[1] eignet sich sehr gut zur *Strukturierung von Problemen*, wobei das Problem in Teilaspekte aufgegliedert wird; auf jeder Ebene werden Alternativen des jeweiligen Teilaspekts betrachtet. Als Beispiel diene das Problem „Urlaub machen":

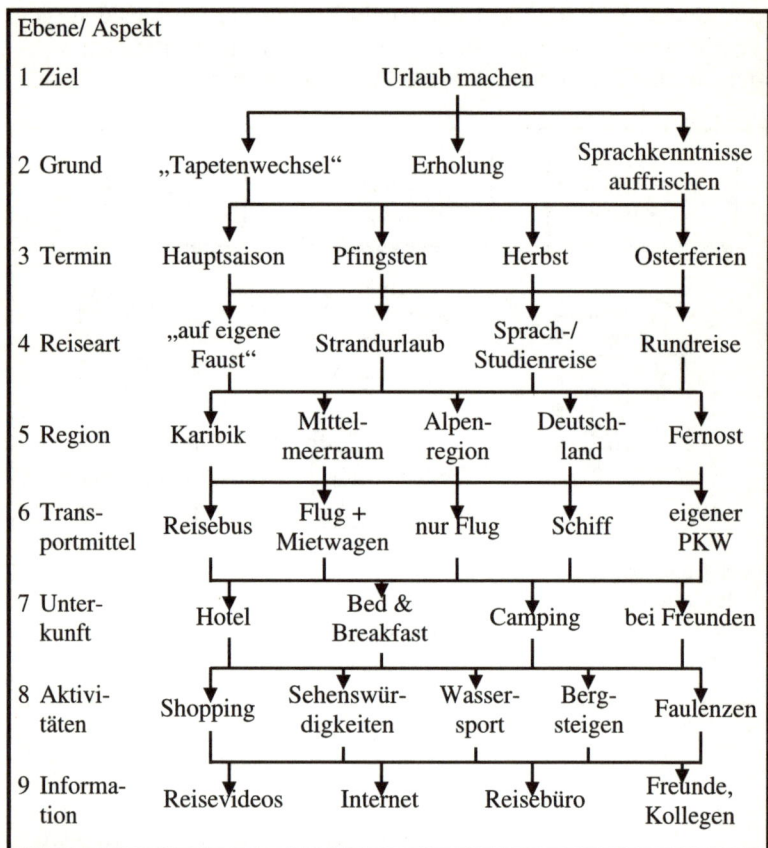

Abb. 74: Relevanzbaum „Urlaub machen"

---

[1] Auch hier gibt es mehrere Varianten; wir stellen hier den unbewerteten vertikalen Relevanzbaum vor. Der abgebildete Relevanzbaum ist nicht vollständig; er zeigt nur die generelle Vorgehensweise auf.

Anmerkung: Es kann, muß aber nicht von jeder Aspektausprägung aus ein Pfeil weitergehen. Grund: es liegt hier keine Hierarchiefolge vor: eine Ausprägung auf einer Ebene kann durchaus mit mehreren auf einer anderen kombiniert werden.[1]

Auch hier ist eine Kombination mit anderen Methoden denkbar: So können z.B. die in Szenarien getroffenen Aussagen im Relevanzbaum übersichtlich dargestellt werden, so daß damit aus der Vielzahl alternativer Vorgehensweisen eine Auswahl getroffen werden kann. [23] Sie können auch – ähnlich der Vorgehensweise beim morphologischen Kasten – Ihre bevorzugten Ausprägungen miteinander verbinden (wenn Sie sich entschieden haben).

■ Ursachen-Wirkungs-Diagramm [41]

Das Ursache-Wirkungs-Diagramm (andere Bezeichnungen: Ishekawa-, Fischgrät- oder Tannenbaum-Diagramm)[2] wird vor allem für die *Problemanalyse* eingesetzt, da vom Problem (= Wirkung) ausgehend die möglichen Ursachen strukturiert zugeordnet werden.

Vorgehen: Erarbeiten Sie das Diagramm zusammen mit Experten bzw. Beteiligten wie folgt: ① Problem definieren. ② Ursachenkategorien oder Ursachenbereiche festlegen (hier: „Besucher", „Programm" usw.). ③ Dazu jeweils Haupt-, Unter- und Nebenursachen ermitteln und ④ auf ihren Beitrag zur Problementstehung bewerten. Schließlich ⑤ überprüfen, ob die identifizierten „wahrscheinlichen" Ursachen tatsächlich maßgeblich waren/sind.

Die nachstehende Grafik skizziert die Vorgehensweise am Beispiel „Problem: Gäste verlassen einen Event sehr früh":

---

[1] Beim *bewerteten* Relevanzbaum ist das anders: dort liegt eine Hierarchie von oben nach unten vor, so daß die Darstellung dann mehr einem Baum ähnelt.

[2] Betrachten Sie die nachfolgende Grafik: das erklärt die Namen.

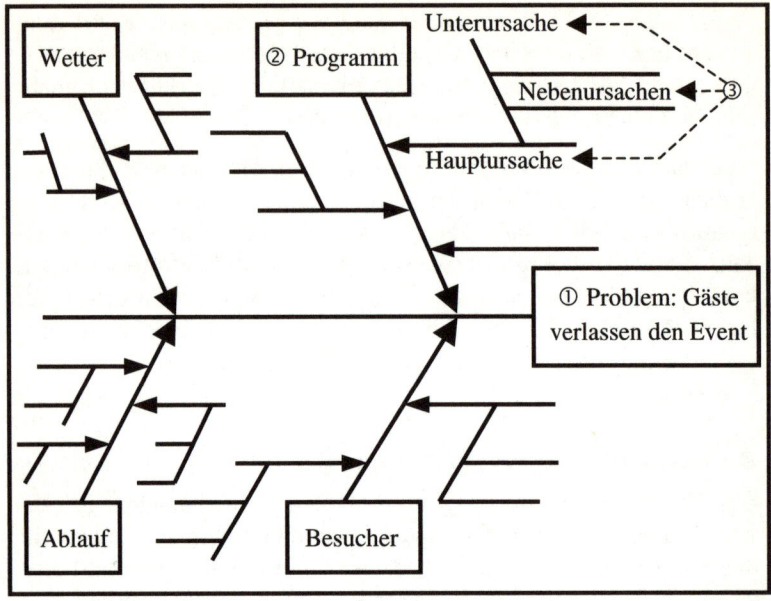

Abb. 75: Ursache-Wirkungs-Diagramm

Eine Hauptursache könnte bspw. beim Ablauf „Verzögerungen"
sein, eine andere „technische Pannen", usw.; Unterursachen dazu
könnten „keine geeignete Künstlergarderobe" bzw. „Überlastung
des Stromnetzes" sein. Nebenursache der Künstlergarderobe
könnte falsche Räumlichkeiten, fehlende Absprachen oder Nicht-
auffinden des Hausmeisters sein, usw.

☞ Nehmen Sie zur Übung doch einfach ein Blatt Papier und analysieren Sie auf diese Weise ein Problem, mit dem Sie sich
kürzlich konfrontiert sahen...

3   Methoden der Alternativenbewertung und Entschei-
dungsfindung

Wenn Sie Probleme strukturiert und alternative Lösungen kreiert
haben, müssen Sie diese im nächsten Schritt bewerten, um daraufhin eine Entscheidung fällen zu können. *Bewertung, Auswahl und*

Entscheidung sind damit eng gekoppelte Vorgänge. Entsprechend werden hier die zur Verfügung stehenden Techniken zusammen dargestellt. Für Dienstleistungsprojekte eignen sich die folgenden Methoden:[1]

* Prüffragenkatalog
* ABC-Analyse
* Wertanalyse & Nutzwertanalyse
* Wirkungsnetz
* Entscheidungsbaumverfahren
* Portfolio-Analyse (wird hier nicht mehr dargestellt)[2]
* Risikoanalyse[3]

■ Prüffragenkatalog

Dies ist eine recht einfache Technik, die dazu dient, Eigenschaften eines Untersuchungsobjekts zu überprüfen und Abweichungen festzustellen.

Vorgehen: Sie stellen eine Liste mit Fragen auf, wobei sie davon ausgehen, wo erfahrungsgemäß die Stärken und Schwächen liegen. Die Fragen müssen eindeutig beantwortbar sein, am besten sind ja/nein-Antworten, aber auch nach dem Muster „trifft voll zu/trifft manchmal zu/trifft nicht zu". Weiter ist zu beachten: [41] ① Gliedern Sie die Fragen hierarchisch in Tabellenform. ② Prüfen Sie, ob Sie mit den Antworten auch wirklich Hinweise auf den Soll-Zustand des Objekts erhalten. ③ Prüfen Sie den Katalog auf Vollständigkeit; ggf. ergänzen Sie ihn. ④ Streichen Sie überflüssige Fragen. ⑤ Überlegen Sie, ob die Fragen detailliert genug sind.

---

[1] Es gibt noch eine Reihe weiterer, speziell für technische Projekte, auf die hier nicht eingegangen werden soll.

[2] Sie wissen: Sie dient zur Problemanalyse *und* Entscheidungsfindung.

[3] Wurde bereits in Kap. D 4.2.6 vorgestellt.

Beispiel: „Projektkommunikation"

1. Haben Sie bisher alle Protokolle von Teamsitzungen binnen 2 Tagen erhalten?
2. Fanden die Teamsitzungen auch wirklich *jeden* Montag um 10.00 Uhr statt?
3. Gibt es Teammitglieder, die darin nie zu Wort kamen?
4. Wurde der Projektleiter bei auftretenden Schwierigkeiten stets unverzüglich informiert?
5. Mit welcher Zeitverzögerung wird durch die Projektleitung auf Störungen reagiert?
6. Sind die anderen Teammitglieder bereit, mit Ihnen auftretende Probleme zu diskutieren und gemeinsam Lösungen zu suchen?
7. Dokumentieren Sie regelmäßig Ihre Arbeitsschritte und Ergebnisse?
8. Sind alle Projektdaten ständig an zentraler Stelle abrufbar?
9. Sind die Anweisungen eindeutig? usw.

Abb. 76: Prüffragenkatalog „Projektkommunikation"

Prüffragenkataloge können Sie zu *verschiedensten Zwecken* und in *verschiedenen Projektphasen* verwenden, z.B. bei der Überprüfung der Ziele, des Grob- und des Feinkonzepts, bei der Ableitung und Definition von Arbeitspaketen, bei der Überprüfung von Meilensteinen sowie bei jeder Überprüfung im Projektablauf – nicht nur den Projektgegenstand selbst betreffend, sondern auch das Projektmanagement (z.B. Überprüfen der Kommunikations- und Informationsflüsse, des Greifens von Steuerungsmaßnahmen usw.). Sie sehen: eine universell einsetzbare Methode!

■ ABC-Analyse

Die ABC-Analyse kennen Sie sicher aus der Praxis; sie wird in vielen Bereichen eingesetzt, und zwar immer dann, wenn es gilt, aus einer Vielzahl von Objekten/Alternativen diejenigen zu bestimmen, die besondere Priorität haben. Allerdings muß es sich um *quantitative* Merkmale handeln.

Vorgehensweise: Üblicherweise werden in einer Tabelle 2 Wertkriterien (z.b. ① Fehlerhäufigkeit und ② Kosten je Fehler) aufgeführt, in einer gesonderten Spalte ③ durch Multiplikation deren Gesamtwerte ermittelt und diese schließlich ④ in Prozent vom kumulierten Gesamtwert (hier: 1500 T€) angegeben. Entsprechend wird dann ⑤ eine Rangfolge vergeben.

Abt.	① Fehleranzahl	② Kosten[1] je Fehler	③ Wertigkeit	④ in % v. Ges.wert	⑥ kumulierte Wertigkeit	⑤ Rang	Priorität
A	37	4,0	148	9,9	70,4	4	A
B	12	6,5	78	5,2	92,9	7	B
C	5	23,2	116	7,7	87,7	6	B
D	23	2,0	46	3,1	96,0	8	B
E	16	1,5	24	1,6	99,4	10	C
F	2	4,5	9	0,6	100,0	11	C
G	18	19,0	342	22,8	46,6	2	A
H	14	25,5	357	23,8	23,8	1	A
I	9	16,0	144	9,6	80,0	5	A
J	9	3,0	27	1,8	97,8	9	C
K	19	11,0	209	13,9	60,5	3	A

Abb. 77: ABC-Analyse

Nun werden jene Objekte (hier: Abteilungen) nach der Rangfolge zusammengefaßt, die insgesamt Fehlerkosten von 75-80% verursachen ⇨ Priorität A. Die nächsten der Rangfolge (mit B-Priorität) sind für 15-20% der Fehlerkosten verantwortlich. Schließlich haben jene Abteilungen C-Priorität mit insgesamt ca. 5% Kosten.
Die Abteilungen mit A-Priorität sollten Sie besonders überwachen bzw. weitere Analysen veranlassen, die die Ursache der hohen Fehlerkosten aufdecken.
Für diesen Schritt ist es evtl. leichter, wenn Sie die Liste nach der ermittelten Rangfolge neu ordnen und dann die Gesamtwerte gemäß der Rangfolge nach Wertigkeit ⑥ kumulieren (hier in %).[2]

---

[1] Alle Kosten in T€.
[2] Beispiel: 23,8% (Rang 1) + 22,8% (Rang 2) = 46,6% (kumuliert) usw.

■ Wertanalyse und Nutzwertanalyse

Die **Wertanalyse** ist eine sehr komplexe, systematische Methode, um erste *Lösungen zu finden* oder Lösungen zu verbessern. Objekte können Produkte, Dienstleistungen oder Prozesse sein, die im Rahmen einer *Funktionsanalyse* aufgesplittet und hinsichtlich der Leistungsmerkmale einzeln entwickelt bzw. beurteilt werden.

Die **Nutzwertanalyse** eignet sich immer zur *Beurteilung* komplexer Handlungsalternativen; darin wird nicht nur deren Wirtschaftlichkeit, sondern auch ihr funktionaler Nutzen bewertet.

Beide Methoden erfordern umfangreiche, aufeinander aufbauende Arbeitsschritte. Auf eine Darstellung wird daher verzichtet.[1]

■ Wirkungsnetz

Das Wirkungsnetz ist eine Visualisierung von (Einfluß-)Faktoren, deren Wirkung aufeinander zunächst durch Pfeile dargestellt wird. Diesen werden dann die Symbole „+" (für „steigern, ermöglichen" o.ä.) oder „–" (für „senken, verhindern" o.ä.) zugeordnet, um die *Art* der Einflüsse darzustellen.

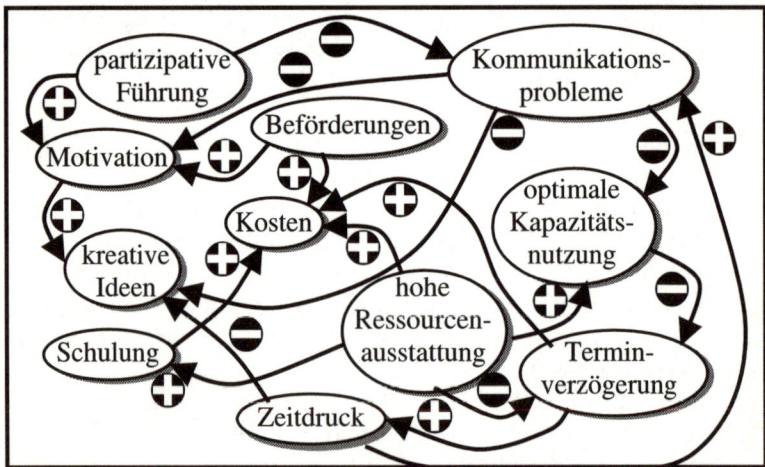

Abb. 78: Wirkungsnetz „Projekteffizienz, Ausschnitt"

---

[1] Zur Vertiefung: bspw. [6] sowie [25]

Eine übersichtliche Art, sich über *Wirkungszusammenhänge* klar-
zuwerden.

☞ Wenn Sie übrigens die Grafik 67 auf S. 168 nehmen, dort die
Verben weglassen und statt dessen die Symbole + und – eintragen, haben Sie ebenfalls ein Wirkungsnetz. Machen Sie's mal!

■ Entscheidungsbaum

Mit dem Entscheidungsbaum können Sie selbst komplexere Situationen beurteilen: Sie gehen von der Ausgangssituation aus und
ordnen dieser die erarbeiteten Lösungsalternativen zu. Auf der
nächsten Ebene werden diesen wiederum mögliche Konsequenzen
zugeordnet, diese ggf. wiederum aufgesplittet. So entsteht eine ver-
zweigte Darstellung von alternativen Lösungen und deren Folgen.
Für jede der Konsequenzen werden außerdem Wahrscheinlichkeiten eingetragen. Durch Multiplikation der Wahrscheinlichkeiten
entlang einer Astreihe erhalten Sie die Wahrscheinlichkeit der
eintretenden Folgen und können so die bevorzugte Alternative
auswählen.

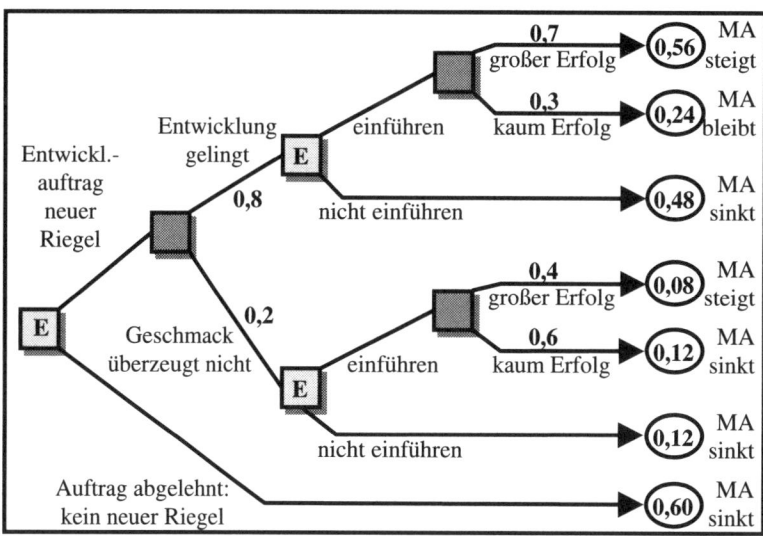

Abb. 79: Entscheidungsbaum „Entwicklung neuer Schokoriegel"

Anmerkungen:

Die Quadrate mit dem „E" symbolisieren Entscheidungen, die dunkelgrauen Quadrate alternative Entwicklungsmöglichkeiten.

Vor der letzten Spalte könnten Sie als weiteres Kriterium das Verhalten der Konkurrenz einfügen und mit Wahrscheinlichkeiten bewerten.

Die Wahrscheinlichkeiten sind als Dezimalbrüche angegeben, z.B. ergibt eine Wahrscheinlichkeit von 60% den Faktor 0,6 (Division durch 100). Die Ergebnisse der letzten Spalte ergaben sich durch Multiplikation, z.B. 0,8 (Entwicklung gelingt) x 0,7 (großer Erfolg) = 0,56 (Wahrscheinlichkeit der Steigerung des Marktanteils).

Die drei Endwerte nach den Entscheidungen „nicht einführen" sind fiktive Wahrscheinlichkeiten, die insofern Sinn machen als auch sie (als relative Betrachtung) verdeutlichen, daß jedenfalls ein Riegel entwickelt und dann auch möglichst eingeführt werden soll. Für die Nichteinführung wurde (hier) mit einem Reaktionsgrad des Marktes von 60% gerechnet.

Statt des Entscheidungsbaums können Sie eine *Entscheidungsmatrix* anfertigen, deren Erstellung sehr systematisch und unter Berücksichtigung aller Bedingungen und Aktionen erfolgt.[1]

4   Kommunikationstechniken

Eine intensive, unverzögerte und von allen getragene Kommunikation ist wichtige Voraussetzung für den (Projekt-)Erfolg. Ein Aspekt der Kommunikation ist, daß die Beteiligten auf den selben Wissensstand gebracht werden; dazu dienen einige der bereits vorgestellten Methoden, die Sachverhalte gemeinsam erarbeiten und visualisieren.

An dieser Stelle werden diese grundlegenden Techniken skizziert:

• Diskussiontechniken

• Metaplantechnik

• Präsentationstechniken

---

[1] Vgl. ausführlich in: [6]

■ Diskussionstechniken

Diskussionen sind häufige Kommunikationsformen, die aber schnell mißlingen, an der Sache vorbeigehen und demotivieren können. Sie sollten daher ein paar Regeln beachten: [6]

- Jede Diskussion sollte von einem **Moderator** geführt werden.
- Jeder Teilnehmer soll sich kurz fassen; die **Sprechdauer** sollte 30 Sek. nicht überschreiten.
- Machen Sie **Pausen**, um den Kopf frei zu bekommen – spätestens alle 2 Stunden.
- Arbeiten Sie mit **Visualisierung** (z.B. Metaplan-Technik, s.u.). Benützen Sie Wandtafeln, Flipcharts und Folien für Zwischenergebnisse.
- Wählen Sie die **Sitzordnung** so, daß jeder jedem ins Gesicht schauen kann (und wechseln Sie dazu ggf. den Raum).
- Jemand muß im vorhinein ernannt werden, das **Protokoll** zu schreiben – und dieses sollte nicht ständig die gleiche Person sein. Jeder sollte mal drankommen.

Auch eine Diskussion will vorbereitet sein. Es muß vorher klar sein, welches Problem zu lösen ist; das sollte während der Diskussion auch nie aus den Augen verloren gehen.

■ Metaplan-Technik[1]

Die Metaplan-Technik ist eine grundlegende Methode der Moderation und Visualisierung, die im Verbund mit vielen anderen Techniken für *Ideenfindung*, *Meinungsbildung* und *Zielabsprache* eingesetzt wird. Sie arbeitet mit den Materialien lt. folgender Grafik.

Beachten Sie, daß Sie auf den Tafeln viele Freiflächen lassen (sparsam mit den Materialien 1-7 umgehen!), damit die Darstellung ergänzt und verändert werden kann. Lücken animieren zur

---

[1] Vgl. nachfolgend (auch zur Vertiefung): Streich, R. K./Marquardt, M.: Projektteamverfahren, in: [44], S. 31-44; hier: S. 32 ff.

Mitarbeit, zum „Weiterspinnen" von Gedanken und unterstreichen das Wesentliche. Daneben muß alles einheitlich und (auch aus der letzten Saalecke) lesbar sein.

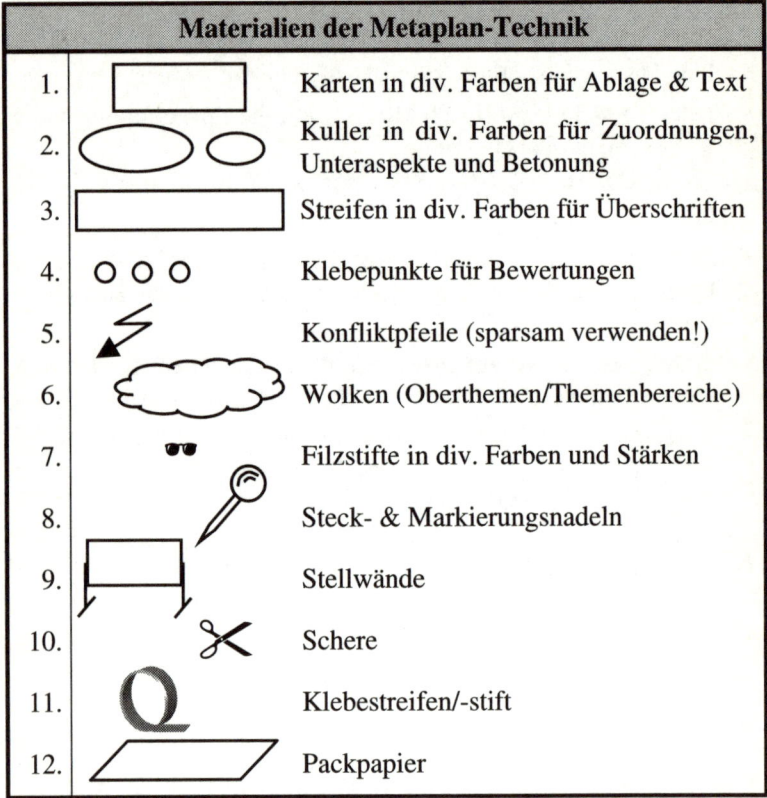

Materialien der Metaplan-Technik

1.		Karten in div. Farben für Ablage & Text
2.		Kuller in div. Farben für Zuordnungen, Unteraspekte und Betonung
3.		Streifen in div. Farben für Überschriften
4.		Klebepunkte für Bewertungen
5.		Konfliktpfeile (sparsam verwenden!)
6.		Wolken (Oberthemen/Themenbereiche)
7.		Filzstifte in div. Farben und Stärken
8.		Steck- & Markierungsnadeln
9.		Stellwände
10.		Schere
11.		Klebestreifen/-stift
12.		Packpapier

Abb. 80: Metaplantechnik

■ **Präsentationstechniken**

Bei Diskussionen, bei Präsentationen – grundsätzlich gilt, daß Grafiken, Tabellen, Diagramme das Verstehen erleichtern. Ob per Overheadprojektor an die Wand, ob verteilte Kopien oder Kärtchen an Wandtafeln – sie sollten so gestaltet sein: [6]

- einheitliches Erscheinungsbild
- große leserliche Schrift (ggf. Druckbuchstaben)
- Grafiken nicht zu überladen
- einfache und aussagekräftige Symbole verwenden
- keine unverständlichen Abkürzungen verwenden
- Qualität geht vor Quantität! Erschlagen Sie Ihre Zuhörer nicht durch einen Stapel von Folien.
- Geben Sie den Teilnehmern Zeit, die Folien usw. zu verstehen.

Sie haben nun (hier als auch in den vorhergehenden Kapiteln) eine Reihe von Techniken kennengelernt. Welche Sie für welche Problemstellung und in welchen Phasen einsetzen können, entnehmen Sie bitte der Übersicht auf S. 79/80.

Außerdem sei darauf hingewiesen, daß Sie die einzelnen Techniken oft auf Ihre Belange anpassen können (z.B. ist die Abb. 67 auf S. 168 eine Variation einer Mind Map). Und: Sie können einzelne Methoden im Verbund nutzen, bspw. wurde bereits erwähnt, daß die Ergebnisse der Netzplantechnik als Balkendiagramm visualisiert werden können; oder denken Sie an den Input von Szenarien, der auf Expertenbefragung mittels Delphi-Methode basiert.

Projektmanagement ist immer auch *Methodenvielfalt* und *Methodenkombination*! Befolgen Sie diese Devise und Sie sind schon ein ganz schönes Stück näher am Projekterfolg.

Und genau den wünschen wir Ihnen nun abschließend für Ihr Projekt: Viel Erfolg!

F Glossar

Hinweis: Wenn Sie einen bestimmten Begriff (z.B. ,Controlling')
nicht finden, stellen Sie das Wort ,Projekt' vorne dran
und schlagen Sie unter ,Projektcontrolling' nach.
Die → Pfeile verweisen auf einen anderen im Glossar
genannten Begriff oder auf vertiefende Textstellen.
Die Stichwörter werden innerhalb desselben Absatzes
abgekürzt wiederholt.

Ablauforganisation ist die Regelung von Abläufen oder Prozessen, also wie welche Aktivitäten erfolgen sollen. Diese Vereinbarungen betreffen zu erledigende Arbeiten, Kommunikations- und Informationswege, in welcher Form welche Daten wo gespeichert werden und wer darauf Zugriff hat u.a.m. → 115

Der **Ablaufplan** zeigt die Abhängigkeiten zwischen den einzelnen → Arbeitspaketen und Aktivitäten auf. Der A. basiert auf dem → Projektstrukturplan und bildet mit seiner *Vorgangsliste* (einer sachlichen Auflistung aller Aktivitäten) die Grundlage für die → Terminplanung. → 125 f.

Abweichungsanalysen sind wichtiges Instrument des → Projektcontrolling, die sich bei Soll-/Ist-Vergleichen ergebende Abweichungen analysiert, woraufhin die Projektleitung Maßnahmen einleitet, um die Erreichung der → Projektziele nicht zu gefährden.

Alternativenbewertung: Generierte Ideen und Lösungsalternativen werden zunächst bewertet und daraufhin eine Entscheidung gefällt; dazu dienen verschiedene Methoden, wie z.B. *Prüffragenkatalog, ABC-Analyse, Wirkungsnetz, Entscheidungsbaum, Portfolio-Analyse* oder *Risikoanalyse.* → 79 f., 196 ff.

Analysetechniken werden vor allem zur → Problemanalyse eingesetzt. Sie untersuchen Ist- und zukünftige Situationen und strukturieren Probleme. Beispiele dafür sind *Interview, Fragebögen* und *Dokumentenanalyse, Portfolio-Analyse, Relevanzbaum* und *Ursache-Wirkungs-Diagramm.* → 78 f., 190 ff.

Arbeitsgemeinschaft → Außenstrukturierung (dort: Konsortium)

Ein **Arbeitspaket** ist eine in sich geschlossene Teilaufgabe eines Gesamtprojekts; es ist klar abgegrenzt, weist meßbare Ziele auf (→ Meilensteine) und hat definierte Kosten und Termine. Ein A. wird als interner Auftrag an ein → Projektteam oder an eine Fachabteilung, als externer (Sub-)Auftrag an eine andere → Unternehmung vergeben. → 120 f., 141 f.

Aufbauorganisation: Die hierarchische Gliederung einer Unternehmung erfolgt auf Bereichsebene klassisch nach *Funktionen* (Verrichtung; z.B. die Bereiche Beschaffung, Produktion, Absatz usw.), nach *Produkten* (Sparten oder Divisionen; z.B. Lacke & Farbe, Düngemittel und Pflanzenschutz, chemische Grundstoffe, Medikamente usw.) oder nach *Regionen* (z.B. Deutschland, Europa, USA, restliche Länder). Eine mehrdimensionale Organisationsform ist die Matrixorganisation. → 82

Aufgabenträger sind im Rahmen der → Projektorganisation bestimmte Personen(gruppen), wie speziell der → Projektleiter, → Projektteam, → Lenkungsausschuß und → Promotoren. → 84 ff.

Auftraggeber ist derjenige, der ein Projekt in Auftrag gibt. Bei → internen Projekten ist dies z.B. die → Unternehmungsleitung oder ggf. eine Bereichsleitung, bei → externen Projekten die → Unternehmung, die für sich einen Projektbedarf erkennt. → 112 ff.

Auftragnehmer ist der interne oder externe Verantwortliche, der mit der Durchführung eines Projekts beauftragt wird. → 112 ff.

Außenstrukturierung betrifft die organisatorische Gestaltung von → externen Projekten, also die Beziehung zwischen → Auftraggeber und → -nehmer. Die drei klassischen Varianten sind: 1. die *Einzelauftragsorganisation*, bei der Teilprojekte an verschiedene Unternehmen einzeln vergeben werden. 2. die *Generalunternehmerorganisation*, bei der ein Vertrag zwischen dem Auftraggeber und dem Generalunternehmer über das Gesamtprojekt geschlossen wird, wobei letzterer die Gesamtverantwortung trägt und ggf. den Großteil der Einzelaufgaben übernimmt und die restlichen Aufgaben als Subaufträge an Dritte vergibt. 3. die *Konsortialorganisation*, wobei hier ein Konsortium als → Auftragnehmer auftritt, welches untereinander in einem Gesellschaftsvertrag Rechte und

Pflichten regelt und ggf. einen Konsortialführer bestimmt oder es wird statt dessen ein eigenständiges Projektleitungsgremium gegründet. Konsortien treten als Arbeitsgemeinschaft (ArGe) auf und existieren für Bau-, Versicherungs-, Finanzierungs- und Emissionsprojekte. → 112 ff.

Balkendiagramm ist eine einfach zu erstellende Grafik zur Darstellung der → Terminpläne. Bei komplexeren Projekten sollte statt dessen die → Netzplantechnik eingesetzt werden. → 127 f.

Berater können phasenweise während eines Projektes hinzugezogen werden, speziell für die Festlegung des methodischen Vorgehens (→ Projektplanung), bei Bedarf aber auch für fachliche Fragen. Vorteile von B. sind u.a. die Gewinnung von zusätzlichem Know-how und die Auflösung von „Betriebsblindheit".

Briefing, eigentlich: in Kürze jemanden informieren, bezeichnet bei (→ externen) Projekten die grobe Zielvorgabe plus evtl. eine Ideenskizze, aufgrund deren der → Auftragnehmer seine → Vorprojektphase startet.

Eine **Dienstleistung** ist immaterieller Natur, nicht lagerfähig und erfordert im besonderen Maße die Mitarbeit des → Auftraggebers. Als *interne* D. werden solche Leistungen verstanden, die innerhalb einer →Unternehmung von einem Bereich/Stelle für einen anderen erstellt werden, wie z.B. Betriebsfeiern, Konzepte usw. Hingegen werden *externe* D. von einer anderen Unternehmung erbracht, z.B. von einer Mediaagentur. → 8; Gegensatz: → Produkt.

Die **Einfluß-Projektorganisation** hat keine eigenständige Organisationsstruktur; statt dessen wird die bestehende Hierarchie um eine Stabsstelle für die Projektleitung ergänzt (z.B. als Assistent der Geschäftsleitung). Der → Projektleiter hat keine Weisungsbefugnis, sondern koordiniert nur und wirkt mittels Einflußnahme auf die Projektmitarbeiter, die in ihren Fachabteilungen verbleiben. Er informiert sich ständig und berät die Abteilungen bzgl. zu ergreifender Maßnahmen.
Die Einfluß-PO ist stark verbreitet, da sie ohne organisationelle Veränderung eingerichtet werden kann. Sie empfiehlt sich nur für kleinere, wenig komplexe Projekte mit kürzerer Dauer. → 101 ff.

Entwicklungsprojekte befassen sich mit der Entwicklung von Produkten (oder → Dienstleistungen) und sind damit gedanklich Forschungsprojekten nachgelagert.

Externe Projekte werden von außen initiiert, d.h., es liegt ein Auftrag von außerhalb der eigenen → Unternehmung vor.

Die **Feinkonzeptphase** folgt als 3. Phase der → Projektabwicklung auf die → Konzeptphase. Ihre Aufgaben liegen in der detaillierten Festlegung einzelner Funktionen (des → Produkts/der → Dienstleistung), in der Schätzung von Kosten und Nutzen sowie in der Bestimmung konkreter Teilprojekte, Arbeitspakete und Subaufträge, die in der folgenden → Realisierungsphase umgesetzt werden. → 70 f.

Folgephase ist eine nachfolgende Phase im → Phasenkonzept. Sie kann nur begonnen werden, wenn eine Freigabe erfolgt, was voraussetzt, daß die in der vorausgehenden Phase erreichten Ergebnisse mit den → Projektzielen übereinstimmen. Falls nicht, kann es zum → Projektabbruch kommen oder es müssen eine oder mehrere frühere Phasen erneut durchlaufen werden (→ Rückkoppelung), um die geplanten Ziele doch noch zu erreichen.

Gantt-Diagramm → Balkendiagramm

Gestaltungsphase: anderer Begriff für → Feinkonzeptphase

Hierarchie, flache: Eine solche liegt vor, wenn wenige Ebenen innerhalb einer → Aufbauorganisation bestehen. Kennzeichnend sind die kurzen Informationswege und ein hohes Maß an Eigenverantwortlichkeit, die beide Motivation und Kreativität fördern. Aus diesen Gründen sind flache Hierarchien für Projekte typisch.

Implementierungsphase: anderer Begriff für die → Projektabschlußphase, wie er für Organisations- und IT-Projekte gängig ist. Beinhaltet, daß das im Projekt entwickelte System bzw. die Organisationsstruktur eingerichtet/verankert und weiterhin gewartet wird.

Bei **internen Projekten** befinden sich → Auftraggeber und → Auftragnehmer innerhalb derselben → Unternehmung, z.B. bei einer intern organisierten Betriebsfeier.

Kapazitätsplan ist das Ergebnis aus Aufwandsschätzung und Ressourcenplanung: Alle benötigten bzw. zur Verfügung stehenden Kapazitäten an Personen und Sachmitteln werden geschätzt und den einzelnen → Arbeitsprojekten zugeordnet. Dabei besteht eine enge Verzahnung mit der → Terminplanung. → 135 ff.

Das **Kick-off-Meeting** ist die 1. Sitzung des → Projektteams zu Beginn eines Projekts. Es dient dem Kennenlernen, der Rollenverteilung, dem Festlegen von Spielregeln und dem Schaffen eines gemeinsamen Informationsstandes bezüglich des Projekts. → 94 ff.

Kommunikationstechniken dienen dem weiten Feld der Kommunikation; dazu gehören einerseits die zur → Alternativenbewertung eingesetzten Methoden Interview, Fragebögen und Dokumentenanalyse, andererseits während des gesamten Projektverlaufs *Diskussions-* und *Präsentationstechniken*. Eine spezielle Technik zur Unterstützung anderer Methoden ist die Metaplantechnik, die mit Kärtchen in verschiedenen Farben und Formen arbeitet, auf denen Ideen/Aspekte gesammelt werden, die dann geordnet und an große Wandtafeln gepinnt und ggf. gewichtet werden. → 78 f., 202 ff.

Konzeptionsphase → Konzeptphase

Konzeptphase: Nach der → Problemanalyse erfolgt als 2. Schritt der → Projektabwicklung die K., in der ein erster, grober Entwurf über die zu erbringende Dienstleistung entwickelt wird. Dazu gehören die Analyse des Ist-Zustandes und der Ursachen, die Skizzierung des Soll-Zustandes, die Entwicklung von alternativen Lösungsansätzen, die Untersuchung von deren Machbarkeit und die Grobplanung des weiteren Projektvorgehens. → 69 f.

Kostenplan: Sobald die → Projektplanung → Projektstruktur-, → Termin- und → Kapazitätsplan erstellt hat, erfolgt die Planung der Kosten; für jedes → Arbeitspaket werden die Material-, Personal-, Fremdleistungs-, Kapitalkosten usw. ermittelt und anschließend als gesamte Projektkosten kumuliert. → 139 ff.

Kreativitätstechniken werden in den verschiedensten Projektphasen immer dann benötigt, wo es um die Generierung neuer Ideen, Entwicklung alternativer Lösungsansätze usw. geht. Sinn der K. ist es, das kreative Potential der Beteiligten zu entfalten, möglichst viele und ungewöhnliche Ideen zu produzieren. Die gängigste K. ist das *Brainstorming*, außerdem zählen dazu die verschiedenen Varianten des *Brainwriting*, die *Synektik*, die *Delphi-Methode*, der *morphologische Kasten* und das *Mind Mapping*. → 181 ff.

Lastenheft: Ist z.B. bei der Neuproduktentwicklung das zu erreichende Projektziel bekannt, so geht es um die Frage, welche Merkmale dieses Produkt aufweisen soll. Diese „Wunschliste" wird als L. bezeichnet. In einem 2. Schritt werden diese Vorstellungen hinsichtlich ihrer Realisierbarkeit überprüft. Das Ergebnis sind Kompromißmöglichkeiten, die im *Pflichtenheft* festgehalten werden. Oft wird das L. vom Marketing aufgestellt, während das Pflichtenheft von der Abteilung F&E erarbeitet wird. Achtung: Beide Begriffe werden teilweise genau gegensätzlich benutzt!

Der **Lenkungsausschuß** wird ebenfalls nur für die Dauer des Projekts gebildet. In ihm sind neben dem → Projektleiter Mitglieder der Unternehmungsleitung, betroffene Abteilungsleiter und ggf. externe Mitglieder vertreten. Der L. ist die übergeordnete Koordinations-, Entscheidungs- und Schlichtungsinstanz eines Projekts; er setzt u.a. den Projektleiter ein, genehmigt Ergebnisse und führt ggf. Vertragsverhandlungen nach außen. → 96 f.

Linie ist die Kurzbezeichnung für → Linienorganisation

Linienorganisation ist die → Aufbauorganisation einer → Unternehmung, für Routineaufgaben und auf Dauer eingerichtet. Als *eindimensionale* Struktur ist sie nach Funktionen, nach Produkten oder nach Regionen gegliedert, als *mehrdimensionale* z.B. in Matrixform. → 81

Management ist die zielorientierte Leitung, damit Menschen mit Sachmitteln Aufgaben erledigen. Insofern impliziert M. Planungs-, Überwachungs-, Steuerungs- und Führungsaufgaben. → 5, → 151

Die **Matrix-Projektorganisation** ist eine zweidimensionale Form der → Projektorganisation, bei der zwei Leitungssysteme miteinander gekoppelt sind: zum einen die Bereiche, zum anderen die Projekte, so daß jeder Projektmitarbeiter zwei Vorgesetzte hat – seinen Bereichsleiter und den jeweiligen Projektleiter. Konflikte sind damit vorprogrammiert und durchaus gewollt, sofern sie zu besseren Lösungen führen. Ggf. werden die Kompetenzen vorher abgeklärt.

Die M. bedingt große organisationellen Veränderungen, eignet sich aber grundsätzlich für *alle* Projekte, speziell, wenn gleichzeitig mehrere Projekte im Verbund abgewickelt werden. → 104 ff.

Meilensteine schließen eigenständige Projektabschnitte ab. Sie dienen der Überprüfung des Projektfortschritts anhand von vorgegebenen Zwischenzielen. → 157 ff.; → Projektcontrolling

Meilensteinpläne sind eine Variante von → Terminplänen, die nicht nur die Terminierung der → Arbeitspakete, sondern auch von → Meilensteinen grafisch darstellen. → 128 f.

Netzplantechnik ist *das* Hilfsmittel zur Erstellung von → Terminplänen, die auf eine Unterscheidung in Vorgänge (Aktivitäten) und Ereignisse (Resultate) basiert. Als Varianten existieren u.a. die *Vorgangspfeiltechnik* (Vorgänge = Pfeile, Ereignisse = Knoten), die *Vorgangsknotentechnik* (Vorgänge = Knoten) und die *Ereignisknotentechnik* (Ereignisse = Knoten). → 129 ff.

Organisation hat mehrere Bedeutungen: Zum einen ist damit eine Organschaft gemeint, wie z.B. eine → Unternehmung, eine Behörde oder ein Verein. Insofern *ist* eine → Unternehmung eine O. Zum anderen *hat* sie eine O., womit gemeint ist, daß in ihr systematische Strukturen bestehen. In diesem Sinne ist zwischen *Aufbau-O.* und *Ablauf-O.* zu unterscheiden: Erstere legt den hierarchischen Aufbau der Unternehmung fest, z.B. welche Form der → Linienorganisation besteht, in wie viele Bereiche und in wie viele Abteilungen diese wiederum gegliedert wird. Daraus ergeben sich Über- und Unterordnungsverhältnisse, insbesondere Anweisungsbefugnisse. *Organigramme* zeigen die Struktur einer Aufbau-O. als Grafik. → 81 ff.

Die Ablauf-O. betrifft die *Prozesse*, also die Art und Weise, wie Tätigkeiten geregelt werden, z.B. die Kommunikationswege, die Art einer Dokumentation, die Festlegung einer montäglichen Gruppenleitersitzung usw.

Für die Abwicklung von Projekten sind die auf sich wiederholende Routinearbeiten ausgelegten und dauerhaft eingerichteten Stellen und → Abteilungen der Aufbau-O. nicht geeignet. Statt dessen wird hier eine gesonderte → Projektorganisation benötigt.

Organisationsprojekte haben organisationelle Veränderungen zum Ziel, speziell eine Neustrukturierung der → Aufbauorganisation oder der Abläufe, z.b. eine Geschäftsprozeßorientierung.

Pflichtenheft → Lastenheft

Phasenkonzept: Komplexere Prozesse werden in zeitliche und inhaltlich zusammengehörige Abschnitte unterteilt, die sog. → Projektphasen. Diese werden durch einen klaren Anfang (Input; Vorgabe) sowie die zu erreichenden Ziele als Ende definiert (Output und Startbedingung für die → Folgephase). → 63 ff.

Phasenpläne sind die Ergebnisse der im Rahmen der → Projektplanung systematisch geplanten → Projektphasen. → 117

Pilotprojekt ist ein spezifisches Projekt mit hohem Grad der Neuartigkeit und hohem Risikogehalt; oftmals schließen sich ähnlich gelagerte Folgeprojekte an.

Die **Problemanalyse** ist die 1. Phase der → Projektabwicklung. In ihr erfolgt die Analyse des zu lösenden Problems, der Rahmenbedingungen (z.B. Strategie, Situation der Unternehmung, Umweltveränderungen, ggf. Markt- und Bedarfsanalysen). Außerdem wird das Zielkonzept inkl. Anforderungskatalog entwickelt, das Projekt von anderen Vorhaben/Projekten abgegrenzt sowie eine klare Aufgabenstellung bestimmt. Außerdem werden die Kosten und Ressourcen geschätzt und die Projektorganisation und der Projektablauf geplant.
Die genannten Aufgaben können weitgehend auch in der → Situationsanalyse während der → Vorprojektphase abgearbeitet werden, so daß die Problemanalyse dann deutlich verkürzt werden kann. Falls bei → externen Projekten der Auftraggeber die → Vorprojektphase durchlaufen hat, sollte der → Auftragnehmer keinesfalls auf eine (ggf. verkürzte) P. verzichten. → 68 f.

Problemdefinition → Situationsanalyse

Produkte sind (materielle) Sachgüter, wie sie in der Industrie und im Handwerk produziert werden. Gegensatz: → Dienstleistungen

Projekt ist ein durch Einmaligkeit, hohe Komplexität und Risikohaftigkeit charakterisiertes, zeitlich befristetes Vorhaben, welches die interdisziplinäre Zusammenarbeit von Ressourcen quer durch die → Unternehmung und eine → Projektorganisation benötigt.

Ein **Projektabbruch** kann erfolgen, wenn selbst durch erneutes Durchlaufen einer vorausgehenden → Projektphase (→ Rückkoppelung) keine befriedigenden Ergebnisse im Sinne der → Projektziele – also hinsichtlich der geforderten Leistungsmerkmale, der Zeit und der Kosten – zu erwarten sind. → 66

Projektabschlußphase ist die letzte Phase der → Projektabwicklung. Bei → Dienstleistungsprojekten impliziert sie u.a. die Kostenabrechnung, die Auswertung hinsichtlich dem Erreichen der → Projektziele, die Analyse evtl. Abweichungen, eine Projektkritik und die Projektdokumentation. → 72 f., 176 ff.

Projektabwicklung ist die Durchführung eines Projekts inkl. aller dazu nötigen Maßnahmen, wie → Projektplanung, → Projektorganisation, → Projektsteuerung und → Projektcontrolling. Der Prozeß der P. besteht aus mehreren, aufeinanderfolgenden Phasen, deren Enden durch → Meilensteine gekennzeichnet sind. Für → Dienstleistungsprojekte differenzieren wir in die Phasen von → Problemanalyse, → Konzept, → Feinkonzept, → Realisierung und → Projektabschluß. → 62 ff.

Projektantrag: Die Ergebnisse der → Vorprojektphase werden nach der → Projektprüfung und der → Aufgabenformulierung als PA zusammengefaßt und mit dem → Lenkungsausschuß abgestimmt. Anschließend wird er dem → Auftraggeber zur Entscheidung vorgelegt: Entweder der Antrag wird abgewiesen und das Projekt kommt nicht zustande oder er wird genehmigt und der → Projektauftrag wird erteilt. → 59

Projektarbeit ist geprägt von hohem Engagement der interdisziplinär besetzten → Projektteams, deren Mitarbeiter in regem Informationsaustausch stehen und so enormes Wissen bündeln und gemeinsam an der Erreichung der → Projektziele arbeiten.

Projektarten: Entsprechend der Vielzahl ganz unterschiedlicher Projekte sind diese in verschiedene Arten einteilbar, so z.B. nach Inhalten, nach dem Grad der Einmaligkeit und Komplexität, nach dem Auftraggeber (→ interne und → externe Projekte), nach der Projektgröße (z.b. Reichweite, Dauer, Kostenvolumen) oder nach der Branche. → 7 ff.

Projektauftrag: der von der Geschäftsleitung nach der → Vorprojektphase erteilte Auftrag, der zum → Projektstart führt und so die Aktivitäten der eigentlichen → Projektabwicklung in die Wege leitet. → 59 ff.

Projektbildung ist, zusammen mit der → Projektdefinition ein Vorgehensschritt in der → Vorprojektphase. Aufgabe ist es, das Projekt gegenüber anderen Projekten und Vorhaben abzugrenzen. Dazu gehört auch, daß ähnliche Projekte zu einem Projektverbund zusammengefaßt und – umgekehrt – komplexere Projekte in Teilprojekte aufgesplittet werden. → 56 ff.

Projektcontrolling ist die → Überwachung und → Steuerung eines Projekts durch die Projektleitung. Zur Überwachung dienen hauptsächlich Soll-/Ist-Vergleiche und daran anschließende → Abweichungsanalysen. Die Steuerung leitet dann entsprechende Maßnahmen ein, bspw. eine Erhöhung oder Verschiebung von Kapazitäten, paralleles Abarbeiten von → Arbeitspaketen usw. → 147 ff.

Projektgruppe → Projektteam

Der **Projektleiter** leitet ein Projekt. Er achtet auf die Erreichung der → Projektziele. Dazu nimmt er Planungs-, Steuerungs- und Überwachungsaufgaben wahr. Außerdem führt er seine Mitarbeiter partizipativ durch Koordination und Motivation. Dazu benötigt er vielfältige Qualifikationen, wie aufgabenspezifisches Fachwissen, Erfahrung in der Abwicklung von Projekten, Führungsqualitäten sowie ausgeprägte soziale Fähigkeiten. → 84 ff.

Projektmanagement ist ein spezielles Führungskonzept zur Planung und Abwicklung von Projekten, wozu die Klärung aufbau- und ablauforganisatorischer Aspekte zählt wie die → Projektplanung, das →Projektcontrolling (als verwobene Funktionen) und die Anleitung und Führung der Beteiligten. → 15 ff., 147 ff.

Projektmanager: Meist werden PM und → Projektleiter gleichgesetzt, z.T. wird unter dem PM eine untergeordnete Führungsposition im Projekt, teils eine übergeordnete (als Leiter *mehrerer Projekte*). → 84 ff.

Projektorganisation schafft Strukturen, so daß viele Personen mit unterschiedlichen Interessen und Denkhaltungen sach- und zielorientiert ein Projekt abwickeln können. Dazu entwirft die PO einen aufbau- und ablauforganisatorischen Rahmen:
Die *Projektaufbauorganisation* definiert zunächst die Stellung der Projektbeteiligten zur → Linie, indem sie die → reine PO, die → Einfluß-PO oder die → Matrix-PO wählt. Darauf aufbauend regelt sie die Aufteilung in → Projektleiter, → Projektteams, → Lenkungsausschuß ggf. sonstiger Gruppen im Projekt, während die *Projektablauforganisation* deren Zusammenarbeit, den Ablauf der → Projektphasen, Formalismen und Methoden festlegt. → 81 ff.

Projektphasen sind die aufeinanderfolgenden Schritte bei der → Projektabwicklung, also der Arbeit am Projekt, in der die→ Projektziele umgesetzt werden. Jede P. bildet einen zeitlichen und inhaltlichen Abschnitt des Gesamtprozesses. → 63 ff.
Vorgeschaltet ist die → Vorprojektphase. Die einzelnen P. sind bei Dienstleistungsprojekten die → Problemanalyse, die → Konzeptphase, die → Feinkonzeptphase, die → Realisierungsphase und der → Projektabschluß.
Jede P. hat einen definierten Anfang und ein durch die geplanten Ergebnisse definiertes Phasenende. Letzteres wird als → Meilenstein gekennzeichnet.

Projektpläne sind die Teilpläne der → Projektplanung. Dazu zählen → Projektstrukturplan, → Ablaufplan, → Terminplan, → Kapazitätsplan, → Kostenplan und Prioritätsplan der Risiken. → 117

Projektplanung ist – wie jede Planung – die gedankliche Vorwegnahme zukünftigen Handelns und impliziert bei Projekten ein systematisches Vorgehen in mehreren, logisch aufeinander aufbauenden → Projektphasen. Damit wird festgelegt, in welcher Reihenfolge und Aufgliederung die → Projektabwicklung erfolgen soll. P. ist nicht starr, sondern beginnt mit einer Grobplanung und wird mit jeder Phase weiter verfeinert. Dies trifft auf den gesamten Projektplan genauso zu wie für die einzelnen Phasenpläne. → 116 ff.

Aufgrund der geplanten (Teil-)Ziele (→ Meilensteine) ist die P.
meß- und überprüfbar – Voraussetzungen für ein effizientes →
Projektcontrolling.

Projektstart: Zeitpunkt zwischen → Vorprojektphase und →
Projektabwicklung. Letztere wird durch den P. eingeleitet. → 62

Projektstrukturplan ist eine wesentliche Basisarbeit der → Projektplanung. Darin wird die gesamte Projektaufgabe in Teilaufgaben und → Arbeitspakete aufgegliedert. Dies kann nach *Objekten*,
nach *Funktionen* oder aus einer *Mischung* von beiden erfolgen. →
121 ff.

Projektteam ist die hierarchiefreie und interdisziplinär zusammen-
gesetzte Gruppe, die ein Projekt bearbeitet. Zur Unterscheidung kann
eine *Projektgruppe* (oder „Task force") einen Vorgesetzten haben. Im
Gegensatz zum *Projektkollegium*, das sich nur zu bestimmten Zeiten
regelmäßig trifft, arbeitet das PT ständig an seiner Aufgabe. Die genannten Gruppierungen werden speziell für ein Projekt gebildet und
nach dessen Abschluß wieder aufgelöst. → 92 ff.

Projektziele sind während der → Vorprojektphase zu klären. Zu
unterscheiden sind *Ergebnis- oder Systemziele* (hinsichtlich von
geforderter Qualität, Leistungsumfang, Mengen, Termine und
Kosten) und *Vorgehensziele*, die die Maßnahmen der → Projekt-
abwicklung bestimmen.
Ziele können auf unterschiedlichen Ebenen angesiedelt sein (=
Zielhierarchie); demnach können (Ober-)Ziele in *Teilziele* aufge-
gliedert werden. Eine Unterform davon sind *Zwischenziele*, an
deren Erreichung später der Projektfortschritt gemessen wird. (→
Meilensteine)
Im Kontext eines Projektes mit den strategischen Zielen einer
Unternehmung ergibt sich eine Differenzierung in *Globalziele*,
Ziele und *operationale Ziele*.
Mußziele, vor allem die Ergebnisziele, sind zwingend festgelegt
und sollen erreicht werden, während die Erreichung von *Wunsch-
zielen* – je nach Priorität – nicht vorgeschrieben ist.
Zwischen den unterschiedlichen Zielen kann es zum *Zielkonflikt*
kommen, d.h., daß sich Ziele widersprechen, bzw. nicht das eine
und gleichzeitig ein anderes erreicht werden können. Hier gilt es,

in der → *Zielformulierung* auf widerspruchsfreie Mußziele zu achten; Konflikte zwischen Wunschziele führen ggf. zur deren teilweisen Aufgabe. → 40 ff.

Promotoren unterstützen ein Projekt durch ihre Autorität und sind vor allem bei (→ Organisations-)Projekten mit großer Tragweite wichtig: sie treten für das Projekt ein, werben dafür, kommunizieren Ergebnisse in der Unternehmung und helfen so, Ängste der Mitarbeiter abzubauen, die Identifikation mit den Projektzielen zu fördern und die Unterstützung der → Linie zu erhalten. → 97 ff.

Die **Realisierungsphase** ist die 4. Phase der → Projektabwicklung, in der die Ergebnisse der → Feinkonzeptionsphase umgesetzt werden. Bei → Dienstleistungsprojekten wird hier die Veranstaltung, der Event o.ä. durchgeführt. Dazu gehört das Abarbeiten der Arbeitspakete gemäß Feinkonzept und das Her- und Sicherstellen der Projektziele hinsichtlich der geforderten Leistung (= Qualität und Quantität), Kosten und Zeit. → 71

Reine Projektorganisation (autonome Projektgruppen) bedeutet die Einrichtung einer zusätzlichen, eigenständigen Projektabteilung innerhalb der bestehenden Aufbauorganisation. Ihr → Projektleiter hat die vollständige Weisungsbefugnis gegenüber seinen Projektmitarbeitern. Die reine PO lohnt bei hochkomplexen, stark risikobehafteten und längerfristigen Projekten. → 99 ff.

Risiko ist ein bei Projekten aufgrund deren Neuartigkeit besonders ausgeprägtes Markmal. Eine Reihe von Risiken können den Projekterfolg gefährden. Deshalb ist eine Risikoanalyse nicht nur im Rahmen der → Projektplanung, sondern auch für jede Detailphase zu empfehlen. Darin werden Risiken von → Arbeitspaketen erfaßt, aufbereitet und bewertet. → 119, → 142 ff.

Rückkoppelung ist die jederzeitige Möglichkeit (während oder am Ende einer Phase), bei nicht zufriedenstellenden Ergebnissen oder sonstigem Nachbesserungsbedarf in eine der vorausgehenden Phasen zurückzugehen, um die Vorgaben zu optimieren. → 65, 73 f.

Situationsanalyse (Problemdefinition) ist der 1. Schritt der → Vorprojektphase, in der das zu lösende Problem analysiert, auf

Eindeutigkeit, auf Querverbindungen und Rahmenbedingungen sowie Machbarkeit untersucht wird. → 46 ff.

Die **Spezifikationsphase** bei Projekten zur Neuproduktentwicklung, im Anlagenbau und dgl.; entspricht der → Feinkonzeptphase bei → Dienstleistungsprojekten. In ihr erfolgt u.a. das genaue Design, also der Entwurf der Produktmerkmale.

Stabsstelle ist eine, meist der → Unternehmungsleitung direkt zugeordnete Stelle außerhalb der sonstigen → Linienorganisation mit besonderer Aufgabe; Beispiel: Assistent der Geschäftsleitung. Bei der Einfluß-Projektorganisation hat der → Projektleiter i.d.R. eine Stabsstelle inne. → 101 ff.

Steuerung ist eine weitere Aufgabe der Projektleitung im Rahmen des → Projektcontrolling: das Projekt soll so gesteuert werden, daß die → Projektziele erreicht werden. Die S. baut auf Informationen der → Überwachung sowie der → Projektplanung auf, fällt Entscheidungen, leitet Maßnahmen ein, koordiniert die Zusammenarbeit und führt die Projektbeteiligten.

Task force → Projektteam

Teamarbeit zeichnet sich durch hierarchiefreie, gleichberechtigte Zusammenarbeit mit direkten Kommunikationswegen, durch hohe Eigenverantwortlichkeit und Selbstkontrolle und in Folge dessen durch hohe Motivation der Beteiligten aus. → 171 f.

Terminplan ist die zeitliche Zuordnung von Dauer der einzelnen → Arbeitspakete bzw. Aktivitäten und die Zuordnung von Zeitpunkten, wann diese (frühestens/spätestens) beginnen und enden. Dazu wird in einer *Vorwärtsrechnung* vom Projektstart aus, in der *Rückwärtsrechnung* vom Projektende aus gerechnet; Terminlücken bilden sog. *Pufferzeiten*. Der Umkehrfall sind Termine, die keine Verschiebungen zulassen und daher unbedingt einzuhalten sind; sie bilden den *kritischen Pfad*, wie er in der → Netzplantechnik visualisiert wird. Eine einfachere Alternative hierzu bildet die Darstellung in einem → Balkendiagramm. → 127 ff.

TOP-Mapping ist eine Methode der Problemanalyse, wobei eine Art Landkarte mit Teilproblemen und Zusammenhängen entworfen wird. Verkehrsschilder und weitere Symbole zeigen Einflüsse, Restriktionen usw. an. → 189 f.

Top-Down-Methode bezeichnet eine Vorgehensweise, bei der von oben her ein Problem in Teilprobleme aufgegliedert wird. Bezüglich der Kommunikation in einer Unternehmung sind damit vor allem Anweisungen, Entscheidungen und dgl. gemeint, die von oben (durch die → Linie) nach unten erfolgen. Gegensatz: bottom-up.

Trendanalysen sind Instrumente der → Überwachung. Sie verdeutlichen, ob sich die → Projektziele aufgrund der bisherigen (oder korrigierten) Pläne erreichen lassen. T. können für alle Ziele einzeln erstellt werden (z.b. Termin-T., Kapazitäts-T., Kosten-T.), aber auch im Verbund, z.b. als *Kosten-Termin-Diagramm* oder als *Meilenstein-Trendanalyse*. → 153 ff.

Überwachung ist Aufgabe der Projektleitung und Bestandteil eines → Projektcontrolling. Die Ü. zielt auf das frühzeitige Erkennen von Störungen und Abweichungen zu den geplanten Zielen, also bzgl. der Ergebnisse, Kosten, Terminen und Kapazitäten. Dazu werden der Projektfortschritt regelmäßig abgefragt, Soll-/Ist-Vergleiche und anschließende → Abweichungsanalysen durchgeführt sowie → Trendanalysen, welche zeigen, ob die Pläne auch zukünftig Bestand haben werden. → 149, → 153 ff.

Unternehmung ist die eigentlich korrekte Bezeichnung für eine privatwirtschaftliche, gewinnorientierte → Organisation. Der oft synonym benutzte Begriff ‚Betrieb' steht hingegen eigentlich nur für einen Teil der U., z.b. eine Produktionsstätte, ein Auslieferungslager oder die zentrale Verwaltung. Im Volksmund wird ‚U.' oft als ‚Firma' bezeichnet, was richtig nur der *Name* einer U. ist.

Unternehmungsleitung ist der Vorstand/die Geschäftsführung, also das Management auf der obersten Ebene einer → Unternehmung. In Bezug auf Projekte liegt ihre Aufgabe u.a. in der Initiierung des Projekts, der unbedingten Unterstützung des Projekts und seiner Beteiligten und ggf. in weiteren Entscheidungen, wie z.B. der Berufung des → Projektleiters (soweit dies nicht durch den →

Lenkungsausschuß geschieht, in dem ebenfalls Mitglieder der U. vertreten sind).

Vorprojektphase (oder Phase 0) ist jene Phase zwischen → Idee und → Projektstart, die das (spätere) Projekt vorbereitet. Sie wird durch eine → Idee, ein zu lösendes Problem oder einen (ggf. externen) Auftrag initiiert und (hauptsächlich) durch die → Zielformulierungsgruppe bearbeitet.
Ihre Aufgabe und Vorgehensschritte sind: (1) die Klärung des zu lösenden Problems (Problemdefinition oder → Situationsanalyse), (2) die Erarbeitung eines Zielkonzepts (→ Zielformulierung), (3) die Abgrenzung und eindeutige Definition des Projekts (→ Projektbildung und → Projektdefinition) , anschließend (4) die Überprüfung der Ergebnisse (→ Projektprüfung) und (5) die Formulierung des → Projektantrags. → 37 ff.

Zielformulierung ist eine Phase und Aufgabe der → Vorprojektphase. Ihr Zweck ist die Klärung der → Projektziele, deren Strukturierung und eindeutige, nachvollziehbare Formulierung. → 48 ff.

Zielformulierungsgruppe sind jene Personen, die nicht nur die Zielformulierung entwickeln, sondern auch weiter Aufgaben der → Vorprojektphase übernehmen, wie speziell die Klärung des Problems und dessen Hintergrunds (→ Situationsanalyse), die → Projektdefinition und ggf. dessen Überprüfung. Beim letzten Schritt ist i.d.R. auch der → Lenkungsausschuß beteiligt, während ansonsten nur ein interdisziplinär besetztes → Projektteam aus unterschiedlichen Bereichen sowie zeitweilig Betroffene oder → Auftraggeber beteiligt sind.

Zielhierarchie → Projektziele

Zielkonflikt → Projektziele

G   Literaturverzeichnis

[1] *Aggteleky, B./Bajna, N.:* Projektplanung: Ein Handbuch für Führungskräfte; Grundlagen, Anwendung, Beispiele, München, Wien 1992

[2] *Bergfeld, H.:* Kreativitätstechniken, in: [32], S. 801-834

[3] *Birker, K. (Hrsg.):* Projektmanagement, 2. Aufl., Berlin 1999

[4] *Bleicher, K.:* Organisation. Strategien – Strukturen – Kulturen, 2. Aufl., Wiesbaden 1991

[5] *Bleicher, K.:* Unternehmungsentwicklung und organisatorische Gestaltung, Stuttgart/New York, 1979

[6] *Burghardt, M.:* Einführung in Projektmanagement, herausgegeben von Siemens-Aktiengesellschaft, Erlangen 1995

[7] *Collins* German-English Dictionary, Stuttgart 1986

[8] *DIN Deutsches Institut für Normung e.V. (Hrsg.):* Begriffe der Projektwirtschaft, Berlin/Köln 1989

[9] *DUDEN* Band 5 – Fremdwörterbuch, bearbeitet von W. Müller et al., 3. Aufl., Mannheim/Wien/Zürich 1974

[10] *Ewert, W./Janßen, W./Kirschnick-Janssen, D./Papenheim-Tockhorn, H./Schwellach, G.:* Handbuch Projektmanagement Öffentliche Dienste, Bremen 1996

[11] *Gabler* Wirtschaftslexikon in 10 Bänden, 14. Auflage, Wiesbaden 1993

[12] *Gausemeier, J./Fink, A./Schlake, O.:* Szenario-Management, 2. Aufl., München/Wien 1996

[13] *Heeg, F.-J.:* Projektmanagement: Grundlagen der Planung und Steuerung von betrieblichen Problemlöseprozessen, 2. Aufl., München/Wien 1993

[14] *Jossé, G.:* Basiswissen Kostenrechnung, 2. Aufl., München 2000

[15] *Jossé, G.:* Business Reengineering beim Anwender: Untersuchung der AECfit-Initiative unter besonderer Berücksichtigung des Prozeßteams Kommunikationstechnologien, unveröffentlichte Diplomarbeit, Konstanz 1996

[16] *Keßler, H./Winkelhofer, G.:* Projektmanagement: Leitfaden zur Steuerung und Führung von Projekten, 2. Aufl., Berlin/ Heidelberg/ New York 1999

[17] *Kraus, G./Westermann, R.:* Projektmanagement mit System. Organisation, Methoden, Steuerung, 3. Aufl., Wiesbaden 1998

[18] *Krüger, A./Schmolke, G./Vaupel, R.:* Projektmanagement als kundenorientierte Führungskonzeption, Stuttgart 1999

[19] *Kummer W./Spühler, R. W./Wyssen, R.:* Projekt-Management, Leitfaden zu Methode und Teamführung in der Praxis, 2. Aufl., Zürich 1986

[20] *Litke, H.-D.:* Projektmanagement: Methoden, Techniken, Verhaltensweisen, 3. Aufl., München/Wien 1995

[21] *Madauss, B.:* Handbuch Projektmanagement: Mit Handlungsanleitungen für Industriebetriebe, Unternehmensberater und Behörden, 5. Aufl., Stuttgart 1994

[22] *Mag, W.:* Planung und Unsicherheit, in: Handwörterbuch der Betriebswirtschaft, Teilband 2, 5. Aufl., Stuttgart 1993, Sp. 3200-3216

[23] *Makridakis, S./Reschke, H./Wheelwright S.C.:* Prognosetechniken für Manager, Wiesbaden 1980

[24] *Mehrmann, E./Wirtz, T.:* Effizientes Projektmanagement: Erfolgreich Konzepte entwickeln und realisieren, 3. Aufl., Düsseldorf 1999

[25] *Pannenbäcker, O.:* Methoden zur Problemlösung, in: [32], S. 835-869

[26] *Patzak, G./Rattay, G.:* Projektmanagement. Leitfaden zum Management von Projekten, Projektportfolios und projektorientierten Unternehmen, 2. Aufl., Wien 1997

[27] *Platz, J./Schmelzer, H. J.:* Projektmanagement in der industriellen Forschung und Entwicklung, Berlin/Heidelberg/New York 1986

[28] *Reschke, H./Schelle, H./Schnopp, R. (Hrsg.):* Handbuch Projektmanagement Band 1, Köln 1989

[29] *Reschke, H./Schelle, H./Schnopp, R. (Hrsg.):* Handbuch Projektmanagement Band 2, Köln 1989

[30] *Rinza, P.:* Projektmanagement: Planung, Überwachung und Steuerung von technischen und nichttechnischen Vorhaben, 3. Aufl., Düsseldorf 1994

[31] *RKW (Hrsg.):* Projektmanagement Fachmann, Bd. 1, 4. Aufl., Eschborn 1998 [RKW1]

[32] *RKW (Hrsg.):* Projektmanagement Fachmann, Bd. 2, 4. Aufl., Eschborn 1998 [RKW 2]

[33] *Sanden, H.:* Organisationsformen des Projektmanagements, in: [44], S. 139-149

[34] *Saynisch, M./Schelle, H./Schub, A. (Hrsg.):* Projektmanagement: Konzepte, Verfahren, Anwendungen, München/Wien 1979

[35] *Saynisch, M.:* Grundlagen des phasenweisen Projektablaufs, in: [34], S. 33-58

[36] *Schelle, H. (Hrsg.):* Symposium Phasenorientiertes Projektmanagement, Köln 1989

[37] *Schelle, H.:* Projekte und Projektmanagement, in: [31], S. 25-58

[38] *Schelle, H.:* Projekte zum Erfolg führen, 2. Aufl., München 1999

[39] *Schmitz, H./Windhausen, M. P.:* Projektplanung und Projektcontrolling: Planung und Überwachung von besonderen Vorhaben, 3. Aufl., Düsseldorf 1986

[40] *Schwager, M./Haar J. J.:* Erfolgsstrategien für eine dynamische Organisation: projekt- und prozeßorientierte Unternehmensgestaltung, Freiburg 1996

[41] *Solis, M./Gangolf, R./Gottweiß, J./Jossé. G. et al.:* Projektkurs Business Reengineering, unveröffentl. Projektarbeit, Konstanz 1995

[42] *Staehle, W. H.:* Management. Eine verhaltenswissenschaftliche Perspektive, 7. Aufl., München 1994

[43] *Steinbuch, P.A.:* Projektorganisation und Projektmanagement, Ludwigshafen 1998

[44] *Streich, R. K./Marquardt, M./Sanden, H. (Hrsg.):* Projektmanagement: Prozesse und Praxisfelder, Stuttgart 1996

[45] *Streich, R. K.:* Projektleiteranforderungen, in: [44], S. 47-58

[46] *Süß, G./Eschlbeck, D.:* Projektmanagement interaktiv, CD-ROM, Braunschweig/Wiesbaden 1997

[47] *Veit, K.:* Projektmanagement – Grundlagen, Prozesse, Methoden, unveröffentliche Diplomarbeit, Worms 2000

[48] *Wetzel, P.:* Projektmanagement. Vorlesungsskript am Fachbereich Handel/European Business Management der FH Worms (unveröffentlicht), o.O., o.J. (Sommersemester 2000)

[49] *Winkelhofer, G.:* Methoden für Management und Projekte, 2. Aufl., Berlin et al. 1999

[50] *Wolf, M./Mlekusch, R./Broks, H.:* Projektmanagement live. Prozesse in Projekten durch Teams gestalten, Renningen-Malmsheim 1997

[51] *Wysocki, R. K./Beck, R./Crane, D. B.:* Effective Project Management. How to Plan, Manage and Deliver Projects on Time and within Budget, New York et al. 1995

[52] *Zielasek, G.:* Projektmanagement als Führungskonzept: Erfolgreich durch Aktivierung aller Unternehmensebenen, 2. Aufl., Berlin/Heidelberg/New York 1999

H Stichwortverzeichnis

Die → Pfeile verweisen auf ein anderes Stichwort, die **fettge-
druckten** Zahlen auf eine Erklärung im Glossar.

Durchblick bei Bilanzen